加入CPTPP

推动高水平开放

王晓红　等◎著

中国金融出版社

责任编辑：王雪珂　黄　羽
责任校对：潘　洁
责任印制：陈晓川

图书在版编目（CIP）数据

加入 CPTPP：推动高水平开放/王晓红等著. —北京：中国金融出版社，2023.4
ISBN 978－7－5220－1670－2

Ⅰ.①加…　Ⅱ.①王…　Ⅲ.①自由贸易—国际贸易—贸易协定—研究
Ⅳ.①F744

中国版本图书馆 CIP 数据核字（2022）第 114260 号

加入 CPTPP：推动高水平开放
JIARU CPTPP：TUIDONG GAO SHUIPING KAIFANG
出版发行　中国金融出版社
社址　北京市丰台区益泽路 2 号
市场开发部　(010)66024766，63805472，63439533（传真）
网上书店　www.cfph.cn
(010)66024766，63372837（传真）
读者服务部　(010)66070833，62568380
邮编　100071
经销　新华书店
印刷　保利达印务有限公司
尺寸　169 毫米×239 毫米
印张　21.5
字数　320 千
版次　2023 年 4 月第 1 版
印次　2023 年 9 月第 2 次印刷
定价　68.00 元
ISBN 978－7－5220－1670－2

序

王晓红教授等撰写出版的《加入 CPTPP：推动高水平开放》是一部推动我国制度型开放对接高标准国际经贸规则的重要学术专著。在该书研究撰写过程中，我很高兴参加了她的研究团队关于该课题研究论证以及她主持的关于高水平对外开放、服务贸易、数字经济规则等重大课题的研究论证工作。在长期交流合作过程中，王晓红教授和她的同仁组成了一支潜心研究问题、注重调查研究、理论联系实践、跨界人才组合、服务国家大局的专业化、规范化、国际化的研究团队。因此，他们也作出了一流水准的研究成果，获得政府相关部门以及课题需求方的一致好评。

该书具有以下特点：一是全面系统评估和分析了 CPTPP 的框架、规则、规制、管理和标准等相关内容，研究论证了申请加入 CPTPP 的重要意义和作用。二是针对 CPTPP、EPA、USMCA、RCEP 等代表性自贸协议进行比较研究，揭示其规则特点，针对服务贸易、电子商务、知识产权、竞争政策、劳工标准等需要重点突破的难点问题展开研究，在服务贸易领域，又进一步针对金融、电信、交通运输、教育、文化、医疗等领域深入研究。三是对标国际高标准经贸规则找出我国现有体制机制存在的问题和差距，有针对性提出了推进重点领域深化改革和扩大开放的具体举措。四是按照抓住主要矛盾、重点突破的思路，提出了加入 CPTPP 的策略和路径。该书研究工作包括中财办、中国国际经济交流中心等单位的委托课题和交办任务，研究内容由总报告、专题报告和附录组成。

我国正式提交申请加入 CPTPP 是 2021 年 9 月。记得当时在一次北京东京论坛的经济研讨会上，曾担任过日本央行副行长的山口广秀先生反复提出一个问题，中国申请加入 CPTPP 是动真格的，还是外交姿态？我当时回答说，是动真格的。他说，“动真格的我就放心了”。当时是我国正式申请加入世贸组织 20 年后。当年我们加入世贸组织是动了真格的，20 年后我们才能够取得如此显赫的发展实绩。

当时所讲的国际通行规则是指 WTO 所代表的规则。但是，今天的 WTO 规则与时俱进推动现代化改革举步维艰。新一轮改革开放要推动体制机制与国际通行规则接轨，这里的国际通行规则指向是 CPTPP 所代表的国际高标准经贸规则。王晓红教授及团队所研究提出的制度规则差距，是我国下一步制度型开放所要解决的。如服务贸易准入限制强制性要求、学历和执业资格不互认、自然人流动和资金跨境流动限制、非国民待遇等问题；又如跨境数据流动、互联网开放及数据安全管理、数字资产知识产权保护、个人信息保护等问题；还如知识产权保护范围、期限存在差距，侵权犯罪成本低、刑事制裁轻、维权成本高，相关统计服务体系尚不完善等问题。

中华民族如何才能跳出历史周期律？改革开放经验说明，通过制度型开放引进外来竞争压力，引进外来制度规范，引进外来要素创造，并与内生改革开放动力有机结合互动，才能够创造发展的奇迹。申请加入 WTO 用了 15 年，给我最大的启示之一是过程比结果更重要。从不接受市场规则到接受，从不愿意让步到让步，从无法协调的内部利益矛盾到利益一致，这是一个逐步形成共识、深化改革、扩大开放的过程。

申请加入 CPTPP 的谈判过程要与国内主动改革进程保持统筹协调一致。如国内统一大市场建设就是制度型开放的最佳实践探索过程。全国统一大市场建设有“五个立一个破”，它是推动新一轮改革开放非常好的制度框架，但要成为制度型开放的最佳实践，就面临着两种不同路径选择。一种路径是坚持解放思想、实事求是、与时俱进。践行“实践是检验各项政策和工作成效的标准”，落地“干部敢为、地方敢闯、企业敢干、群众敢首创”。

优化营商环境是另一个制度型开放的最佳实践探索。“放管服”的重点是便利化，这只是优化营商环境的第一步。优化营商环境的第二步是补短板，一是解决企业融资难融资贵的问题；二是解决纳税等公共服务交易成本高的问题；三是解决跨境贸易耗时长的问题；四是解决企业退出准入难的问题。优化营商环境的第三步，是与国际高标准制度规则对接。其中，地缘政治、零和博弈、逢中必反该怎么应对？一种做法是拒绝，还有一种是参与。我国推动制度型开放的一个重要路径是不要浪费国际竞争带来的推动新一轮改革开放的重大机遇。世界顶级棋手博弈下围棋与会输，但也是进步最快的学习捷径。

申请加入 CPTPP 推动制度型开放的关键还是推动治理现代化。在推进 RCEP 实践、CPTPP 谈判、DEPA 谈判和 IPEF 博弈过程中，推动治理现代化进程是最重要的。比如未来亚太地区制度型开放最重要的较量是 RCEP 和 IPEF 之间的博弈。一个是市场的力量，一个是地缘政治的力量。如果强迫亚太国家选边站，多数国家会跟随谁是不言自明的。因此，通过申请加入 CPTPP，启动新一轮制度型开放的干中学过程，推动治理现代化，是赢得亚太地区民心的重要一步。因此，王晓红教授研究团队完成的《加入 CPTPP，推动高水平开放》这部专著，对推动中国式现代化具有重大理论和现实意义。

张燕生

前　　言

2020年11月，习近平主席在APEC第27次领导人非正式会议上表示积极加入《全面与进步跨太平洋伙伴关系协定》（CPTPP），2021年9月，我国正式提交申请。这是以习近平同志为核心的党中央统筹百年未有之大变局和中华民族伟大复兴战略全局作出的重大抉择，是我国对接高标准国际经贸规则推动制度型开放的重要里程碑，它向世界表明了我国对外开放的决心和信心，表明了我国推动经济全球化深入发展、构建开放型世界经济和构建人类命运共同体的愿景。

CPTPP涵盖日本、加拿大、澳大利亚、智利、新西兰、新加坡、文莱、马来西亚、越南、墨西哥和秘鲁11国，于2018年12月30日正式生效，对促进亚太区域的商品、服务及技术、人才、资金、数据等要素自由流动和经济共同发展具有重要意义。尤为重要的是，CPTPP开放标准高、覆盖范围广、边境后议题多，充分体现了"自由、公平、包容"的开放原则。在贸易投资规则上体现出高度自由化、便利化，在国内规制上体现出高度市场化、法治化和国际化的公平竞争环境，在开放标准上体现出对发展中经济体的包容性，在组织成员发展上体现出多边开放原则，因此是具有世界影响力、能够引领未来国际经贸规则创新变革趋势的高标准自由贸易协定。

我国积极推动加入CPTPP的过程就是以开放促改革、促发展、促创新的过程，通过对接CPTPP高标准国际经贸规则，将有利于加快推进贸易投资自由化便利化，提高服务业开放水平，深化在补贴、国有企业、竞争政策、知识产权保护、劳工标准、环境保护、技术性贸易壁垒、政府采购、监管一致性、透明度和反腐败等规则改革，建立与高水平国际经贸规则相适应的制度体系，形成与我国资源禀赋相匹配的开放新格局，提高全球资源配置效率，提高我国在亚太区域乃至全球产业链供应链体系中的稳定性和安全性，提升我国在参与全球治理和国际经贸规则中的话语权和领导力。与此同时，通过推动深层次体制改革，为建设高标准市场经济体系提供新的制度供给，使社会主义市场经济体制焕发出强大的生机与活力。

本书是基于中财办委托课题“关于我国积极考虑加入 CPTPP 的策略研究”（2021）、中国国际经济交流中心重大基金课题“加入 CPTPP 重大举措研究”（2021）形成的研究成果。课题研究的目标是，通过对标 CPTPP 高标准经贸规则推动我国新一轮高水平开放和深层次改革。研究立足国情实际、放眼国际视野，深入研判经济全球化出现的新趋势、国际经贸规则出现的新特征以及我国经济高质量发展面临的新形势，按照“对标规则、寻找差距，补短板、强弱项，重点突破、趋利避害”的总体思路进行研究。首先，对 CPTPP 与 EPA、USMCA、RCEP 自贸协定的规则进行比较分析，揭示了 CPTPP 作为高标准国际经贸规则的特点。其次，鉴于 CPTPP 涵盖领域广泛，我们选取了服务贸易、电子商务、货物贸易、投资、补贴、知识产权、竞争政策、劳工标准等需要重点突破的难点问题进行研究；鉴于服务贸易涵盖面宽，我们选取了金融、电信、交通运输、教育、文化、医疗等长期开放滞后、面临障碍较多的领域进行研究。再次，在对 CPTPP 文本的相关内容进行深入研究的基础上，对标规则找出我国存在的差距，提出了推进重点领域深化改革和扩大开放的一系列举措。最后，按照“抓住主要矛盾、重点突破”的思路，研究了加入 CPTPP 的策略和路径。在研究方法上，本书综合运用了理论研究、文献研究、实地调研等多种方法。

本书的基本框架由总报告、专题报告和附录组成。

总报告阐述了我国加入 CPTPP 的战略意义、面临的主要机遇与重大挑战及对接 CPTPP 规则的现实差距、推进重点领域改革开放的主要举措、路径及策略等。我国加入 CPTPP 将有利于推动高水平开放和深层次改革，建设高质量的双循环体系，构建开放与安全相平衡的产业链、供应链和创新链体系，发挥大市场优势和潜力，扩大区域贸易投资创造效应，提高我国参与全球经济治理能力，为推动区域经济发展和多边主义前行彰显责任担当。我国加入 CPTPP 将迎来重大机遇，世界经济重心东移，新冠肺炎疫情导致产业链和供应链区域化，我国经济一枝独秀和超大规模市场吸引力增强，RCEP 的签署为加入 CPTPP 营造了良好经贸合作环境和规则制度基础。同时，也面临来自地缘政治和规则标准方面的重大挑战。我国对标 CPTPP 规则的主要差距体现在以下方面，服务贸易领域，对外资市场准入限制较多，除禁止准入外，还有大量合资、股比、国籍等强制要求，学历和执业资格不互认，自然人流动、资金跨境流动限制，非国民待遇等问题。数字贸易领域，跨境数据自由流动、互联网开放及数据安全管理、数字资产知识产权保护、个人信息保护等方面滞后，数字产品存在歧视性待遇，电子签名不被承认，电子认证机构互认存在障碍。货物贸易规则方面，关税水平、监管制度、市场准入方面仍存在差距。投资规则方面，准入限制较多，土地征收、国有企业、争端解决机制等问题面临挑战。知识产权规则方面，知识产权保护的范围、期限存在差距，侵权犯罪成本低、刑事制裁轻、维权成本高，相关统计服务体系尚不完善。竞争政策规则方面，仍存在市场主体歧视待遇和不公平竞争，国有企业改革与竞争中立要求仍有差距，国有企业信息披露机制、相关法律体系有待完善。补贴规则方面，产业补贴规模和涉及面较大，补贴主要向国有企业倾斜，专向补贴和禁止性补贴仍然存在。劳工标准方面，除我国现有工会制度安排存在差异外，在废除劳动教养和强迫劳动、禁止用工歧视、职业安全等方面的法律法规有待完善。推进重点领域改革开放的主要举措包括着力推进服务贸易重点领域开放、加快构建数字贸易和数字治理框架体系、推进货物贸易关税及管理体制改革、推动投资管理体制改革、提高知识产权保护标准、建设公平竞争的法制环境和政策体系、加快改革扭曲市场的补贴制度、提高劳动保障制度国际化水平。加入 CPTPP 的路径及策略是，以推动互利共赢为立足点减少地缘政治因素干扰，以自贸区（FTA）建设为抓手推动谈判进程，发挥自贸试验区和海南自由贸易港的先行先试作用，尽快进行法律政策调整和修订。

专题一为“我国加入 CPTPP 的战略意义和现实基础”。分析了我国加入 CPTPP 的战略意义，具体包括有利于建设开放型世界经济、构建人类命运共同体、建设更高水平开放型经济新体制。具体体现在推进对外贸易高质量发展，促进“引进来”和“走出去”进一步发展，促进新模式新业态发展，拓展国际经济合作新空间，加快自贸试验区建设等方面；有利于构建新发展格局，体现在促进双循环、推动创新驱动、发展数字新业态等方面；有利于规避美国通过排他性贸易安排对我国挤压；有利于我国积极参与全球经济治理规则建设。我国加入 CPTPP 的现实基础包括：综合国力大幅提升，超大规模市场潜力巨大，产业发展基础坚实，贸易投资管理体制改革不断推进；“一带一路”走深走实，区域经济一体化取得积极进展，开放的大门越开越大，自贸区建设积极推进，RCEP 落地、中欧全面投资协定谈判完成、与 CPTPP 多数成员国签署双边协议；国内体制改革不断深化，土地、金融、财税、产权等改革不断深入，国内统一市场、现代流通体系等建设初见成效，扩大内需战略不断推进。

专题二为“我国加入 CPTPP 面临的主要机遇和重大挑战”。研究认为，当前是 CPTPP 加入门槛较低的时期，我国正处于对外开放和创新力持续增强阶段，RCEP 签署生效营造了良好的国际经济合作氛围，英国启动加入程序带来领跑效应，我国经济一枝独秀具有全球市场吸引力，这些都是有利条件。重大挑战主要来自规则标准差异的压力、日本的排斥心理、美国干扰等因素。

专题三为“CPTPP 的特点、进展及规则比较”。研究认为，CPTPP 规则覆盖领域广、边界内议题多、开放程度高，目前扩容势头方兴未艾。本专题从规则演化、背景、核心议题等方面将 CPTPP 与 TPP、EPA、

USMCA、RCEP 贸易协定的规则进行比较分析。结论是 USMCA 与 CPTPP 的绝大多数相一致，但在国企、原产地标准、劳工、环境、知识产权保护等方面要求更高；日欧 EPA 与 CPTPP 的提出背景均是成员国为应对美国退出 TPP 后采取一系列贸易保护政策的举措；RCEP 与 CPTPP 相比在规则深度和广度方面都存在差距，其突出特点是以“发展”为核心，注重灵活性和包容性。

专题四为“我国货物贸易对接 CPTPP 规则的改革举措研究”。分析认为，实施零关税是国际分工发展的必然要求，是我国进一步扩大对外开放的应有之举，是新一代高标准贸易协定的发展趋势，对国内产业的冲击是可控的。基于 CPTPP 关税减让情况和我国 FTA 关税减让现状，分析了我国货物贸易关税与 CPTPP 的差距，并按照敏感程度分类分析了我国难以实施零关税的产品。在此基础上，提出我国对 CPTPP 零关税的三种接受程度，认为零关税不会成为我国加入 CPTPP 的障碍。

专题五为“我国金融、电信、交通运输服务贸易对接 CPTPP 规则的改革举措研究”。研究认为，我国金融业存在的差距主要体现在，外资金融机构经营领域尚未完全放开、资本账户尚未完全放开、对资金跨境支付和跨境流动存在限制。深化改革的建议为，进一步扩大外资金融机构在华业务范围，修改完善金融领域法律法规，提升金融业制度型开放水平。我国电信业存在的差距主要体现在，外资市场准入限制性措施较多等。深化改革的建议为，缩减负面清单中的相关条款，取消增值电信领域市场准入限制，修订电信业法规条例，加快电信领域改革开放步伐。我国交通运输业仍存在外资准入限制，深化改革的建议是，修订负面清单的相关条款、推进水上运输领域开放、完善航空领域制度型开放。

专题六为“我国教育、文化和医疗服务贸易对接 CPTPP 规则的改革举措研究”。研究认为，教育领域的差距体现在，我国对外资举办教育机构市场准入限制程度高，学历学位互认范围有待扩大，对境外消费资金转移实施严格限制等。扩大开放的建议是，进一步取消外资教育机构的准入限制，放开港澳在大湾区内地办学的自主权，允许外商独资举办非学历教育机构，并允许经营状况良好的外资教育机构设立分支机构；参照民办学校相关规定放开学前、普通高中和高等教育领域。扩大高等教育学历学位互认，畅通与教育先进国家的远程教育合作渠道。文化领域的差距体现在禁止部门多、已开放领域仍保留了严格准入门槛等。扩大开放的建议是，率先放开敏感度较低且有开放基础条件的领域，强化审慎监管，守住底线。医疗领域的差距体现在，外资医疗机构准入门槛高，学历学位和执业资格互认制约自然人移动等。扩大开放的建议是，放开独资准入限制，推动跨境远程诊疗便利化，提高外资医疗服务国民待遇，推动学历学位、执业资格及医疗检验检测结果国际互认。

专题七为“我国电子商务对接 CPTPP 规则的改革举措研究”。研究认为，我国在数字产品非歧视性待遇、跨境数据流动和数据本地化、个人信息保护、开放源代码等方面仍存在差距。改革开放的基本思路是，基于我国现实基础，充分借鉴国际有益经验，推进数据安全自由流动，提升个人信息保护水平，尊重保护源代码。要统筹发展与安全，积极参与制定国际数字治理规则，尽快完善中国主张。要建立数据分类分级管理制度，扩大互联网有序开放，完善数据治理法律框架。

专题八为“我国投资对接 CPTPP 规则的改革举措研究”。研究认为，我国投资存在的主要差距有，负面清单项目偏多、限制措施偏严且尚未实现投资与跨境服务贸易一张清单，投资者—国家争端解决机制、保障能力建设等方面还存在一定差距。改革开放的政策建议是，进一步开放市场准入，实现重点领域突破；分步推进行业开放，提升措施的灵活性；实现投资和跨境服务贸易一张清单；处理好投资者国家争端解决条款；积极参与国际经贸规则合作；完善事中事后监管体系。

专题九为“我国知识产权对接 CPTPP 规则的改革举措研究”。研究认为，知识产权仍是我国加入 CPTPP 遇到的主要挑战之一。我国知识产权保护制度不断完善，为接轨国际规则打下基础，但与 CPTPP 知识产权条款相比仍有差距，具体体现在，未加入《保护植物新品种国际公约（1991 年版）》；权利保护范围窄，未将气味商标纳入《商标法》保护，缺乏对未注册驰名商标的跨类保护；保护期限短，专利申请新颖性宽限期短；侵权执法信息统计有待细化；互联网领域的知识产权保护相对薄弱等。深化改革的建议是，以 CPTPP 为标准完善相关知识产权制度与执法，立足国内发展需求，探索知识产权保护高标准，以建设知识产权强国为目标大力提升知识产权软硬实力，有效利用双边及多边机制构建知识产权国际保护新秩序。

专题十为“我国竞争政策对接 CPTPP 规则的改革举措研究”。研究认为，我国竞争政策存在的差距主要体现在，《反垄断法》等竞争法体系有待完善，竞争执法中尚未完全落实非歧视待遇和公平竞争审查，国有企业改革方向与竞争中立原则仍有较大差距，履行 CPTPP 的透明度或国有企业信息披露承诺要求难度较大。完善我国竞争政策体系的建议是，加快完善竞争政策体系，强化竞争政策基础地位；严格落实公平竞争审查，营造公平竞争市场环境；深化国有企业分类改革，鼓励扩大市场竞争；强化竞争执法透明度，保障申诉人的合法权益；多策并举开展竞争政策国际协调，争取具体规则议定主动权。

专题十一为“我国补贴对接 CPTPP 规则的改革举措研究”。研究认为，我国产业补贴存在的主要问题是，覆盖面宽、增长快、补贴方式多样且行业集中度较高，我国常用专项性补贴支持重点产业，长期以来过于倾向扶持国有企业，依然大量存在禁止性补贴，补贴的信息披露和透明度有待提高。改革补贴的主要举措是，规范政策制定、加强信息披露，严格避免采用新的禁止性补贴，完善第三方评估体系，建立财政补贴退出机制，加快国有企业改革步伐，多双边并举积极推进国际经贸规则体系改革。

专题十二为“我国劳工标准对接 CPTPP 规则的改革举措研究”。研究认为，我国以往签订的自贸协定未纳入劳工标准，现行劳工标准与 CPTPP 相比仍有差距。例如，工会制度安排有所差异，国内法律仍存在与劳动教养性质相关的内容，关于禁止歧视的立法方式缺乏弹性，职业安全与卫生方面还存在差距。主要改革思路是，立足我国政治制度与基本国情完善国内劳工保护立法，提高劳工保护水平，借鉴 CPTPP 劳工标准的相关内容在我国主导的自贸协定中积极对接、分类施策。积极推动劳工问题写入自贸协定，立法明确可写入自贸协定的基本劳工权利范围，逐步完善劳工问题的对话磋商及争端解决程序，不断提高我国劳工权益保护水平。

专题十三为“我国加入 CPTPP 的谈判路径及策略”。研究认为，谈判的重点和难点，一是地缘政治，二是规则。从五个方面对我国申请加入 CPTPP 的路径进行设计。一是打破政治障碍，加强与 CPTPP 成员经济体的接触沟通，进行重点突破；二是对标 CPTPP 文本找出差距，努力达标；三是苦练内功，深化国内经济体制改革；四是在积极加入 CPTPP 的同时有效推进其他区域经贸合作；五是加强国内的宣传和培训，为加入 CPTPP 创造氛围和基础。

此外，本书有四个附录，主要汇集了重要阶段性成果和调研报告。

课题在研究过程中得到许多专家的悉心指导。首先要特别感谢课题组负责人、中国国际经济交流中心首席研究员张燕生先生，他曾多次对课题组研究给予指导，对整体研究框架提出思路，并对每一部分报告提出具体修改意见。此外，还要衷心感谢中国国际经济交流中心常务副理事长张晓强、国家发改委经贸司副司长寇明、国家发改委外资司副司长郑持平、商务部政研室副主任李莉、商务部服贸司巡视员王旭阳、中美绿色基金董事长徐林、中国世界贸易组织研究会副会长霍建国、中国社科院亚太与全球战略研究院院长李向阳、国家发改委宏观院科研部主任叶辅靖、国务院发展研究中心外经部部长张琦、中国（海南）改革发展研究院院长迟福林、国务院发展研究中心外经部原部长赵晋平、南开大学原校长助理冼国明、天津市政府原副秘书长陈宗胜、中国社科院工经所原副所长黄速建、商务部研究院学术委员会主任李钢、商务部研究院副院长崔卫杰、北京大学国发院党委书记余淼杰、中央党校研究生院院长潘悦、中国社科院亚太与全球战略研究院副院长沈铭辉、中国社科院财经院研究员赵瑾、中国社科院世经政所研究员东艳、中财大国际经济学院院长张晓涛等知名专家，他们在百忙之中参加了专题研讨，对课题组给予精心指导，并贡献了富有前瞻性的思想，使课题组受益匪浅，对于开阔思路、丰富内容、提高质量具有重要作用。

参加本书撰写的专家有，课题组组长：王晓红（中国国际经济交流中心科研信息部副部长、教授）；课题组副组长：夏友仁（中国国际经济交流中心区域和产业经济研究部副研究员）；课题组成员：刘向东（中国国际经济交流中心宏观经济研究部副部长、研究员），张秀青（中国国际经济交流中心宏观经济研究部正高级经济师），苏庆义（中国社科院世界经济与政治研究所研究员），谈俊（中国国际经济交流中心美欧所副研究员），谢兰兰（中国国际经济交流中心世界经济研究部副研究员），孙晓涛（中国国际经济交流中心宏观经济研究部副研究员），刘小鸽（国务院发展研究中心副研究员），徐长春（中国国际经济交流中心世界经济研究部研究员），袁幽薇（中国国际经济交流中心国际经济论坛原秘书长、交流部原副部长），徐慧（国家知识产权局知识产权发展研究中心副研究员），王婧（中国国际经济交流中心世界经济研究部助理研究员），李浩东（中国国际经济交流中心世界经济研究部助理研究员）。

王晓红
2022 年 2 月

目　　录

总报告

专　　题

附　　录

总 报 告

一、导言

2020年11月，习近平主席在APEC第27次领导人非正式会议上表示积极加入《全面与进步跨太平洋伙伴关系协定》（CPTPP），2021年9月，我国正式提交申请。[①] 这是以习近平同志为核心的党中央统筹百年未有之大变局和中华民族伟大复兴战略全局作出的重大抉择，是我国对接高标准国际经贸规则推动制度型开放的重要里程碑，它向世界表明了我国对外开放的决心和信心，表明了我国推动经济全球化深入发展、构建开放型世界经济和构建人类命运共同体的愿景。CPTPP涵盖日本、加拿大、澳大利亚、智利、新西兰、新加坡、文莱、马来西亚、越南、墨西哥和秘鲁11国，于2018年12月30日正式生效，对促进亚太区域的商品、服务及技术、人才、资金、数据等要素自由流动和经济共同发展具有重要意义。尤为重要的是，CPTPP开放标准高、覆盖范围广、边境后议题多，充分体现了“自由、公平、包容”的开放原则。[②] 在贸易投资规则上体现出高度自由化便利化，在国内规制上体现出高度市场化、法治化和国际化的公平竞争环境，在开放标准上体现出对发展中经济体的包容性，在组织成员发展上体现出多边开放原则，因此是具有世界影响力、能够引领未来国际经贸规则创新变革趋势的高标准自贸协定。

我国加入CPTPP的过程就是对接高标准国际经贸规则推动制度型开放，以开放倒逼改革、促进创新、推动高质量发展的过程，从这个意义上看，把加入CPTPP看作我国第二次“入世”恰如其分[③]。这一过程对于建设更高水

① 2021年9月16日，商务部部长王文涛向CPTPP保存方新西兰贸易与出口增长部长奥康纳提交了中国正式申请加入CPTPP的书面信函。

② 张燕生：《中国与世界贸易组织：回顾与展望》，《国际经济评论》2022年第1期。

③ 加入WTO使我国开始对标国际经贸规则进行全面体制改革和制度型开放，促进由传统计划经济向社会主义市场经济转型，通过与国际规则接轨使我国融入全球市场体系和产业分工体系，成功将我国的资源要素禀赋与国际产业转移的重要机遇紧密结合，提升组合全球资源要素的能力和水平，全面深度融入全球价值链，促进开放型经济快速发展和开放型经济新体制形成。

平的开放型经济新体制和高标准市场经济体系，加快构建国内大循环为主体、国内国际双循环相互促进的新发展格局，重塑参与国际竞争合作新优势、提升参与全球治理水平都将产生重大现实意义和深远历史影响。同时，我国加入 CPTPP 也将对亚太经济繁荣、和平发展和提升全球治理地位产生重要作用。其战略意义主要体现在以下方面。

第一，有利于推动高水平开放和深层次改革。CPTPP 体现了“三零”（零关税、零壁垒、零补贴）规则的基本特征，既包括关税、市场准入的边境上自由开放，也包括国内规制的边境后公平开放，覆盖国有企业、竞争中性、知识产权保护、政府采购、补贴、劳工标准、环境保护、技术性贸易壁垒、监管一致性、透明度与反腐败等边境后规则。通过对标 CPTPP 规则，将加快推动我国制度型开放，推进高标准市场经济体制改革，强化竞争性政策的基础地位，完善市场化、法治化和国际化的营商环境，促进经济发展的质量变革、效率变革和动力变革，推动国家治理体系和治理能力现代化，为建设现代化强国营造有利的国际国内环境。

第二，有利于建设高质量的双循环体系。加入 CPTPP 有利于我国深化供给侧结构性改革，培育国际合作竞争新优势，通过构建高质量的外循环体系增强国内大循环的畅通、活力与主导作用，实现高质量双循环的市场连接与供需匹配，形成全球化配置科技创新资源、人才、产业的网络。通过对接 CPTPP 规则实施高水平开放，引进国外优质商品、服务及资本、技术、人才、数据等高端生产要素，降低企业成本、提升产品质量和消费品质，满足我国产业结构和消费结构双升级的需要，为输出我国的优势产能及资本、技术、标准和服务打开国际空间。与此同时，加快形成高水平市场化配置土地、劳动力、资本、技术、数据等要素的机制，构建国内统一大市场并提升生产、流通、分配、消费的循环效率和质量。

第三，有利于构建开放与安全相平衡的产业链、供应链和创新链体系。加入 CPTPP，合规是首要、合作是关键，这既有利于与发达经济体之间构建强强互补型合作竞争发展新模式，也有利于与发展中经济体之间构建共享包容型发展利益共同体新模式。尤其是新冠肺炎疫情之后，全球产业链、供应链和创新链体系正加速区域化重构，加入 CPTPP 可以立足我国较完备的产业体系和产业链优势，与 CPTPP 成员国一道发挥各自分工优势，构建立足亚洲、面向全球的产业和技术创新体系，提升区域产业链、供应链和创新链的安全性、稳定性和竞争力，扩大我国“引进来”和“走出去”规模。

第四，有利于发挥我国大市场优势和潜力扩大区域贸易投资创造效应。美国彼得森国际经济研究所的一项研究表明，如果我国不加入 CPTPP，将因贸易转移效应损失 100 亿美元，加入则能获得 2980 亿美元收益。另一项研究表明[①]，我国加入 CPTPP（设定所有商品关税为零），GDP、进口和出口将分别提升 0.48%、3.41% 和 2.23%，ODI 和 FDI 存量将分别提升 1.04% 和 0.81%。这组数据说明，加入 CPTPP 对于我国经济、贸易、利用外资、对外投资都将产生积极促进作用，同时 CPTPP 成员通过分享我国超大规模市场将扩大货物和服务出口、增加跨国投资，并分享到我国的优质商品、服务和投资，助力成员国经济社会发展。

第五，有利于提高我国参与全球经济治理能力。我国加入 CPTPP 有利于在新一轮国际经贸规则制定中增强主动权和话语权，尤其是提高参与全球数字贸易规则制定和数字治理的能力。新冠肺炎疫情推动数字经济强势崛起，数字技术引领新一轮科技革命和产业变革加速发展，但全球数字贸易规则和数字治理仍呈现碎片化态势，迫切需要构建统一规则和治理框架，我国数字经济在产业规模、技术创新、企业竞争力方面都具优势，能够为提升全球数字治理水平贡献智慧和方案。同时，国内数字经济蓬勃发展也要求构建与之相适应的制度环境，对接 CPTPP 规则将为新经济发展创造有利环境。

第六，为推动区域经济发展和多边主义前行彰显责任担当。全球疫情大流行、经济大萧条，保护主义、民粹主义、孤立主义不断升温，经济全球化

① 李浩东：《CPTPP 对我国影响利弊分析》，国经中心重大基金课题《对标国际高标准适时提出加入 CPTPP 谈判》。

逆流涌动，迫切需要加强区域合作。我加入 CPTPP 将为推动亚太区域经贸繁荣作出新贡献，展现开放、负责任、讲规则、讲诚信和以邻为伴、共谋发展的大国风范。不仅如此，也将打破美西方国家以“非市场经济国家”名义，利用“毒丸条款”对我国实施围堵和排挤的企图，切实维护 WTO 多边贸易体制非歧视和开放的核心价值，为全球治理贡献中国方案。

二、我国加入 CPTPP 面临的主要机遇与重大挑战

（一）面临的主要机遇

第一，世界经济重心东移。世界经济格局呈现“东升西降”“南升北降”态势，正逐步改变国际大三角分工格局①，形成东亚、欧洲、北美三足鼎立之势。据世界银行统计，2019 年东亚和太平洋地区 GDP 达 24.91 万亿美元，占全球 28.43%，超过欧洲与中亚的 24.58 万亿美元（占 28.06%）、北美的 20.31 万亿美元（占 23.18%）。2020 年，中日韩三国 GDP 达 21.41 万亿美元，超过欧盟 27 国（15.2 万亿美元）和美国（20.95 万亿美元）。麦肯锡研究院预测，亚洲 GDP 的全球占比将从 2000 年的 1/3 提高到 2040 年的 1/2 以上，消费规模将占世界的 40%。发展中国家经济增长总体快于发达经济体。IMF 测算，1992—2024 年，发达经济体 GDP 占全球比重将从 83.6% 降到 56.2%，新兴经济体和发展中国家则从 16.4% 升至 43.8%。我国作为亚洲第一大经济体和世界最大的新兴经济体，对于提升 CPTPP 的全球位势无疑具有重要影响。

第二，新冠肺炎疫情导致产业链和供应链区域化趋势。新冠肺炎疫情导致各国对产业链、供应链安全的重视程度上升，更加强调产业自主发展和产业链自主可控，越来越多的国家将产业回迁国内或在本区域进行重组，促进

① 国际大三角分工格局，即美欧为世界提供市场、技术和关键零部件生产，东亚为世界提供劳动力和制造环节，中东和其他亚非拉发展中国家为世界提供能源和资源的传统国际分工格局。

全球产业链和供应链向本土化和区域化调整重构，后疫情时代将加剧这一趋势。CPTPP 成员国中有 7 国来自亚太区域且与我国经贸关系密切，我国加入 CPTPP 将增强整个亚太地区的产业链、供应链、创新链的韧性和市场竞争力，也符合这些国家产业链安全和经济安全的利益。

第三，疫情后我国超大规模市场吸引力增强。我国率先控制疫情、经济率先恢复增长，生产和消费市场潜力巨大。尤其是我国通过长期对外开放和体制改革，不断与国际经贸规则相衔接，贸易投资自由化便利化水平不断提升，营商环境大幅改善，增强了跨国投资吸引力和稳定预期。长期以来，我国与 CPTPP 成员国贸易投资合作不断深化，为强化与成员国的经济合作奠定了坚实基础，尤其是多数成员国对我国市场的青睐和依赖，增强了我国与缔约方谈判的筹码。

第四，《区域全面经济伙伴关系协定》（RCEP）的签署为加入 CPTPP 营造了良好的经贸合作环境和规则制度基础。RCEP 于 2022 年 1 月 1 日正式生效，标志着世界人口最多、经贸规模最大、最具发展潜力的自由贸易区正式启航，有效提振了亚太区域贸易投资和经济复苏的信心，为加强区域产业链、供应链、创新链合作，促进经济长期繁荣发展注入新动能，也将为推动亚太自贸区（FTAAP）进程提供实现路径。尤其重要的是，RCEP 不仅多数议题与 CPTPP 相同且覆盖主要成员国，我国在 RCEP 中承担重要角色，将在对接规则改革开放、密切与主要成员国经贸合作方面取得实质性进展，从而为加入 CPTPP 奠定有利基础。

（二）面临的重大挑战

对标 CPTPP 规则，我国除面临货物贸易零关税、市场准入、服务贸易开放、数据跨境自由流动等贸易投资自由化、便利化措施之外，还涉及补贴、竞争中性、国有企业改革、劳工标准、知识产权保护等一系列边境后规则方面的改革，这些都对我们扩大开放和深化改革提出了更高要求。

三、CPTPP高标准国际经贸规则的主要特点

CPTPP与日欧经济伙伴关系协定（EPA）[①]、美墨加协定（USMCA）[②]被称为三大高标准自贸协定。CPTPP的前身是美国主导的TPP[③]，美国退出之后由日本主导，更名为CPTPP[④]，其条款内容保留了TPP的核心规则框架体系和95%的内容，搁置了5%左右的条款。CPTPP规则以“三零”（零关税、零壁垒、零补贴）为基本框架，即货物贸易基本实施零关税；服务贸易、电子商务（数字贸易）、投资领域基本取消各种限制性壁垒；取消扭曲市场的补贴规则；在国有企业、竞争政策、知识产权保护、劳工标准、环境保护、技术性贸易壁垒、政府采购、监管一致性、透明度和反腐败等国内规制方面提出更符合市场经济发展、更优营商环境的高标准要求。

（一）服务贸易规则

CPTPP对服务贸易领域在市场准入、国民待遇、政策透明度等方面做出了严格要求，主要体现在：服务贸易采用负面清单模式；通过设置棘轮机制保证各缔约方的开放度“只进不退”；赋予跨境服务提供者市场准入自由，允许缔约方企业在满足监管标准前提下自由进入市场和自主决定经营方式；取消对服务提供者进入的数量、配额、形式等限制；取消对外资企业股比、高管和董事会成员国籍等限制；取消在学历和职业资格互认、自然人流动、资

① 2018年7月17日日本与欧盟签署。

② 2018年9月30日美国—墨西哥—加拿大协定（USMCA）达成，USMCA基本延续CPTPP的框架结构和规则标准。

③ 《跨太平洋伙伴关系协定》（*Trans-Pacific Partnership Agreement*，TPP）。2009年11月美国总统奥巴马在P4的基础上正式提出跨太平洋伙伴关系计划，全面主导TPP。2016年2月4日由美国、智利、秘鲁、越南、新加坡、新西兰、文莱、澳大利亚、日本、墨西哥、加拿大、马来西亚组成的12个成员国在新西兰奥克兰正式签署TPP协定，经济规模占全球经济总量的40%。奥巴马试图将TPP发展为“重返亚太”战略的经济合作平台以主导未来经贸规则制定权，但特朗普认为TPP摧毁制造业、损害工人利益，继任后便宣布退出。

④ 《全面与进步跨太平洋伙伴关系协定》（*Comprehensive and Progressive Agreement for Trans-Pacific Partnership*，CPTPP）。

金自由流动方面的限制；同时对各缔约方的国内批准程序、争端解决机制等提出更高要求。如金融领域规定，“一缔约方的监管机构应在120天内对另一缔约方的一金融机构的投资者、一金融机构或一跨境金融服务提供者提出的与提供金融服务相关的完整申请作出行政决定”。“每一缔约方应允许所有与跨境服务提供相关的转移和支付自由进出其领土且无迟延”，并按照“现行市场汇率进行”。

（二）电子商务规则

CPTPP致力于消除发展电子商务的障碍，其规则与WTO和我国参与的FTA相比更全面、更高标准，内容涵盖数字品贸易零关税和非歧视待遇，要求数据跨境自由流动、取消本地化存储限制①，严格要求源代码保护、个人隐私保护、在线消费者权益保护，消除在电子认证和电子签名、无纸贸易、接入和使用互联网开展电子商务方面的障碍。如明确“任何缔约方给予在另一缔约方领土内创造、生产、出版、定约、代理或首次商业化提供的数字产品待遇，或给予作者、表演者、生产者、开发者或所有者为另一缔约方人的数字产品待遇，不得低于给予其他同类数字产品的待遇”。“不得将要求转移或获得另一方的人所拥有的软件源代码作为在其领土内进口、分销、销售或使用该软件或含有该软件的产品的条件。”

（三）货物贸易规则

一是CPTPP货物贸易开放的首要表现为零关税。这一措施将有效降低各国贸易成本，反映了以中间品贸易为主体的全球价值链贸易的趋势和内在要求。11国货物贸易最终实施零关税的税目平均达99%，高于RCEP90%的水平，第一年零关税的税目平均超过86%。各国非零关税产品主要集中在农业，工业基本实现零关税，且实施零关税的过渡期普遍小于其他自贸协定。二是

① CPTPP电子商务专章规定：“不得将要求涵盖的人使用该缔约方领土内的计算设施或将设施置于其领土之内作为在其领土内从事经营的条件。”

更开放的市场准入。取消对再制造货物的关税和限制性措施，不得对再制造货物的进口采取任何禁止或限制，不得对修理改制后再入境的货物征收任何关税，从而进一步降低了货物贸易成本。三是要求更高的原产地规则。CPTPP 规定原产地区域价值成分为 40% ~55%，高于 RCEP（40%）的标准。纺织服装“从纱认定”要求从纱线原料采购到加工制造必须满足原产地规则才能享受关税优惠。四是对通关速度提出更高要求。

（四）投资规则

CPTPP 不仅包括传统自贸协定投资规则的全部领域，还在投资者—国家争端解决等新议题上有大幅进展。一是覆盖领域广。投资范围不仅包括传统的企业、股权、建设项目，还包括金融资产、特许权、租赁、抵押、知识产权等。二是自由化程度高。CPTPP 采用投资与跨境服务贸易一张负面清单形式。“禁止业绩要求”条款由传统领域推广至服务、技术等新领域，强调东道国不得对外资施加或强制执行相关要求，也不得强制要求外资作出相关承诺保证。三是对投资者保护程度高。投资者—国家争端解决机制（ISDS）赋予投资者单项启动、直接对东道国提起仲裁的权力，是保护投资者利益的有力武器。CPTPP 引入投资者—国家争端解决程序，推行争端解决程序标准化，确保投资者利益。投资者实施东道国起诉后仍可申请国际投资仲裁，且仲裁机构和规则有多元选择，这对东道国司法权威构成巨大挑战。

（五）知识产权规则

CPTPP 覆盖了 TPP 绝大部分知识产权条款（仅搁置 11 条），是最高标准、全球领先的知识产权规则。一是通过扩大保护客体范围、延长保护期限提高保护门槛。将声音、气味注册商标纳入保护范围，将驰名商标保护范围由同类扩大到跨类且认定不以注册为要件，将著作权保护期限延长至 70 年，将 TRIPS 协议未规定的“域名”“国名”纳入保护范围。对专利新颖性的宽限期进行专门规定并延长保护期限。二是通过更严格的法律和更大力度执法提高知识产权保护水平。如要求各缔约方在海关监管的货物启动边境措施，范围包括进口、准备出口、过境货物且被怀疑属假冒商标或盗版货物[①]。更加重视数字环境下的商标、版权、著作权的保护和侵权执法。如在复制权保护方面，对成员国新增了网络或电子版权的保护义务，扩大了版权人的权利范围[②]；在著作权保护方面，要求对以营利为目的的故意侵权行为适用刑事程序，并增加了商业秘密刑事保护的规定。三是为权利人提供更充分的救济。如为权利人发现侵权、收集证据提供便利等。

（六）竞争政策规则

CPTPP 强调竞争中立和非歧视待遇。在竞争政策、国有企业和指定垄断两个部分[③]，分别从竞争立法和确保执法公正、透明度及国有企业、非商业援助、产业损害等方面作出规定，特别要求保证国有企业遵循竞争中立原则，防止其商业行为扭曲市场。一是强调缔约方进行竞争立法并确保执法程序公正。需确保国内竞争法及相关政策适用于其领土内的所有商业活动，从制度上保证公平的市场竞争行为；同时还要求严格执法，禁止欺诈性商业活动，保障私人诉权。二是强调竞争政策制定和执行中遵循透明度原则。要求及时向公众或缔约方公布竞争法律法规和政策措施，执法要符合公正程序，各方要利用通知、通告、磋商和信息交流方式开展合作。三是明确国有企业和指定垄断的商业行为限制。如遵循“非歧视待遇”“禁止提供非商业援助”原则，各类企业从事商业活动在使用资源和监管待遇方面保持一致，国有企业必须根据商业考量进行采购和销售，保证不歧视他国企业、产品和服务。主管机关不得滥用监管权力向国企提供各类优惠待遇。

（七）补贴规则

CPTPP 涉及补贴内容主要体现在货物贸易、跨境服务贸易、国有企业和

① CPTPP 第 18.76 条第 5 款。

② CPTPP 第 18.58 条规定，以电子方式的复制权，包括任何形式或方式的复制，永久的、临时的以及缓存复制，该条款扩大了版权人对于复制权的控制范围。

③ CPTPP 第 16 章为竞争政策，第 17 章为国有企业和指定垄断。

指定垄断等章节。一是扩展补贴认定范围。CPTPP 将“公共机构”认定由政府扩大至国有企业和国有商业银行，将接受补贴主体由国有企业扩大到其海外分支机构，“公共机构”向下游企业提供货物或服务、向其他企业提供贷款或参股的行为都视为补贴。“公共机构”非商业援助规则实现全方位覆盖且认定过程简化，从而扩大了补贴在国有企业的适用范围。二是提高国有企业补贴透明度要求。如提高国有企业信息披露要求，包括内部重要信息和非商业援助的详细信息等，只要其他成员国提出书面请求就需提供有关信息，且豁免透明度要求难度较高。三是提高补贴损害认定要求。在判断“不利影响”与“损害”时，《SCM 协定》[①] 会涉及同类产品、同一市场、份额变化、价格降低等量化分析，而 CPTPP 补贴只作出定性规定，较前者要求更高。

（八）劳工标准

首先，CPTPP 劳工议题确定保护的基本劳工权利范围采用“4＋1”的形式。在 1998 年国际劳工大会《宣言》确定的四项核心标准[②]基础上，CPTPP 首次将最低工资、工作时间及职业安全与健康可接受的工作条件纳入基本劳工权利范畴，将其区分为核心标准与非核心标准，并首次提出将其转化为各缔约方国内法的要求。其次，限制强迫或强制劳动生产的货物进口。要求缔约方采取相关举措限制进口强迫或强制劳动生产的货物。协议并没有限定强迫劳动生产的商品来源国范围，这意味着协议不但督促缔约方消除国内强迫劳动现象，还将对非缔约方的外贸活动造成直接影响。最后，允许将劳工纠纷诉诸争端解决机制并通过强制性手段解决。规定违反协议义务将实施赔偿、中止福利待遇、货币评估等制裁措施以保证协议

---

① WTO《补贴与反补贴措施》。

② 国际劳工组织四项核心劳工标准是指国际劳工组织 1998 年《宣言》中对工人基本权利的概括：（1）结社自由和有效承认集体谈判权利；（2）消除一切形式的强迫或强制劳动；（3）有效废除童工；（4）消除就业与职业歧视。

的强制约束力。此外，还规定特殊贸易区域适用不减损规则。[①] 协定考虑海关特殊监管区应具有更高开放水平和更优营商环境，以“不得减损”原则规定覆盖全部基本劳工权利。

四、对标 CPTPP 规则存在的主要差距

与 CPTPP 规则相比，我国在服务贸易、数字贸易、货物贸易、投资及知识产权、竞争政策、补贴、劳工标准等规则方面均存在不同程度差距。

（一）服务贸易规则与 CPTPP 存在的差距

与 CPTPP 规则相比，我国主要服务贸易领域尚存在市场准入限制较多，除禁止外资准入外，还有大量合资、股比、国籍等强制要求；学历和执业资格不互认；自然人流动、资金跨境流动限制；非国民待遇等问题。具体从以下重点领域来看。

金融领域：虽已取消准入限制，仍存在外资金融机构经营范围受限、批复周期长，资本账户开放不足，对资金跨境支付和流动存在限制等问题。外资银行在华业务范围仅限于存贷款、首付款、支付结算、银行卡、证券、外汇买卖等基础业务；外资银行、保险证券公司设立分支机构从申请到批复最长分别需 8 个月和 6 个月，均长于 CPTPP 规定。[②] 我国对外资保险公司在华从事保险中介和保险附属服务尚无明确规定。

---

① 所谓“不减损”原则是指，CPTPP 各缔约国不能通过弱化或减少本国劳工法提供的保护，用以鼓励贸易或投资。不减损原则适用于 4 项核心劳工标准。在此基础上，对特殊贸易或海关区域的要求更严格，即将非核心劳工标准（即工作条件）也纳入不减损原则的规定之下。

② 我国外资银行管理条例（2019 年 9 月）第十五条规定，“国务院银行业监督管理机构应当自收到设立外资银行营业性机构完整的申请资料之日起 6 个月内作出批准或者不批准筹建的决定”。在同意筹建的基础上，第十八条规定，“国务院银行监督管理机构应当自收到完整的开业申请资料之日起 2 个月内，作出批准或者不批准开业的决定”。我国外资保险公司管理条例（2019 年 9 月）规定，国务院保险监督管理机构对设立外资保险公司的审查自收到申请文件之日起 6 个月内作出受理或者不受理的决定。《中华人民共和国证券法》（2019 年 12 月）规定，国务院证券监督管理机构应自受理外资证券公司设立申请之日起 6 个月内，依照法定条件和程序并根据审慎监管原则进行审查，作出批准或者不予批准的决定。

交通运输领域：2021 年外资负面清单规定，国内水上运输公司、公共航空公司须由中方控股，且公共航空公司一家外商及关联企业投资比例不得超过 25%；通用航空公司法人须由中国籍公民担任，农、林、渔业通用航空公司限于合资，其他限于中方控股；民用机场建设经营须由中方相对控股，外方不得参与建设、运营机场塔台等。

教育服务领域：除合作办学、管理人员国籍准入限制外，还存在学历学位不互认，学历型远程跨境教育不予承认等问题。2021 年全国外资负面清单规定，学前、普通高中和高等教育机构限于中外合作办学，须由中方主导，校长需有中国籍。《中华人民共和国中外合作办学条例实施办法》规定：中外合作办学机构不得设立分支机构，理事会、董事会或联合管理委员会的中方组成人员不得少于 1/2。《中外合作职业技能培训办学管理办法（2015 年修订）》规定：外国教育机构不得独资职业培训机构。目前与我国进行高等教育学历学位互认的国家共 54 个且主要是发展中国家，我国与美国及 CPTPP 成员国日本、新加坡、智利、文莱等均未实现互认。

医疗服务领域：除合资、股比、人员国籍等准入限制外，还存在执业资格不互认、非国民待遇等问题。我国仅允许外资以合资形式设立医院或诊所，且不能设置分支机构，持股不高于 70%，医生和医务人员为中国籍。在执业资格互认方面，除国内执业资格、标准体系与国外差异这一客观因素之外，国内规制也存在障碍。《外国医师来华行医管理办法（征求意见稿）》规定①，外国医师来华短期行医实行执业注册制，长期行医须按照《中华人民共和国执业医师法》进行准入和注册执业并参加医师定期考核。我国医院评级、医师职称评定、课题招标、各类资格认定等科研创新、公共资源主要面向公立医院，外资医院被排除在外，医师缺乏晋级通道。此外，在外资医院看病不能享受医保，这些都导致外资医院人才不足、发展受限。

文化服务领域：对涉及文化内容提供和载体的部门存在大量禁止准入限制，这些部门涉及新闻机构，出版物的内容编辑、出版和制作业务，广

① 2020 年 1 月发布。

播电视媒体，广电节目制作经营（含引进业务）公司，电影制作公司、发行公司、院线公司及电影引进业务，文物拍卖、文物商店和国有文博馆、文艺表演团体等。此外，文化服务业务进口审批较复杂，目前保留的500项行政审批事项中涉及文化服务贸易的29项，包括内容审查、业务审查和机构审批等。

电信领域：2021年外资负面清单规定，增值电信业务外资股比不超过50%、基础电信业务须由中方控股。

（二）数字贸易规则与CPTPP存在的差距

与CPTPP规则相比，我国在数字贸易开放和数字治理方面仍存在差距。

第一，跨境数据自由流动、互联网开放及数据安全管理方面滞后。如互联网新闻信息、出版、视听服务及经营，是禁止外资准入的领域。由于长期缺乏数据确权、数据分级分类管理、敏感数据清单等措施，数据跨境流动障碍较大，数据泄露等安全问题突出，严重影响我国数字贸易发展和参与国际规则制定。2017年以来，我国共推出《网络安全法》《数据安全法》《个人信息保护法》① 三部规范跨境数据流动的法律法规，基于国家安全和个人信息保护提出数据本地化要求。如《网络安全法》规定，关键信息基础设施运营者收集产生的个人信息和重要数据应在境内存储，但对于涉及国家安全和个人信息保护的具体范围与程度缺乏明确界定。

第二，数字资产知识产权保护滞后。由于专利、商标、版权、商业秘密等保护模式源于实物经济范式，给数字经济以网络空间、软件、数据为载体和要素带来新挑战。一是数字产品侵权盗版问题。如非法使用盗版软件，通过互联网传输的音乐、文学、娱乐等数字产品都面临知识产权保护问题。二是软件源代码著作权保护力度不足。软件包括数据、流程和UI界面等元素，涉及发明、外观设计专利，商标和商业秘密等多种权利的保护。三是对数据

① 《网络安全法》于2017年6月1日实施；《数据安全法》于2021年9月1日实施；《个人信息保护法》于2021年11月1日实施。

资产的价值属性保护仍是空白。企业、个人在社会活动中积累各种数据资产，如用户隐私和行为数据、企业商业秘密和经营核心数据等，这些数据资产的价值不断增值，但管理控制、处置（如遗传、赠与）和保护等缺乏相关法律规定。

第三，个人信息保护差距较大。个人信息泄露、权益难以保障和补偿、出境评估不透明等问题突出。《网络安全法》和《个人信息保护法》虽对个人信息收集、处理、储存、使用及个人救济等作出规定，但基本是原则性表述，缺乏严厉惩处措施。此外，我国法律框架也面临与缔约方兼容的复杂性。

第四，数字产品存在歧视性待遇。尽管我国法律并没有对境外数字产品明确规定歧视性内容，但出于意识形态安全考虑，在具体政策上存在歧视性待遇。如外资企业制作的视频节目无法直接播出，需要将内容出售给国内企业播放①。

第五，电子签名不被承认与电子认证机构互认障碍。如南京雨花软件谷富士通公司反映，由于该企业疫情期间主要使用电子合同承接外包业务，发包方日本公司委托美欧认证机构进行认证，但均未在我国规定的认证机构里，因此电子合同不被承认。

此外，在在线消费者权益保护方面，存在电商平台消费欺诈、销售假冒伪劣产品、网络诈骗等现象。

（三）货物贸易规则与 CPTPP 存在的差距

一方面，关税水平仍存在差距。我国最惠国关税税率中零关税产品的税目占 8.42%，与 CPTPP 有较大差距；我国已与 CPTPP 成员中的大部分签署了自贸协定，最终优惠关税水平与 CPTPP 差异较小，但立即实施零关税的比重差异较大。分行业看，工业品的降税压力较大；分国别看，我国与墨西哥、加拿大未签署自贸协定，对这两国产品的零关税压力大。另一方面，监管制度与市场准入存在差别。如我国严禁进口属于《禁止进口的旧机电产品目录》

① 据迪士尼公司反映，该公司在国内制作的娱乐片均需通过爱奇艺进行播放。

的再制造货物，并且我国《认证认可条例》规定，从事认证活动的机构必须在中国领土之内①。

（四）投资规则与 CPTPP 存在的差距

第一，市场准入限制性措施仍然较多。从负面清单长度看，2021 年全国版负面清单共 31 项，包括农业 4 项，第二产业 4 项，服务业 23 项，尤其是物流、医疗、教育、文化、商务、电信、数字技术和数字内容服务等领域的准入限制已经成为重中之重的问题，这些领域也是外资进入意愿较强的。从限制程度看，我国均为禁止准入或合资要求，负面清单 31 项措施中前者 21 项、后者 10 项，这类硬约束的措施严重影响缔约方的接受度。而美日等国的表述比较灵活，包括外资特别筛选程序、行政许可、对等开放、特定企业组织形式等。

第二，土地征收和国有企业问题。我国土地征收补偿由地方政府确定，尚未实现市场化定价②。CPTPP 第 9.2 条第 2 款规定，缔约方履行义务的部门不仅包括“缔约方的中央、地区或地方政府或主管机关”，还增加了“授权行使任何政府权力的任何人，包括国有企业或任何其他机构”。这意味着国有企业采购、联合投资项目等都可能受到约束。

第三，争端解决机制面临挑战。投资者—国家争端解决（ISDS）改革是国际投资规则的焦点，近年来争端解决的关注领域已扩展到包括人权、环境、法治、知识产权等公共政策议题，要求我们在法律修订和执行层面加快改革。

（五）知识产权规则与 CPTPP 存在的差距

第一，知识产权保护的范围、期限存在差距。如我国尚未将气味商标纳入保护范围。在植物保护方面，我国加入的是《国际植物新品种保护公约》

① CPTPP 第 8.6 条规定不得要求合格评定机构位于自己领土内。

② CPTPP 第 9.8 条“征收和补偿”第 2 款提出，补偿应等同于被征收投资的公平市场价值。

1978 年版本[①]，并非 1991 年版本[②]，后者赋予育种者更大保护范围，允许同一植物品种使用专利法和专门法进行双重保护，扩大了受保护植物品种和权利范围、延长了保护期，如加入可能导致种业面临竞争压力增大、成本提高、某些植物为外国品种控制等问题。我国知识产权保护边境措施仅针对进出口货物，未包括过境货物，如增加这一规定可能对加工贸易产生一定影响。我国著作权保护期仍为 50 年，专利申请的新颖性宽限期时间较短、涵盖面较窄。

第二，侵权犯罪成本低、刑事制裁轻、维权成本高。我国长期存在诉讼周期长、对侵权违法者处罚轻等问题，这是导致知识产权难以有效保护的重要原因。CPTPP 要求成员国将任何具有商业目的或对版权人商业利益产生重大损害的盗版行为规定为犯罪行为，而我国仍将"违法所得数额较大"作为入罪标准之一[③]，强调以量定罪与 CPTPP 以性定罪的做法差距较大，不能对侵权行为产生足够威慑。

第三，相关统计服务体系尚不完善。如我国对地理标志的异议、撤销、无效等程序性规定尚有欠缺，侵权执法信息统计制度有待完善。

（六）竞争政策规则与 CPTPP 存在的差距

第一，市场主体歧视待遇和不公平竞争仍大量存在。我国在市场准入、监管、税收、补贴、政府采购、债务等方面仍存在诸多不平等竞争。电信、电力、石油、铁路、航空等领域对外资和民营企业长期存在准入限制，导致行业垄断。优惠政策和各类资源高度向国有企业倾斜，尤其在特殊行业准入、行政资源垄断、重大工程和科研项目招标、政府采购、特惠融资等方面，国有企业都享有特殊待遇和优先权，而外资企业难以享受同等待遇和参与公平

① 第九届全国人民代表大会常务委员会第四次会议决定，加入《国际植物新品种保护公约（1978 年版本）》，1998 年 8 月 29 日通过。《国际植物新品种保护公约（1978 年版本）》1961 年 12 月 2 日制定，1972 年、1978 年日内瓦修订。

② 《国际植物新品种保护公约（1991 年版本）》1961 年 12 月 2 日制定，经 1972 年、1978 年、1991 年日内瓦修订。

③ 《刑法》第二百一十七条。

竞争。

第二，国有企业改革与竞争中立要求仍有差距。近年来，我国不断推动国有企业混合所有制改革和国有资本运营体制改革，取得了积极成效，但国有企业享受政府的显性或隐性优惠政策、接受政府各类补贴，不仅与CPTPP的禁止非商业援助原则相抵触，而且为国际社会诟病，尤其是美欧发达国家指责我国对国有企业赋予太多特权，使其享有不对等的竞争优势。

第三，国有企业信息披露相关机制不完善。按照CPTPP对国有企业的透明度要求，我国每年要披露所有国有企业名录及指定垄断信息，国有企业或指定垄断公司的股权结构、投标权比例、在董事会中任职政府官员职务、年收入及获得非商业援助的详细信息，目前我国仍缺乏相关机制。

第四，相关法律体系亟待完善。我国《反垄断法》《反不正当竞争法》的规定过于笼统、处罚力度轻，执法不能真正做到各类市场主体一视同仁。此外，对央企重组反垄断审查机制缺失、合规性审查仍不充分。

（七）补贴规则与CPTPP存在的差距

产业补贴是我国实施产业政策的重要手段，但我国补贴方式与国际通行规则不接轨，导致市场不公平竞争、贸易摩擦增多、国际社会诟病等问题突出，且造成财政负担。

第一，产业补贴规模和面积较大。据恒大研究院推算，2017年政府向企业发放的补贴在4600亿元左右。据Wind统计，2017年A股上市公司获政府补贴1304亿元，约占利润总额的2.9%。据CSMAR数据[①]，2020年沪深上市公司中有4220家获政府补助，占90.3%，共获政府补贴2946.8亿元，其中涉及专项资金、奖补、拨款、贴息、退返摊销、补助、优惠、引导资金、项目费等方式。

第二，补贴主要向国有企业倾向。长期以来，我国政府给予国有企业大量财政补贴。据Wind统计，2017年上市公司央企、地方国企和民企所获政府

① 经济金融数据库，中国国际经济交流中心“国内外热点问题研究”课题组测算。

补贴金额的中位数水平分别为 0.2 亿元、0.16 亿元和 0.1 亿元[①]。据 CSMAR 数据，2020 年获政府补助前 50 名的上市公司中，国企 36 家、民企 8 家、外资 0 家，前 100 名公司（占 2.6%）获得 50% 的政府补贴金额且多数是国企。政府补贴企业的方式除直接提供补贴、无偿拨款外，还包括低成本提供资金、土地等生产要素。

第三，专向性补贴[②]和禁止性补贴[③]仍然存在。据 Wind 统计，2017 年 A 股上市公司中，金融、钢铁、有色等行业获得补贴最多，导致这些行业结构调整缓慢、发展过度和产能过剩。近年来，专向性补贴虽逐步降低仍规模较大。据 CSMAR 数据，2020 年新兴产业补贴项目达 2711 项，资金 88.8 亿元。2020 年外贸进出口补贴 792 项，资金 45 亿元。

（八）劳工标准与 CPTPP 存在的差距

第一，我国现有工会制度安排的差别。我国尚未批准国际劳工组织关于结社权和集体谈判权的两项核心公约，工会制度仍与国际劳工组织公约存在差别：一是组织的单一性，“中华全国总工会”是我国唯一工会组织；二是设立的自主性，我国《工会法》规定设置工会组织须由“上一级批准”。国际劳工组织认为，工会作为工人集体组织代表雇工与资方、政府谈判，其目的在于通过集体行动方式保护工人权益。现实中，我国一些工会组织存在“重合同、轻协商”问题，工会在劳资谈判中的作用弱化，集体合同的内容多流于形式。

第二，关于废除劳动教养和强迫劳动、禁止用工歧视等方面的立法不完善。我国法律中虽未明确劳动教养性质的劳工，但具有关联性，如《全国人大常委会关于严禁卖淫嫖娼的决定》《卖淫嫖娼人员收容教育办法》及《禁

---

① 王晓红、李锋、夏友仁等：《中国的全球经济战略》，《中国学术期刊（光盘版）》电子杂志社有限公司。

② 专向性补贴指仅提供给“有限范围的企业或产业”的补贴。

③ 禁止性补贴包括出口补贴和进口替代补贴，出口补贴指“在法律或事实上视出口实绩为唯一条件或多种其他条件之一而给予的补贴”。进口替代指“视使用国产货物而非进口货物的情况为唯一条件或多种其他条件之一而给予的补贴”。

毒法》《禁毒条例》所规定的“劳动”和“生产劳动”措施。除此之外，变相强迫、强制劳动等方面的立法缺失。《劳动法》[①] 仅列 4 项就业歧视因素，但随着社会环境变化，实质歧视的情形也在不断变化，现有立法难以实现有效保护，也难以涵盖可能出现的新歧视，且对于违反就业歧视的行为没有明确用人单位应承担的法律责任。

第三，职业安全与卫生方面存在一定差距。目前相关规定分散在不同的法律法规和规章中，缺乏统一法律体系。尽管立法层面加强了惩罚力度，但由于监管机制不健全、执法不完善，在实践过程中，超时加班、无带薪年休假、工作场所未达到安全和卫生条件等违法现象仍未得到有效遏制。我国法律虽禁止雇用童工，但现实中雇用童工的现象仍大量存在。

五、推进重点领域改革开放的主要举措

（一）着力推进服务贸易重点领域开放

要积极推动服务贸易自由化、便利化进程，着力提高知识密集型服务贸易开放水平，进一步压缩负面清单，放宽服务业市场准入，大幅削减服务贸易壁垒，加强学历学位和执业资格互认，促进人员往来便利化，加快完善服务贸易发展的制度环境。可先对标中欧 CAI 承诺的开放水平实施。

第一，金融领域。一是扩大外资金融机构营业范围。扩大期货、债券等金融衍生品市场开放，引入更多风险管理产品以满足实体经济需求，完善境外企业在境内市场发行存托凭证（CDR）等制度。二是推进资本账户开放。提升资本项下跨境资金流动便利性，支持浦东率先探索资本项目可兑换的实施路径，创新人民币国际化金融产品，扩大境外人民币返程投资金融产品范围，促进人民币资金跨境双向流动。三是修改完善相关法律法规。优化外资金融机构审批流程、缩短批复周期，将筹建、开业申请合而为一，提高审批

① 《劳动法》第十二条规定，“劳动者就业，不因民族、种族、性别、宗教信仰不同而受歧视”。

效率。四是提升金融业系统性开放。深化境内外市场互联互通，促进资金跨境有序自由流动；完善会计、税收、法律等配套制度；完善信息披露制度，增强市场透明度。五是健全金融风险防控体系，完善风险预警机制，及时防范化解金融风险。

第二，交通运输领域。探索调整水上运输、公共航空、民用机场建设与经营等对外资企业的股比限制；取消公共航空公司和通用航空公司法人必须由中国籍公民担任的要求，面向全球招聘优秀经营管理者；按照中欧 CAI 有关条款，取消电子订票系统及销售和营销服务等航空服务领域限制。

第三，教育领域。一是探索取消合作办学及教学管理人员国籍限制。除义务教育和宗教教育禁止准入外，其他均可放开独资经营。在海南自由港、粤港澳大湾区、自由贸易试验区先行先试，按照民办学校要求，放开对外资创办学前教育、普通高中和高等教育的限制。二是扩大学历学位互认。加强与美国、欧盟、日本、新加坡等经济体合作，扩大高等教育学历学位互认范围。三是加强跨境远程教育国际合作，推动资格标准、认证条件与国际接轨。借鉴国外先进经验，填补我国跨境远程教育在质量保障、监管、学历认证等方面法律法规的空白。

第四，医疗服务领域。一是探索取消合资方式及医务管理人员国籍限制。可先按照中欧 CAI 承诺，在北京、上海、天津、广州、深圳等主要城市取消外商独资医疗机构限制，逐步向全国拓展，参照民营医疗机构监管方式完善相关规制。二是在等级评定、专科建设、职称评定、科研立项等方面与内资医院同等待遇，在外资医院就医同样享受医保待遇。三是加快构建跨境远程医疗体系。完善远程诊疗技术系统，在风险可控前提下扩展跨境远程医疗范围和类别，探索外国医师远程诊疗的审批模式从注册制向临床交流备案制转变。四是推动医师执业资格与发达国家互认，推动行业标准和资格认证国际化。

第五，文化服务领域。文化服务贸易涉及国家文化安全和意识形态等敏感问题，应采取分类分级管理原则。一是探索在自贸试验区、自贸港、服务贸易创新试点等开放平台，开放院线服务及电影、电视节目、出版物、演出团体等内容服务提供商的外资准入，外资与内资依法平等进行内容审查。二是推进文化服务领域法律法规体系建设，加强事中事后监管，引导外资企业合规经营。三是守住安全底线，保障国家核心利益，对不宜放开的领域做出例外安排。

第六，电信业领域。取消增值电信业务外资的合资要求和股比限制，推广上海自贸试验区电信业开放的经验，提高数据中心、云服务等领域开放水平。确保内外资电信企业享受同等待遇，在海南自贸港探索放宽基础电信业务的外资准入限制。

（二）加快构建数字贸易和数字治理框架体系

第一，完善组织机制和政策层面的顶层设计。设立以国家发展改革委、商务部、工信部、网信办、安全部及文化、广电、教育、医疗等主管部委组成的协调机制，明确工作责任，对数字贸易发展和数字治理中的重大问题进行协调决策，统筹开放发展与安全问题，进一步完善相关政策和法律法规。

第二，完善数字治理法律框架。建设全覆盖的数字治理法律法规体系，完善跨境数据自由流动、数据知识产权保护、个人隐私保护、源代码保护、网络数据安全、电子认证和电子签名等法律法规。提升科技互联网资讯开放水平，为科研院所、研发机构接入域外网站获取文献、信息和数据，进行科技交流等提供便利。加大违法惩戒力度，严厉打击侵犯数字和数据知识产权的行为。

第三，加强数据分类分级管理。实行负面清单管理制度，负面清单之外的一般性商业数据遵循跨境自由流动原则。设立国家敏感数据清单目录，对涉及国家安全、公共安全、个人隐私等数据要求本地化存储。

第四，加强与 CPTPP 成员国的数字治理国际合作。加强数字贸易规则对接和标准互认，逐步建立与日本、新加坡、新西兰等缔约方的跨境数据流动白名单制度，在数字技术研发、数字人才培养、网络数据安全、个人隐私保护等方面加强合作。

（三）推进货物贸易关税及管理体制改革

第一，持续降低关税水平。CPTPP 对货物贸易实施零关税，有利于降低中间品进口成本，提高供给侧质量。我国应积极履行 RCEP 等区域贸易协定的减税义务，推进关税减让力度，大幅降低工业品关税水平，针对缔约方提升零关税水平。同时，制定 CPTPP 谈判时的出价策略和减税清单，保证零关税比重不低于日本的水平。

第二，推动货物贸易监管方式创新。取消维修产品进口限制，取消再制造产品进口关税。对国内生产急需的原材料、中间品提高进口配额数量，建立市场主体和进口料件的正面清单制度。用好原产地规则，对列入 CPTPP 纺织品短缺清单的产品生产给予进口设备免税、研发费用加计扣除等支持。

第三，推进贸易便利化创新。完善国际贸易“单一窗口”，实现跨部门、跨行业的数据共享、执法互助、监管互认；发挥数字技术优势，优化检验、检测、检疫流程，提高通关效率；推动与 CPTPP 国家开展智慧海关合作。

第四，推进技术标准国际化。将国际标准、国外先进标准及时转化为国家标准，加强与美、欧、日等发达国家技术标准的对接与合作，鼓励企业之间标准互认，鼓励国外专业机构、专家参与我国技术标准制定。

（四）推动投资管理体制改革

第一，缩减负面清单，开放市场准入。取消制造业的准入限制，大幅削减信息技术、交通运输、医疗、教育、文化、专业服务等领域的限制性壁垒。按照分类分步原则对行业细分并评估风险等级，风险较高的在自由贸易试验区和自由贸易港先行先试，并逐步推广。探索更加灵活的管理措施，改变因负面清单过多而采用禁止准入和股比限制等硬约束的方式。

第二，完善事中事后监管体系。坚持监管一致性原则，建立与外商投资自由化、便利化相适应的法律保障和行政执法体系，营造公平、公正、透明的法制环境和市场环境，完善反垄断法、反不正当竞争法、外资安全审查机制、信用体系建设等法律法规，提高法律执行力和执法透明度。及时调整外商投资审查门槛，发挥其安全阀的作用。

第三，处理好投资者国家争端解决机制。一是加强外商投资者保护。完善外资企业投诉机制及行政复议、行政诉讼制度，及时回应外资企业关切，力争将矛盾在国内化解。二是加强仲裁机构国际化能力建设。通过引入国际专家参与涉外商事纠纷调解，建设涉外商事纠纷一站式、多元化解决平台等满足外资企业司法需求，促进灵活高效地化解纠纷。三是依托现有多双边自贸协定构建磋商、调解、仲裁、诉讼相互衔接的争端解决机制。积极参与联合国国际贸易法委员会（UNCITRAL）ISDS 改革，寻求更多共识和话语权。

（五）提高知识产权保护标准

第一，积极实施知识产权强国战略，推动高标准知识产权保护。我国已成为世界第二大经济体并向创新型国家迈进，推进高标准的知识产权保护与我国经济发展阶段、国际地位和创新能力都相适应，将促进科技自立自强和创新型国家建设。应积极调整现有知识产权保护制度逐步与 CPTPP 规则相衔接，全面提升知识产权软实力，提高知识产权管理水平和治理能力。

第二，推进相关知识产权制度和执法改革。我国《专利法》《商标法》《著作权法》等经过新一轮修订，符合当前创新发展需求，进一步与国际规则接轨，但仍存在差距。应加快著作权保护期、专利申请新颖性宽限期、新药定义等修订，完善气味、声音、地理标志等商标保护，推动互联网、数据资源等知识产权保护立法。采取措施提高专利质量，提高知识产权办案效率，畅通权利人救济渠道，从重从严打击侵权盗版、恶意商标注册、窃取商业机密、网络剽窃等违法行为。

第三，加强知识产权保护与国际合作。有效利用各种多双边机制积极参与国际知识产权规则制定，维护发展中国家的技术发展利益，促进知识产权保护与技术创新发展协调并进。

（六）建设公平竞争的法制环境和政策体系

第一，完善法律体系，强化竞争政策基础地位。建议设立国家公平竞争委员会，完善公平竞争的审查、投诉、处罚等机制建设，做到竞争执法程序公正。加快修订《反垄断法》，完善反垄断执法实施细则和调查程序及国有企业垄断认定、非商业援助界定等规则，完善平台经济反垄断措施、网络交易监管办法、线上消费者权益保护等法律法规。

第二，加强公平竞争执法建设，优化市场环境。完善市场准入负面清单制度、改革生产许可制度、健全破产制度，确保在市场准入、市场竞争和产权保护等方面对所有企业一视同仁，消除所有制歧视。加强政府招投标、企业并购审查、垄断协议、滥用市场支配地位等执法力度，加大行政垄断审查力度，保障竞争政策有效实施。

第三，深化国有企业分类改革，强化市场竞争主体地位。将国有企业划分为商业类和公益类实行分类管理，放宽电网、电信、铁路、航空、石油、天然气等垄断行业的市场准入限制。公益类国有企业要明确其提供公共服务的特殊义务，遵照 CPTPP 透明度义务处理其接受非商业援助的例外豁免。对具有双重任务属性的特定功能企业，要将其承担的公共属性和商业行为进行分离，仅对满足公共需求的非商业活动成本给予补偿，使其符合 CPTPP 商业考虑和非商业援助要求。

第四，强化竞争执法透明度，保障申诉人合法权益。推动竞争政策制定和执行的透明公开，产业政策要遵循竞争中性规则，建立更加透明的国有企业信息披露机制。

（七）加快改革扭曲市场的补贴制度

第一，规范政策制定和加强信息披露。一是建立补贴“正面清单”制度。确定补贴的范围、条件、内容、期限、方式等并及时公开政策执行情况。二是建立有效监督机制。在补贴使用过程中对发放主体、对象、金额及使用金额、使用方向、使用效率、留存余额等信息进行披露并动态监督，并通过财务会计报告、专项报告等定期向社会公开财政补贴使用情况。

第二，建立产业政策财政补贴退出机制。要严格清理，避免地方政府给予企业出口补贴、进口替代补贴等禁止性补贴，全面梳理产业政策不合规的补贴措施，做到应退尽退并列出退出时间表。建立与国际通行规则相衔接的补贴机制与符合国际惯例的补贴体系，通过支持技术研发平台、绿色环保等提升产业竞争力。

第三，推动国有企业补贴改革。按照“坚持政企分开、政资分开、经营权与所有权分开”原则，推进国有资本经营预算体制改革；按照国有企业分类改革的要求，除对涉及提供公共服务产品的企业外，其余企业一律取消补贴。

第四，完善第三方评估体系。由财政部门牵头，建立健全财政补贴政策第三方评估机制，加强事前、事中和事后评估，确保评估工作的独立性。

（八）提高劳动保障制度国际化水平

第一，完善国内立法和执法体系。立足我国基本政治制度、基本国情实际和社会经济发展阶段对法律进行调整，健全符合国际劳工条约要求的法律体系和配套制度，合理界定强迫劳动的范围，补充就业歧视行为的具体民事责任和行政责任，确定赔偿和处罚标准。针对就业歧视、农民工、农村用工等重点问题，加大劳工权益保护执法力度，加强惩戒和监管力度，不断提高劳工权益保护水平。

第二，将劳工问题纳入高标准自贸协定谈判。我国目前签订的谅解备忘录和合作协议已接近高标准自贸协定，劳工合作的相关制度安排初步形成，为下一步将劳工条款纳入自贸协定打下了基础。要将劳工核心标准内容纳入我国签订的自贸协定，将劳工权益的国内保护与国际保护相衔接，加强在自贸协定制定中的话语权和主导权。按照 CPTPP 规则细化劳工合作机制的相关安排，推动缔约方之间的劳工领域合作和能力建设；完善对话磋商机制，力争通过对话化解分歧；完善劳工争端解决机制，确保申诉渠道通畅、司法程序公正、降低维权成本。

第三，最大限度消弭制度分歧。有关结社自由、集体谈判内容与我国现行制度冲突较大，应按照以人民为中心的理念逐步探索改革，加强工会能力建设，提高职工权益保护水平。同时，在谈判中应加强沟通理解，减少制度障碍。争取缔约方对我国工会形式、内容的认可。

六、路径及策略

（一）以自贸区（FTA）建设为抓手推动谈判进程

一是推动 RCEP 落地，为加入 CPTPP 奠定良好基础。RCEP 涵盖 CPTPP 的主要成员国，其规则议题设置与 CPTPP 相近，我国在其中有很大主动权。因此，加快推动 RCEP 规则实施将有利于我国密切与 CPTPP 成员国的关系，推动规则标准对接，实现平稳过渡，水到渠成。二是推动中日双边自贸协定谈判。在推进中日韩自贸区谈判的同时，应与日本建立更紧密的双边经贸关系，在高技术产业合作、服务业开放、数字贸易、技术创新、知识产权保护、可持续发展等领域加强机制性合作，提高双边贸易投资自由化水平，通过密切中日经贸关系，以经促政，为我国加入 CPTPP 创造有利条件。三是推动与成员经济体已签署的自贸协定升级。我国已与东盟、澳大利亚、新西兰、秘鲁、智利签订自贸协定，涉及 8 个 CPTPP 成员国，其中新西兰、智利两国已升级自贸协定，应以促进双边规则向 CPTPP 对标提升进行新一轮升级谈判。四是与没有签署自贸协定的成员国积极接触沟通。要打破政治制度障碍，加强高层对话，凝结共识，寻求最大公约数。

（二）发挥自贸试验区和海南自由贸易港的先行先试作用

21 个自贸试验区和海南自由港是高水平的对外开放新高地，应率先对标 CPTPP 规则推动制度型开放，建设更高水平开放型经济新体制。进一步放开电信、云服务、医疗、教育、文化等服务业市场准入限制，推动资金、技术、人员、数据等要素跨境流动自由便利，统筹网络安全与开放、数据安全与自由流动，探索竞争中性、国企改革、知识产权保护、劳工标准、监管一致性等边境后规则改革，不断优化营商环境，并面向全国形成可复制推广的成果，为我国加入 CPTPP 谈判积累规则对接的经验。

（三）进行法律政策调整，废止或修改不适应的法律法规

要乘势而上，全面深化体制改革，敢于“啃硬骨头”。尤其是在服务业扩大开放、国有企业改革、补贴、劳工标准、知识产权保护、竞争政策、数据跨境流动等难点议题上加快步伐，清理不适应的法律法规，逐步建立与 CPTPP 规则相适应的法律法规和政策体系。

本章参考文献

1. 张燕生等：《中国与世界贸易组织：回顾与展望》，《国际经济评论》2022 年第 1 期。

2. 徐林：《从加入 WTO 到加入 CPTPP》，《比较》第 116 辑。

3. 王晓红、李锋、夏友仁、高凌云：《对“三零”国际经贸规则的认识》，《国际贸易》2019 年第 6 期。

4. 余淼杰、蒋海威：《从 RCEP 到 CPTPP：差异、挑战及对策》，《国际经济评论》2021 年第 2 期。

5. 李春顶、平一凡、张杰浩：《中国应对 CPTPP 协定经济影响的政策选择及效果》，《财经研究》2021 年第 4 期。

6. 张宇：《CPTPP 的成效、前景与中国的对策》，《国际贸易》2020 年第 5 期。

执笔人：王晓红

专　　题

专题一　我国加入 CPTPP 的战略意义和现实基础

我国积极加入 CPTPP 谈判，向“内”能够帮助我国改善营商环境，提升产业国际竞争力，向“外”能够破除西方国家对我国的疑虑，增加我国在国际经贸规则制定方面的主动权和话语权。应该认识到，我国加入 CPTPP 谈判必然是一个漫长的过程，需要通过开启多项国内改革，逐渐对标国际高标准经贸规则。在国内国际“两个大局”的背景下，其难度和重大意义堪比“入世”谈判。我国可以借助谈判机遇，通过制度型对外开放对接 CPTPP 高标准规则，推动深层次体制改革，建设高标准市场经济体制，推动体制机制创新。

一、战略意义

（一）我国加入 CPTPP 的创造效应

1. 贸易创造效应

CPTPP 要求所有成员国绝大部分商品生效时点起就实行零关税，虽然给予越南、马来西亚、加拿大等国家不同产业一定保护期，但是并不影响总体自由化保持在高水平。如果我国加入 CPTPP，与东盟中的 CPTPP 四国（同时也是东盟中经济较为发达的四国）结成高水平的关税同盟，这样能够避免我国企业被动迁往东南亚，受到外部环境影响被迫做出违反长期发展方向的经营决策，同时能够给我国企业提供利用 CPTPP 关税和准入优势，利用东南亚劳动力和市场优势，主动塑造产业链供应链的重大机遇。

关于我国加入 CPTPP 的贸易创造效应已经有很多研究，笔者于 2019 年通过 GTAP 模型对相关问题进行了测算。从模拟结果看，我国加入 CPTPP 对我国和东盟中 CPTPP 四国的进出口都具有明显的提升作用，对东盟中其他六国出口也有较为明显的促进作用。如果我国加入 CPTPP，设定所有商品关税为零，我国 GDP 将会提升 0.48%，进口将会提升 3.41%，出口将会提升 2.23%；在对其他国家和地区 GDP 的影响方面，日本将会提升 0.09%，东盟中的 CPTPP 四国将会提升 0.19%，东盟其他六国将会下降 0.04%，韩国将会下降 0.05%，印度将会下降 0.01%；在对其他国家和地区进口的影响方面，东盟中的 CPTPP 四国将会提升 2.6%，日本将会提升 5.21%，韩国将会下降 0.81%，东盟其他六国将会下降 0.86%，印度将会下降 0.28%；在对其他国家和地区出口的影响方面，东盟中的 CPTPP 四国将会提升 1.1%，东盟其他六国将会提升 0.05%，日本将会提升 0.14%，印度将会提升 0.14%，韩国将会下降 0.05%。

2. 投资创造效应

CPTPP 是高水平的区域经济一体化安排，其自由化水平超出了迄今为止我国所签署的所有贸易投资协定，当然在市场准入等方面对我国现有规则提出了不少挑战，但是总体而言，扩大市场开放，放开更多市场准入限制，对我国投资将会有非常明显的拉动作用。笔者于 2019 年通过引力模型对我国加入 CPTPP 的投资创造效应进行了测算。研究结果表明，在加入 CPTPP 之后我国 GDP 上升 0.48% 的前提下，我国 ODI 存量将会提升 1.04%，我国的 FDI 存量将会提升 0.81%。

（二）有利于建设开放型世界经济，构建人类命运共同体

1. 有利于对标国际高标准经贸规则

尽管 CPTPP 暂时冻结了 TPP 中的 22 项内容，CPTPP 仍然是目前已经达成的国际最高标准、最大规模的区域经济一体化安排。最初美国热衷于主导和推进 TPP 谈判是在奥巴马政府时期，其主要目的有二：一是主导 21 世纪的全球经贸规则制定；二是以高标准的严苛规则对抗我国主张的包容性发展理念。

从这个意义上讲，特朗普任期内退出TPP，实际上对我国突破美国在全球经济治理方面的围堵，进而在国家高标准经贸规则制定方面掌握更多话语权和主动权提供了重大机遇和窗口。

2. 有利于争取共识，维护多边体制

CPTPP规则是一个兼具包容性、排他性和开放性的综合体。一方面其能够包含不同经济体制和经济发挥阶段。例如，越南是社会主义国家，与其他成员社会根本制度不同，但是国有企业和补贴等问题在协议中能够得到较好解决；马来西亚、智利和秘鲁是发展中国家，而日本和加拿大是G7成员，世界上为数不多的发达经济体。这些处于不同经济制度和发展阶段的国家能够在同一个区域经济一体化组织内共存，同时按照CPTPP规则，也对潜在参与国开放谈判，说明CPTPP具有一定包容性。另一方面，CPTPP规则给未来潜在参加者树立了较高的准入门槛，而且可谈判余地较小，目前以主导国家日本的口径来讲，未来参与国家不能对现有条款进行讨价还价式的谈判，只能无条件接受相应条款，也很难对参与国的敏感产业做特例处理。

（三）有利于建设更高水平开放型经济新体制

1. 有利于推进对外贸易高质量发展

自加入世界贸易组织（WTO）以来，我国的平均关税从2001年的15.3%降至2012年的9.8%，继而降至现在的7.5%。我国已建立符合WTO要求的法律体系，清理了3000多部法律、法规和规章，对贸易体制和政策进行了全面调整，使我国的对外经贸体系与WTO的规则和我们的承诺相一致。经过一系列改革，我国的贸易自由化、便利化水平不断提升，同时在改革过程中，我国经济逐渐从要素驱动转向创新驱动，对外贸易逐渐从量的积累迈向质的跃升，国际竞争力不断增强。CPTPP是目前国际公认的贸易自由化、便利化程度最高的自贸协定，根据我国入世的经验，通过加入CPTPP谈判，我国必将能够进一步提升对外贸易水平，推进对外贸易加速迈向高质量发展阶段。

2. 有利于促进“引进来”和“走出去”进一步发展

CPTPP对等开放对我国意义重大。在更好地引进外资的同时，我国能够在规则保障下顺利进入重点关注的日本、东南亚等地市场进行投资，为构建我国对外投资新格局打下制度基础。一方面，CPTPP 市场开放力度相对较大，市场准入限制较少，对我国对外投资优化配置、获取海外优质投资机会的促进作用明显；另一方面，可充分利用 CPTPP 投资规则，加快我国企业“走出去”步伐，提高企业融入投资对象国的能力，支持企业开展战略性合资并购，提高我国企业“走出去”的水平。

3. 有利于促进新模式新业态发展

根据 CPTPP 规则，绝大部分商品关税都会在生效之后趋近于零，因此会催生许多新模式并促进新产业进一步发展，为原来区域开放程度不高，经济发展相对较慢的地区提供新机遇。不同区域可以根据自身资源禀赋，有针对性地发展不同产业，应对不同的国际市场，增加我国对外开放的深度和广度。同时，在数字经济条件下，我国互联网经济和传统产业数字化转型走在世界前列，新模式新业态的发展有利于我国掌握数字治理规则国际话语权。

4. 有利于拓展国际经济合作新空间

到目前为止，我国产业内贸易主要合作对象是东亚生产网络中的日本、韩国以及东南亚各国，出口市场主要是美欧等发达经济体。加入 CPTPP，一方面能够通过更高水平经贸规则促进与现有贸易和投资对象国合作向纵深发展；另一方面，目前 CPTPP 11 国中，加拿大、墨西哥跟我国还没有双多边自贸协定，如果我国顺利加入 CPTPP，必然能够跟北美自贸区开展更加深入的合作，拓展我国在北美自贸区的存在感和影响力。加入 CPTPP，有利于我国拓展自身的国际经济合作空间，使我国在更大范围、更宽领域、更深层次与各国开展经贸合作。

5. 有利于加快国内自贸试验区建设

我国开始加入 CPTPP 谈判之后，首先要做好国内改革和压力测试两项重要工作。目前以海南自贸港和上海自贸区临港新片区为代表的自贸区建设已经取得较快进展，可在已有成果基础上，结合 CPTPP 的特点在有条件的自贸片区进行压力测试，总结经验和问题，为 CPTPP 规则在我国落地的时间表和路线图进行初步规划。可以通过与 CPTPP 各参与国共建产业园、消费专区、文化旅游体验示范区等方式，引进国际会议、咨询、法律服务等高端消费业态，促进健康养老消费、文化娱乐旅游体育消费、教育培训消费、商务服务合作等，集聚创新要素，通过压力测试，带动经济结构转型升级，以高水平开放推动高质量发展，打造具有全球影响力的国际合作示范区，探索我国自贸区战略下的经济合作新模式，提高自贸区标准和质量。

（四）有利于构建新发展格局

1. 有利于促进国内国际双循环

新发展格局决不是封闭的国内循环，而是开放的国内国际双循环。这意味着我国不会关闭开放的大门，而是立足国内大循环，更好地促进国内国际双循环相互促进和高水平畅通发展。

首先，加入 CPTPP 能够促进国内国际两个市场更好地实现良性互动。目前我国国内市场与国际市场的连通性仍然受到内外贸法律法规、监管体制、经营资质、质量标准、检验检疫、认证认可等不一致性的制约。特别是，通过海外代购、出国购物等方式，我国制成品出现“出口转内销”的现象，突出反映了国内需求和制造业产能之间的脱节，也反映了国内市场与国际市场之间的脱节。CPTPP 规则带来的包括进口商品与服务的通关便利化、关税征缴制度改革能够有力促进内外贸一体化市场的形成。

其次，加入 CPTPP 能够使国内国际两种资源得到充分配置。多年来，我国有 60% 左右的进口产品是用于中间生产的，特别是高技术产业中电子元器件的进口依存度比较高。国际经贸交往中，许多资源是在全球进行配置的，而当前单边主义、保护主义及对产业链安全的担忧，使得中间品进出口面临萎缩，关键零部件面临中断的风险。CPTPP 作为对区域经济一体化的制度性安排，能够在体制机制层面对成员国行为起到规范作用，一定程度上保护区域内产业安全，增加成员国间的相互依存关系。

最后，我国加入 CPTPP 之后，可利用强大的国内市场优势，推动加工贸易产业园区和外贸企业转型升级。同时，可以鼓励我国企业加大对外投资力度，积极参与境外经贸产业园区建设，让对外贸易和对外投资有效联动起来，提升构建新发展格局的支撑能力。

2. 有利于推动创新驱动发展

我国积极考虑加入 CPTPP 谈判，通过一系列国内体制机制改革，创造更好的营商环境，畅通国内国外两个市场，打通国内国外两个循环，催生更多新业态、新模式、新产业发展，进而能够推进创新驱动发展战略不断深化。通过更好利用国内大市场，以及国外人才、资本、技术的引入，通过不断深入合作，深化科技创新、数字经济、生态文明等体制机制改革，加快推进我国经济社会数字化、智能化、绿色化发展。

3. 有利于大力发展数字经济条件下的新兴市场业态

CPTPP 中专门设立了电子商务章节，禁止对电子传输征收关税，不允许缔约方以歧视性措施或直接阻止的方式支持本国类似产品的生产者或提供者。如果我国数字经济规则能够达到 CPTPP 标准，对我国实现高质量发展将会起到较大推动作用。CPTPP 中关于服务贸易和数字经济等贸易新领域的规则超过了 WTO 的覆盖范畴①，我国加入 CPTPP，应该能够在数字经济条件下推动诸多新兴市场业态进一步发展。以跨境电商为例，产业发展仍然面临诸多问题：一是近年来随着贸易方式不断发展，侵权假冒问题逐渐从传统贸易方式扩展到电子商务领域；二是跨境物流不完善，由于检验检疫以及通关手续烦琐，时效性往往不能保证；三是当前监管落后于跨境电商发展的需要，管理体制机制建设不完善，标准规范可操作性不强，往往导致市场秩序混乱。我国在加入 CPTPP 过程中，对标 CPTPP 规则进行一系列改革，将会带来包括跨境电商在内的数字经济整体发展水平提高和与国际接轨程度的大幅度提升。同时在知识产权、国际物流等方面也必将迎来大发展和迈进，为培育新兴业态创造良好的制度基础，同时提供高质量的产业基础设施建设。

① 王辉耀：中国加入 CPTPP 的时机正在成熟，环球网，2020 - 06 - 11，https：//baijiahao.baidu. com/s? id = 1669151809647312988&wfr = spider&for = pc。

（五）有利于我国积极参与全球经济治理规则建设

现行全球经济治理机制及其衍生的经贸规则是第二次世界大战后由美国主导基于西方规则形成的，其机制运行由关贸总协定、世界银行、国际货币基金组织等国际组织负责维护、协调和管理。随着经济全球化的发展，尤其是 20 世纪 90 年代以来，世界贸易投资快速增长，新科技革命方兴未艾，新兴经济体和发展中国家日益崛起，现行全球经济治理机制已经无法适应现代治理的制度需要，机制和规则变革成为主流，但是改革方向一直是困扰国际社会的难题。其中最重要的问题是，由关贸总协定发展而来的 WTO 越来越难以满足时代发展要求，其中议事规则低效、引入新议题缓慢、发达国家与发展中国家利益难以调和等问题突出，近年来这些矛盾不断凸显，争端解决机制瘫痪等冲突集中爆发。目前以 CPTPP 为代表的诸边规则是国际经贸规则的一个新方向，但是 CPTPP 由于其较强的制度排他性，究竟能够成为 WTO 改革的方向，还是会颠覆取代 WTO 规则，仍然存疑。

为此，我国作为负责任大国，应该积极参与和引领包括 CPTPP 规则在内的全球经济治理机制改革。习近平总书记指出，“中国秉持共商共建共享的全球治理观，倡导国际关系民主化，坚持国家不分大小、强弱、贫富一律平等，支持联合国发挥积极作用，支持扩大发展中国家在国际事务中的代表性和发言权。中国将继续发挥负责任大国作用，积极参与全球治理体系改革和建设，不断贡献中国智慧和力量”。

如果我国成功加入 CPTPP，必将带来我国对外贸易和投资的进一步扩大，对外经济合作范围的进一步拓展，在此过程中，各种法律法规、体制机制不断健全，营商环境持续改善，向全世界展示我国对标国际高标准经贸规则推进改革开放的决心和信心，这些行动必将促进我国争取国际高标准经贸规则话语权。具体而言，一是如果我国加入 CPTPP，在多个品类的机电产品上对日本、东盟、美加墨自由贸易区的出口都会增加。二是 CPTPP 建立了高标准的投资便利化规则，在其生效之后，会在客观上倒逼我国改革原有的外商投资规则和机制，加快经济转型升级的步伐。三是由于 CPTPP 知识产权相关条款的标准要高于 WTO 相关标准，特别是专门为防范商业秘密盗窃（包括网络盗窃）、加强知识产权边境保护、加快商标注册流程以及打击假冒产品的强力措施将会使诸多产业受益。

我国倡导包容性发展，主张经贸规则更具有广泛性和包容性，给广大发展中国家更多参与空间。基于此，我国应该通过积极参与国际规则治理，用包容性发展理念影响全球治理规则发展进程，争取建立立足周边、辐射“一带一路”、面向全球，符合新时代发展的全球治理规则体系。积极引入新规则，配合时代特点，让双边、诸边和区域机制起到主导作用，帮助 WTO 改革顺利进行，避免原有体制从根本上遭到颠覆。

二、现实基础

经过 40 多年的改革开放，我国已经在制度、产业实力、经济体量等方面具有相当基础，与加入 WTO 相比，我国更有条件进行更大范围、更宽领域和更深层次的开放，通过规则标准对接形成的制度型开放正在不断向前推进，这些都为我国加入 CPTPP 打下良好基础。

（一）综合国力得到大幅提升

1. 我国拥有超大规模市场，且未来发展潜力巨大

据中商情报网报道（使用国家统计局数据），中国已经成为全球最大的消费市场。预计 2021 年中国消费品零售市场规模将达到 48 万亿元。[①] 数据表明我国消费市场潜力十分巨大，规模也在持续扩张。

2. 我国产业发展成就卓著

我国社会主义现代化建设成就举世瞩目（数据到 2021 年），经济社会发生翻天覆地的历史巨变。国内生产总值从 2000 年的 10 万亿元增长到 2020 年

① 2021 年中国消费品零售市场规模将达 48 万亿　线上留守发展潜力大，2021 - 12 - 22，https：//k. sina. cn/article_1245286342_4a398fc6001011xk1. html。

的超过 101 万亿元，增长超过 10 倍。人民生活从贫困迈向全面小康，国民素质大幅度提升，各项事业实现了大发展、大跨越。

在创新驱动的大背景下，我国产业发展的重点从追求速度向追求质量转变。党的十九大报告指出，我国经济已由高速增长阶段转向高质量发展阶段，必须加快实施创新驱动发展战略，推动经济发展质量变革、效率变革、动力变革。我国产业供给侧结构性改革不断深入，"大物移智云"等新一代信息技术和生物、新能源革命成果不断应用，战略性新兴产业和传统产业改造升级步伐加快。我国创新创业活力强劲，新产业、新动能不断涌现，并带动了产业结构、质量和效益的改善和提升，有利于我国经济向中高端水平迈进。根据《2020 年全球创新指数报告》，我国在 131 个经济体中名列第 14 位，连续两年位居世界前 15 行列。从创新投入看，我国研发经费支出继 2010 年超过德国后，2013 年又超过日本，目前已成为仅次于美国的世界第二大研发经费投入国家。

3. 贸易投资管理体制改革不断推进，监管水平不断提高

近年来我国以负面清单管理为核心，不断创新投资管理体制。自贸试验区率先试点外商投资准入前国民待遇加负面清单管理模式，自贸试验区负面清单特别管理措施从 2013 年的 190 条，缩减到 2020 年全国版、自贸试验区版和自贸港版分别仅为 33 条、30 条和 27 条，下降幅度超过 84%；2021 年全国版负面清单进一步缩减为 31 条。负面清单之外的外商投资由审批制改为备案制，手续办理时间从原来的平均 29 天压缩至 3 个工作日内。稳步推进金融开放，在人民币跨境使用、投融资汇兑便利化、资本项目部分可自由兑换、利率市场化、外汇管理体制等方面加大了创新力度。以防控风险为底线，探索建立了事前诚信承诺、事中评估分类、事后联动奖惩的自贸试验区全链条信用监管体系。

同时，以贸易便利化为重点，不断创新贸易监管制度。积极推进试点"先入区、后报关""货物状态分类监管""第三方检验结果采信"等举措，极大推进贸易便利化。率先上线国际贸易"单一窗口"，并不断丰富功能，企业可以"一站式"办理通关事项。自贸试验区通关效率平均提高 40%。

（二）区域经济一体化取得巨大进展

1. RCEP 达成

2020 年 11 月 15 日，区域全面经济伙伴关系（RCEP）除印度外的 15 个成员经贸部长通过视频方式正式签署协定，世界上规模最大、最具影响力的自贸协定成功启动。[①] 15 国签署协议的同时也给印度未来再次加入预留了窗口。RCEP 自 2011 年由东盟首次提出，至今共进行了 31 轮谈判和 4 次领导人会议，2020 年因为新冠肺炎疫情影响，谈判和 11 月 15 日最后签署协议的第四次领导人会议都通过线上方式进行。评论界认为，RCEP 15 国决定在没有印度情况下签署协议，但是向印度敞开谈判大门。协议填补了中日、中日韩、日韩之间没有 FTA 的空白，对参与成员乃至整个亚太地区经济一体化都具有重大意义。

2. 我国与 CPTPP 成员之间广泛签署了双边协议

目前我国与 CPTPP 参与国中的大部分国家都签署了双多边经贸协定。东南亚方面，我国与东盟十国签订了中国—东盟自贸协定，因此与东盟中的 CPTPP 四国新加坡、文莱、马来西亚和越南之间都存在诸边协定。其中，我国还与新加坡签有双边经贸协定以及升级协议。中南美方面，我国已经与智利和秘鲁都签订了双边 FTA。大洋洲方面，我国与澳大利亚和新西兰都签有双边 FTA，并与新西兰签订了升级协定。东北亚方面，RCEP 签署填补了中日之间没有 FTA 的空白，中日之间就此有了诸边协定。目前与我国仍然没有任何双多边自贸协定的 CPTPP 成员，只有加拿大和墨西哥两个北美国家。

我国与 CPTPP 国家广泛签署 FTA，为进一步做好相关国家工作，顺利开展加入 CPTPP 谈判打下了坚实基础。

---

① RCEP 正式签署　这次是全球最大！中华网新闻，2020 - 11 - 15，https：//news. china. com/domestic/945/20201115/38965339_all. html。

3. 中欧 BIT 达成

目前中欧双边投资协定（BIT）已经达成，下一步需要双方共同努力积极落实协议有关内容，尽快扩大双边投资规模。中欧 BIT 有助于双方建立平等透明的投资机制，提高投资者在东道国面临的法律确定性、投资保护标准，也有助于减少投资壁垒，加强双方外商直接投资的流动，使得双向投资更加开放，让双方都公平地受益。中欧 BIT 是目前我国已经签署的标准最高的投资协定，投资规则方面，欧盟标准也是国际高标准之一，中欧 BIT 签署，标志着我国向国际高标准经贸规则又迈进了一大步，也意味着我国离 CPTPP 代表的国际高标准投资规则更进了一步。

（三）开放的大门越开越大

1. 自贸试验区建设成绩卓著

截至 2020 年末，我国自贸试验区已经增至 21 个[①]，其中海南自贸港和上海自贸区临港片区走在了开放前沿。自贸区内实行负面清单管理、“一网通办”，创设国际投资“单一窗口”，对符合条件的企业和个人给予所得税减免，通过一系列措施整合涉及投资相关的多个业务审批系统，打造公开、透明、可预期的投资环境，进一步激发各类市场主体活力。

2. FTA 覆盖率不断提升

我国 FTA“朋友圈”不断扩大。目前包括升级和第二阶段协议在内，我国已经与外国签署双多边 FTA 20 个，涵盖了主要的产业内贸易合作伙伴和农产品出口市场日本、韩国以及东盟国家，主要的进口原材料和农产品来源国澳大利亚和新西兰，以及共建“一带一路”合作重点国家巴基斯坦等国。

FTA 覆盖率不断提升，意味着我国开放的大门越开越大，贸易自由化水平不断增强，与主要贸易伙伴的经贸关系愈加紧密，逐渐从开始的适应和融

---

① 中国自贸试验区增至 21 个，纳税服务创新步伐不断加快，环球网，2020 - 10 - 23，https：//baijiahao. baidu. com/s？ id = 1681296209712034035&wfr = spider&for = pc。

入国际经贸规则为基础的国际经济治理体系，到现在逐渐扩大影响力，掌握话语权，以 RCEP 签署为标志，在国际经济治理中发出中国声音，提供中国方案。2020 年，我国与 RCEP 其他成员国的进出口总值 10.2 万亿元人民币，占同期进出口总值的 31.7%。RCEP 的签署使得我国与现有自贸伙伴贸易覆盖率由原来的 27% 提升至 35%，其中农产品贸易的自贸伙伴贸易覆盖率将从 39% 提升至 44%，农产品出口的自贸伙伴贸易覆盖率将增长更多，从 48% 跃升至 61%。[①]

3. 对外贸易和投资规模不断提升

我国对外贸易不断增长。如图 1－1 所示，2006 年至 2020 年，我国出口贸易从 9690 亿美元增加到 25907 亿美元；进口从 7915 亿美元增加到 20556 亿美元。2021 年以来，我国对欧盟和美国的贸易进出口均有增长，前 5 个月分别增长了 28.7% 和 41.3%。我国与欧盟、美国等主要贸易伙伴的双边贸易

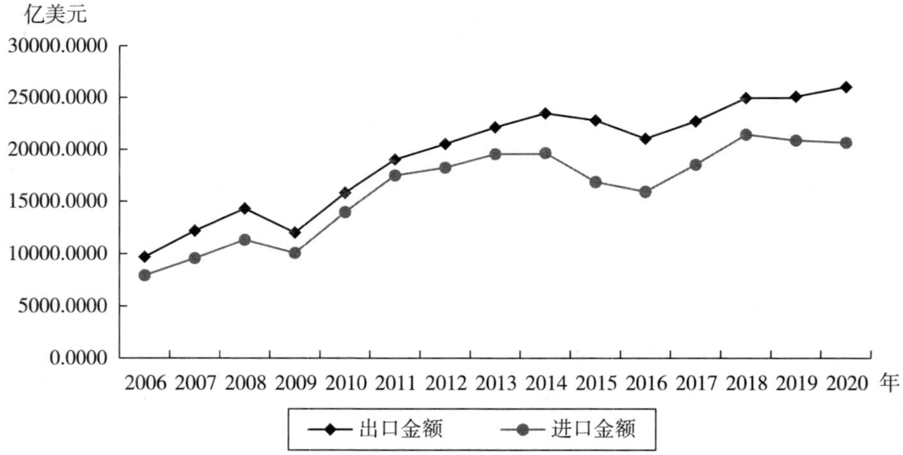

图 1－1　我国进出口规模走势

（数据来源：国家统计局）

① RCEP 将给农业贸易企业带来哪些实惠？中国自由贸易区服务网，2021－01－06，http：//fta.mofcom.gov.cn/article//fzdongtai/202101/44157_1.html。

保持了良好发展势头，主要是因为有关国家市场需求持续释放，推动双边贸易快速增长。同时，这也充分显示了我国与主要贸易伙伴双边经贸关系的韧性和潜力。

近年来我国对外投资不断提升，如图 1－2 所示，我国对外直接投资自 2006 年至 2016 年持续 10 年直线上升，对外直接投资流量从 200 多亿美元快速增长到 1961 亿美元，2017 年以后增长势头略有下降，但是一直保持在 1300 亿美元以上水平。据商务部、外汇局统计，2021 年 1—4 月，我国对外全行业直接投资 2850. 9 亿元人民币，同比增长 3. 3%（折合 439 亿美元，同比增长 11. 4%）。其中，我国境内投资者共对全球 157 个国家和地区的 3072 家境外企业进行了非金融类直接投资，累计投资 2228. 7 亿元人民币，同比下降 5. 2%（折合 343. 2 亿美元，同比增长 2. 2%）。

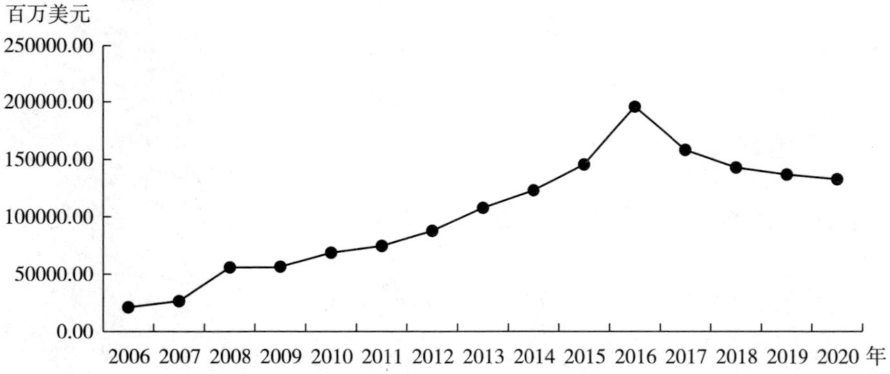

图 1－2　我国对外直接投资走势

（数据来源：商务部）

4. “一带一路”走深走实

自“一带一路”倡议提出八年多来，得到国际社会的高度关注和有关国家的积极响应，取得的成绩有目共睹。在共商共建共享的原则指导下，不但在经济上实现了互利共赢，而且通过大规模投资基础设施建设，带动了沿线国家的现代化和国际化，使得沿线国家交通更加便利、通关服务更加快捷、人民生活更加富裕。“一带一路”倡议体现了我国作为全球第二大经济体维护开放型世界经济体系的发展理念，彰显了我国作为最大的发展中国家参与和完善全球治理体系的责任担当。通过共建“一带一路”倡议不断推进，我国与相关参与国经贸往来越来越密切，基础设施互联互通能力得到提升，整合配置国内国际两种资源的水平不断提高，这些都为我国对标国际高标准经贸规则加入 CPTPP 提供了良好条件。

2021 年 1—4 月，我国企业在“一带一路”沿线对 54 个国家非金融类直接投资 387 亿元人民币，同比增长 5.7%（折合 59.6 亿美元，同比增长 14%），占同期总额的 17.4%，较上年上升 1.8 个百分点，主要投向新加坡、印度尼西亚、越南、马来西亚、老挝、阿拉伯联合酋长国、哈萨克斯坦、巴基斯坦、柬埔寨和孟加拉国等国家。对外承包工程方面，我国企业在“一带一路”沿线的 59 个国家新签对外承包工程项目合同 1465 份，新签合同额 2698.9 亿元人民币，同比增长 16.1%（折合 415.6 亿美元，同比增长 25.2%），占同期我国对外承包工程新签合同额的 58.2%；完成营业额 1523.5 亿元人民币，同比增长 4.7%（折合 234.6 亿美元，同比增长 12.9%），占同期总额的 55.1%。

（四）国内改革不断推向深入

1. 土地、金融、财税、产权等改革不断深入

土地方面，一是推进城乡统一建设用地市场政策已经出台，相关政策正在快速落地，混合产业用地供给不断增加。二是农村闲置宅基地和闲置住宅盘活利用工作正在积极推进，低效用地现象逐渐得到遏制；自然资源部高度重视盘活存量，建立起安排增量必须和盘活存量挂钩的机制，不断推进盘活存量土地工作。

金融服务实体经济的作用不断完善，货币政策传导机制链条逐渐缩短，中小企业融资难问题得到一定解决。国有大型金融机构多元发展能力逐渐增强，民营企业勇于创新，科技赋能金融产业不断得到推进，金融衍生工具得到一定发展。实施以市场供求关系为基础、参考一揽子货币的有管理的浮动汇率制度，汇率双向波动“新常态”逐渐形成，人民币国际化程度

不断提升。

财税改革不断推进，建立了较为科学合理的中央地方分税机制，有力推进了社会主义市场经济体制改革进程；地方债务风险得到有效管控，国地税机构合并快速推进，“放管服”改革不断推进，税收营商环境不断得到优化。

国企改革方面，国资委从“管资产”转换到“管资本”，分类改革也在不断推进之中。农村集体资产产权改革中的确权与股份制改革取得进展。产权交易市场体系建设初具规模，产权改革和统一市场的建设得到有力推进。

2. 统一市场建设卓有成效

我国改革开放是市场经济不断建设和完善的过程，从高度集中的计划经济体制向社会主义市场经济体制的转变是全方位、系统性、根本性的转变，涉及经济发展的各个领域和环节。市场体系作为由商品、服务市场及要素市场构成的有机整体，我国从计划经济到计划经济为主、市场调节为辅，到有计划的商品经济，再到建立和完善社会主义市场经济体制，对社会主义条件下如何建设市场经济、如何发展大市场进行了探索，取得了举世瞩目的成绩。

3. 现代流通体系建设初见成效

构建现代流通体系是我国提升国家核心竞争力的重大战略选择。当前我国面临经济转型升级、迈向高质量发展的重要阶段，面向中长期构建新发展格局的背景下，打通流通环节的堵点痛点是提高我国在国内国际两个市场资源配置水平的有效途径，也是满足人民群众不断增长需求的重要保障，更是实施扩大内需战略的重要抓手。我国现代化流通体系、物流体系建设已经初见成效，随着数字技术兴起，传统流通产业通过科技赋能和模式创新，催生新业态、新模式、新产业不断涌现。

4. 扩大内需战略不断推进

改革开放以来，我国长期依靠投资和出口拉动经济增长，2010 年，最终消费率降至 49.3% 的低位。“十二五”规划和“十三五”规划都将最终消费率作为目标，政策上也实施了扩大内需战略。2010 年以来，我国最终消费率有所提升，2020 年上升为接近 55.0%。“十四五”时期的发展目标是“国内市场更加强大”，这是对原有提升消费率目标的深化和升华，意味着要适应我国经济发展新阶段，充分发挥超大规模国内市场优势，推动经济发展向国内需求为主导转变。

执笔人：李浩东

专题二　我国加入 CPTPP 面临的主要机遇和重大挑战

我国已经正式启动加入 CPTPP 的工作。2020 年 11 月 20 日，在亚太经合组织（APEC）第 27 次领导人非正式会议上发表重要讲话时，习近平主席面向国际社会明确表示，我国将积极考虑加入《全面与进步跨太平洋伙伴关系协定》（CPTPP）。2021 年 9 月 16 日，商务部部长王文涛向 CPTPP 保存方新西兰贸易与出口增长部长奥康纳提交了我国正式申请加入 CPTPP 的书面信函。这意味着我国加入 CPTPP 的工作正式启动。深刻认识我国加入 CPTPP 所面临的主要机遇和重大挑战，以趋利避害，具有重大意义。

一、判断加入 CPTPP 所面临机遇和挑战的标准

加入 CPTPP 的主要机遇和重大挑战，是指加入 CPTPP 的有利因素和不利因素。要清楚区分出这两大类因素，关键是要找到区分标准。这个标准就是 CPTPP 规定的加入条件和程序。由 CPTPP 有关加入的条款和程序（见附录 2－1）可以看出，一国或独立关税区加入 CPTPP 的条件主要有两个。一是申请国给出的市场准入出价/不符措施清单（NCMs）（涉及货物、服务、金融服务、投资、商务人员临时入境、政府采购以及国有企业）等主要内容。满足了这一系列要求并达到标准后，还有第二个条件，即必须得到 CPTPP 所有成员的一致同意。依据这个标准，有利于满足我国 CPTPP 加入条件的因素就是面临的主要机遇，反之则是重大挑战。

二、我国加入 CPTPP 面临的主要机遇

基于 CPTPP 对加入条件和程序的规定，考虑到当前中美博弈与各国合纵连横并存、新冠肺炎疫情肆虐、世界各国经济普遍下滑与民生问题突出等因素，我国加入 CPTPP 的机遇可以概括为以下五个方面。

（一）当前是加入 CPTPP 门槛最低的时期

在全球经济形势发生新变化背景下，当前 CPTPP 条款是加入门槛最低的时期。首先，当前的 CPTPP 条款较 TPP 更具包容性和民主性，是历史上门槛较低的时期。早期美国主导下的 TPP 规定，主权国家法律必须服从 TPP 协定精神。跨国公司如果与东道国发生贸易争端，不能由东道国司法机构审理，而要交给设在美国的“国际投资争端解决中心”仲裁，且为终局仲裁。也就是说，各国为进入美国市场，必须牺牲司法主权。更加令人担心的是投资者—国家争端解决机制（ISDS），跨国公司变成和国家一样的法律主体，拥有超国家主权权力和不对称优势，甚至各国立法也要征求其意见，从而限制了各国立法权。CPTPP 在日本的主导下，对 TPP 中体现美国强权的类似条款进行了删减和修改，包容性和民主性明显增强，针对我国的限制性约束明显减弱。可以说，没有美国参与的 CPTPP 成功签署，说明国际投资立法已经由 21 世纪初的美国主导向多元化路径发展①，给我国的加入创造了相对包容的门槛。其次，通过日本主导的调整，CPTPP 内容基本恢复了 WTO 所倡导的共同但有差别的责任原则，实际降低了加入门槛。在利益调节机制方面，相较于 TPP，CPTPP 通过对成员国之间附件的某些修改，使其互相之间的利益得到协调。例如，越南对争端解决程序中有关劳动力承诺的适用性的担忧，通过附加的单边保证函与其他各国达成了协议；通过与 CPTPP 国家的双边信函，加

---

① 张生：《CPTPP 投资争端解决机制的演进与中国的对策》，《国际经贸探索》2018 年第 12 期，第 95－106 页。

拿大也解决了对支持“加拿大艺术表现和内容的推广、创造、分配和发展”的灵活适用性的担忧；加拿大还通过有关汽车标准承诺的单边保证函与日本达成一项协议，通过有关汽车原产地规则的承诺的单边保证函与马来西亚达成协议。[①] 美国退出后，在日本的推动下，CPTPP 成员国根据协定第 2 条的规定，通过附件的形式中止了 TPP 某些条款的适用。[②] 成员国通过这一手段，一方面使协定尽快达成，另一方面也将带有美国意志的、具有争议的条款暂时搁置，寻求共赢。归纳来看，中止涉及条款主要包括投资、知识产权及其他三个部分。相较于 TPP，CPTPP 增加了知识产权权利内容，延长了知识产权保护期限，加大了知识产权执法与司法力度，同时中止降低了知识产权所有者的保护水平。对比 RECP 与 CPTPP 中的援助条款也可以发现，CPTPP 援助条款的涵盖范围更加广泛、参与主体更多、技术援助形式更加多样[③]。总体而言，CPTPP 兼顾了所有者和使用者、个人利益和公共利益的平衡，降低了合作门槛，基本已在我国可以承受的压力范围之内。

另外，如果考虑到美国未来加入的可能性，CPTPP 当前规则可能是门槛最低的时期。首先，如果美国加入，其势必以规则现代化的名义寻求已经删除的对美国有利条款回归，从而抬高加入门槛。根据美国国会研究服务部（CRS）发布的报告，在日欧签署《经济伙伴关系协定》以及日本接替美国主导 CPTPP 生效之后，美国出口商担心自己的商品将遭遇相对不利的出口环境，特别是在农产品方面。重返 CPTPP，也一直是美国跨国公司、出口商致力于寻求的目标。所以，美国重返 CPTPP 的可能性还是有的。在 TPP 的 1000 多个条款中，CPTPP 暂时搁置了其中 22 个大多被视为对美国有利的条款。因此，若美国重返 CPTPP，除了恢复暂时被搁置的 22 个条款之外，必然还会要求重

---

① Comprehensive and Progressive Agreement for Trans – Pacific Partnership（CPTPP） – Side instruments involving Canada, source from https: //www. international. gc. ca/trade – commerce/trade – agreements – ccords – commerciaux/ agr – acc/cptpp – ptpgp/text – texte/letters – lettres. aspx? lang = eng, visited on 21 June, 2020.

② CPTPP suspensions explained, source from https: //www. dfat. gov. au/trade/ agreements/in – force/ptpp/outcomes – documents/Pages/cptpp – suspensions – explained, visited on 21 June, 2020.

③ 韩永红、吴小瑶：《RCEP 与 CPTPP 协定下技术援助条款的比较分析》，《国际经济合作》2021 年第 4 期，第 23 – 32 页。

新谈判，比如，纳入更严格的环保标准，以及确保这些规则能够得到执行的机制。拜登已承诺让工会和环保人士在制定未来贸易规则方面发挥更大作用，并表示若无法确保该方面规则能切实执行，美国将不会签署任何贸易协定。再如，为满足因特朗普执政这四年而被激发起的更高的拓展美国出口市场、保护美国国内产业和就业的经济民族主义需求，在很大程度上会使其向《美墨加三国协定》（USMCA）更靠近一步。而后者在金融服务市场准入、国有企业定义范围、有执行力的宏观经济政策与汇率条款、保障跨境数据自由流动、禁止计算设施本地化及转让源代码要求等方面，与 CPTPP 相比有较大提升。其次，如果美国加入，会针对我国抬高加入门槛。拜登多次指责我国国有企业补贴和知识产权盗窃的结构性问题。因此，如果美国加入，这两个议题会成为美国寻求 CPTPP 进一步规则所谓现代化的重点，CPTPP 规则门槛可能会进一步提高。又如，未来自贸协定规则高标准化将成为大趋势。面向未来，在美欧日等经济体的推动下，国企、补贴、竞争中性、电子商务等许多规则会逐步成为 WTO 等国际贸易协定的内容，国际经贸规则高标准化是不可逆转的趋势。

综上所述，当前是 CPTPP 规则门槛最低的时期，是我国加入 CPTPP 的最好时机。因此，我国要抓住机遇，充分利用这一难得的时间窗口，在美国重返前尽早加入。

（二）我国正处于对外开放承受力和创新力持续增强阶段

经过加入 WTO 后的深入发展，我国对外开放承受力处于历史最好时期。首先，我国对外开放的承压能力显著增强。从经济贡献度来看，2021 年我国经济增长对世界经济增长的贡献率约为 25%，已经成为引领世界经济恢复的主要力量。当前，我国货物贸易额、外汇储备余额位居世界第一，服务贸易、对外投资、消费市场规模位居世界第二。同时，我国入世后持续深化改革开放，在知识产权及环境保护等方面取得极大进步，从而缩小了我国与 CPTPP 标准之间的差距，对高标准规则的接受能力日益增强。在知识产权方面，以

“一带一路”国家为例，知识产权保护显著提升了我国 OFDI 的流入[①]；在环境保护方面，2021 年我国政府工作报告提出扎实做好碳达峰、碳中和各项工作。所以，基于自身对外部冲击承受能力的提高，我国已经变成世界自由贸易的坚定支持者，积极推动自由贸易。

其次，具有加入 CPTPP 的较高承受力。在 CPTPP 的 11 个成员国中，8 个已经与我国签订了双边自贸协定。通过 RCEP，日本实际也已经与我国具有了双边自贸关系。现阶段，只有加拿大和墨西哥两国与我国没有建立自贸协定，但在多轮谈判下，加拿大未来与我国建立自贸协定具有积极预期。所以，墨西哥是唯一一个没有测算过市场开放压力的国家。但是，作为一个发展中国家，墨西哥经济发展程度不如我国，不会对我国市场形成冲击。因此，可以说，对 CPTPP 所有成员开放，我国经济完全具有可以信赖的承受能力。

再次，加入 CPTPP 可以增强我国抗击外部冲击的能力。加入 WTO，我国改革开放事业被推向新的高度，成为我国经济腾飞的新起点。那么，加入 CPTPP 将给我国经济提供另一个深入发展的改革动力，推进产业升级，提高法治水平，实现更高质量的发展。而且，通过加入 CPTPP，我国综合国力还能取得更大提升。美国彼得森国际经济研究所的一项调查显示，我国加入 CPTPP 能获得巨大经济效益。如果我国不加入 CPTPP，其总收入将因 CPTPP 的贸易转移效应损失 100 亿美元；如果加入，则能获得 2980 亿美元的收益。同时，CPTPP 贸易投资自由化措施和高水平对外开放要求还可以增强我国要素自由流动，释放贸易投资增长潜力。据统计，2011—2019 年，我国货物贸易累计进出口总额达 37 万亿美元，与 CPTPP 成员国累计进出口总额达 8 万亿美元，占比为 24.3%；我国直接投资累计存量为 12 万亿美元，与 CPTPP 成员国累计存量为 0.8 万亿美元，占比为 6.7%。[②] 因此，我国加入 CPTPP 是个提

① 将莎莎、孙本芝：《知识产权保护对中国 OFDI 影响——基于“一带一路”沿线国家的实证分析》，《特区经济》2022 年第 1 期，第 55－58 页。

② 何迎新：《CPTPP 对我国外汇管理的影响及应对策略》，《开发性金融研究》2021 年第 4 期，第 29－38 页。

升外部冲击承受力的过程，也有利于自身在参与 WTO 改革中增强自主性。如果说我国加入 WTO 是参与已有的多边贸易规则，那么加入 CPTPP 则是主动出击，主动参与多边贸易规则增量形成过程，将为我国带来更大收益。

总之，与 RCEP 相比，虽然 CPTPP 在很多方面要求更高，加入 CPTPP 意味着我国要在政府采购、补贴、国企运行等很多方面与国际通行规则接轨，要对目前一些不符合国际惯例的部分进行改革。加入 CPTPP 对我国来说依然是个需要努力"跳一跳"才能够到的果子，但加入 CPTPP 已经在我国的承受能力可以接受的范围之内，有利于我国对外承受力和竞争力的提升。

（三）RCEP 签署和生效营造了有利的国际经济合作氛围

RCEP 已经签署并于 2022 年 1 月 1 日生效，其营造的国际经济合作氛围有利于我国加入 CPTPP。首先，RCEP 所蕴含的巨大红利有利于提升 CPTPP 各方区域一体化合作热情，有利于我国加入 CPTPP。作为全球区域经济一体化的重要组成部分，RCEP 的正式签署和生效为处在不稳定和不确定环境中的全球经济注入了生机和活力，同时有力地提升了东亚贸易和投资自由化、便利化水平，为合作红利生产奠定了坚实基础。据联合国贸易和发展会议发布的报告预测，到 2025 年，RCEP 将给 15 国成员带来 10% 以上的出口增长。同时，美国彼得森国际经济研究所测算，到 2030 年，RCEP 成员国民收入合计将增长 1860 亿美元，年出口总额预计额外增长 5190 亿美元。RCEP 显而易见的区域经济一体化合作红利有明显的示范作用，有利于推动 CPTPP 扩大扩围意愿，有利于我国加入 CPTPP。

其次，RCEP 的成功实践所维持和推进的国际合作氛围有利于我国加入 CPTPP。RCEP 的互利共赢特征有利于修复被新冠肺炎疫情破坏的供应链，加强成员间的供应链同步，巩固区域产业链、供应链、数据链和人才链，造福当地和世界各国人民。RCEP 的成功实践有利于维持和推进亚太地区国际经济合作氛围，维持 CPTPP 成员方不断扩围的热情，这有利于我国加入 CPTPP。

（四）英国加入程序启动造成的领跑效应

英国申请加入 CPTPP 工作已经启动，正式谈判已于 2021 年 6 月初开启。2021 年 2 月 1 日，英国正式申请加入 CPTPP。英国国际贸易大臣特拉斯认为，加入 CPTPP 将会增加英国进入快速发展的市场和主要经济体的机会，降低英国食品、饮料、汽车等行业的关税，同时也为现代行业（如技术和服务）创造新机遇。据英国国际贸易部公布的数据，2020 年英国与 CPTPP 成员的贸易额达 1110 亿英镑（约合 1521 亿美元），自 2016 年以来每年以 8% 的速度增长。

英国启动加入 CPTPP 进程，其领跑效应将有利于我国加入 CPTPP 工作的开展。首先，英国启动加入 CPTPP 有利于我国熟悉加入程序，减少一些不必要的成本。申请加入 CPTPP 者一方面要准备加入的要价清单，另一方面又要通过外交斡旋争取缔约方全部同意接纳自己，这些工作都还没有率先尝试。英国启动加入 CPTPP 进程，就形成了处理相似问题的先例，给我国加入提供了观察的样本，有利于我国熟悉程序，依例而行，降低加入成本，办好自己的事情。其次，英国启动加入 CPTPP 有利于我国借鉴经验、汲取教训，办好自己的事情。作为领跑者，英国启动加入 CPTPP 必将积累很多经验教训，有利于我国趋利避害，做好加入工作。总之，英国启动加入 CPTPP，对我国是个利好，有利于我国做好加入 CPTPP 的工作。

（五）我国经济一枝独秀具有全球市场吸引力

我国已经成为全球最大的资本流入市场，即便是在疫情肆虐、全球投资低迷的 2020 年，我国实际利用外资逆势增长，成为全球最大外资流入国。联合国贸发会议于 2021 年 1 月 24 日发布的最新一期《全球投资趋势监测报告》显示，受新冠肺炎疫情影响，全球 2020 年外国直接投资（FDI）总额约为 8590 亿美元，同比缩水 42%。我国外国直接投资（FDI）却逆势增长 4%，达 1630 亿美元，吸收外资的全球占比大幅提升，高达 19%，超过美国成为全球最大外资流入市场。国家外汇管理局发布的《2020 年中国国际收支报告》也披露，2020 年外资来华各类投资 5206 亿美元，较 2019 年增长 81%。商务部数据表明，2020 年我国实现引资总量、增长幅度、全球占比“三提升”。其中，实际利用外资总额 9999.8 亿元人民币，增长 6.2%；非金融领域实际使用外资增长 4.5%，位居全球第一；新设外资企业 3.9 万家。从项目来看，新设或增资合同外资 1 亿美元以上大项目 938 个，数量增长 12.5%，宝马、戴姆勒、西门子等一批龙头企业在华增资扩产。

作为拥有 14 亿人口的巨大市场，我国市场蕴含着无限活力和潜力，为世界各国企业提供了广阔发展机遇。2021 年 4 月 29 日，苹果公司发布的 2021 年第二季度财报显示，苹果当季净营收为 895.8 亿美元（约合人民币 5804 亿元），同比增长 54%。值得注意的是，第二季度苹果在大中华地区净销售额为 177.3 亿美元（约合人民币 1148 亿元），同比增长 87.4%，涨幅位列第一。也就是说，苹果仅用 3 个月就从中国市场赚走了 1000 多亿元。我国市场为苹果贡献了大部分的营收。我国市场的掘金潜力吸引着各大巨头，德国安联集团、法国安盛集团、美国友邦集团这三大外资保险巨头动作频频，全面部署发力我国市场。在 2020 年 Daily Journal 股东大会上，96 岁的查理·芒格被问及关于中国的看法，其表示：“我对中国持乐观态度。没有哪一个国家能像他们那样迅速地使一个国家摆脱贫困。我非常钦佩那里发生的一切……想象一下，中国让 8 亿多人口脱贫，我钦佩中国取得的成就。我对中国的前景充满了信心，中国确实有很多的投资机会。”

我国对外资保持了持续吸引力有两方面原因。一方面有经济率先恢复增长的因素，另一方面更重要的是政府采取了有效的投资便利化措施。变化实实在在表现为，全国外商投资准入负面清单从 2019 年的 40 条减至 33 条，自贸试验区版外商投资准入负面清单由 37 条减至 30 条，自由贸易港版外商投资准入负面清单压缩至 27 条；新设北京、湖南、安徽三个自贸试验区；营商环境更好，我国连续两年跻身全球营商环境改善最快的前 10 个经济体之列。另外，也是最主要的，我国经济的成长性是吸引力的基础。改革开放之后，我国建立起了完备的实体经济体系，锻造出了“世界工厂”。当前，内循环建设正在建设更加健康顺畅的国内市场。这将帮助我国打造更加完备的产业链、更加完善的制度环境和更加活跃的跨境合作，助力“世界工厂”转型升级，为全球产业链、供应链提供更好产品和服务。我国在形成国民经济良性循环过程中，需要打破行业垄断和地方保护，加大改革开放力度，这也给外资企业提供更多分享中国市场和参与建设的机会，增强我国市场的全球吸引力，更加密切同世界经济的联系与互动。

我国市场的巨大吸引力为我国通过加入 CPTPP 强化与缔约国的经济合作奠定了坚实的基础。在亚太地区，各国都愿意加强与我国的经济联系，我国加入 CPTPP 也是它们特别喜欢的选项之一。

可见，我国强大的国内市场通过持续扩大开放已经成为全球最有吸引力的市场，形成了与包括 CPTPP 成员企业在内的深厚利益联系。由于 CPTPP 成员对我国市场的依赖较大，我国在 CPTPP 缔约国谈判时的砝码就较多，有利于我国加入 CPTPP 的谈判。我国市场在全球的巨大吸引力是我国加入 CPTPP 的重要机遇。

三、加入 CPTPP 面临的重大挑战

基于 CPTPP 对加入条件和程序的规定，综合当前守成大国和其认定的所谓挑战者的霸权博弈，CPTPP 将对吸纳新成员持相对开放的立场。因此，我国能否加入，除了加入的规则差距之外，更多取决于 CPTPP 现有成员特别是日本、美国等关键成员的立场。概括起来，我国加入 CPTPP 的重大挑战有以下三个方面。

（一）规则与标准差异上的压力

虽然通过改革开放，特别是加入世界贸易组织之后的努力，我国已经建设了中国特色的社会主义市场经济体系，在与世界市场接轨方面取得了举世瞩目的成绩。但是，随着高标准市场开放新体制建设的推进，CPTPP 的规则标准无疑比较高，我国在市场规则和标准方面依然面临不小的压力，虽然这

些规则和标准差距可以通过改革加以解决。截至目前，我国已签署的对外自贸协定，总体上更加偏重于扩大市场准入的传统功能，对于更高标准对外开放方面准备不足，压力较大。

首先，在边境后监管措施方面，我国在竞争政策规则标准上仍有差距，存在较大压力。比如，国企竞争中立原则。国有企业作为一个独立的章节出现在 TPP 文本中，这是全球首个寻求全面规范国际贸易投资领域中与私人企业竞争的国有企业商业活动的自贸协定，而 CPTPP 完全承袭了这些规则。一方面，CPTPP 扩大了“国有企业”的定义，使之涵盖股权、投票权、任命权。另一方面，CPTPP 严格约束国有企业非商业援助行为，并直接将国有企业非商业援助与补贴纪律相结合，从而打破当前 WTO《补贴与反补贴措施协议》（SCM 协议）（根据 SCM 协议，国有企业必须“拥有、行使或者被赋予政府职能”，属于该协定规定的“公共机构”，国有企业的资助行为才有可能被定性为补贴，接受补贴规则的约束）。关于国有企业必须符合“公共机构”定义的前提条件，可在自贸区内方便地对他国国有企业发起反补贴调查等国内贸易救济措施。此外，在发达经济体看来，TPP 解决了 SCM 协议只适用于货物贸易，而《服务贸易总协定》（GATS）却并未规定服务补贴纪律的缺陷，同时覆盖货物贸易、服务贸易和投资领域，基本涵盖国有企业从事的各种商业活动。为使规则能够切实得到遵守，CPTPP 规定了严格的透明度要求，以及时获取缔约方国有企业以及指定政府垄断实体的相关信息。在 TPP 之前，从未有自贸协定对国有企业商业活动竞争行为做出如此要求。

其次，在知识产权政策和环境标准方面，我国主要体现为软性承诺，象征意义居多，执行力仍有进一步提升的空间。CPTPP 在知识产权保护、劳工、环境、电子商务标准等方面存在较高的标准。比如，在电子商务方面，中国认为数字化传输内容和服务方面的规则过于敏感和复杂，将此界定为互联网平台所支持的跨境货物贸易及相关的支付和物流等服务，核心仍在于货物贸易，侧重于削减边界贸易壁垒。但在美国的积极推进和强势引领下，CPTPP + 数字贸易规则逐步形成，不断推高全球数字贸易规则水平，不断深化的跨境数据自由流动和禁止数据本地化等规则，将从网络安全、数据安全、个人信息保护、政府获取数据等方面对中国带来重大挑战[①]。

最后，在国际贸易的新生领域——电子商务方面，我国与发达国家的倾向也存在较大差异。在电子商务方面，CPTPP 更加看重贸易的数字性质，在合法公共政策目标得到保障的前提下，强调信息和数据在全球流动的自由，并未特意区分货物或服务贸易。同时，CPTPP 约定缔约方不得将计算设施本地化作为允许缔约方企业进入市场的前提条件，并禁止缔约方要求转让或获取源代码，视此为保护知识产权和创新的必然要求。而我国出于网络安全和国家安全考量，对跨境数据流动实行较严格控制，并将计算设施本地化等作为在中国从事相关运营的前提条件。

因此，我国加入 CPTPP 必将面临 CPTPP 的高标准规则挑战，国内改革压力还比较大。

（二）日本的排斥心理

在满足 CPTPP 规则要求的前提下，澳大利亚、新加坡、越南、加拿大等国的态度对我国能否加入都很重要，都是不容忽视的关键国家。但相比较而言，作为 CPTPP 主导成员的日本才是横亘在我国加入 CPTPP 之路上的第一道关口。

作为原料和市场都严重依赖国际市场的国家，日本是真心支持经济一体化的，包括 CPTPP 扩容。2020 年 11 月 20 日，日本首相菅义伟在 APEC 领导人非正式会议上发表讲话时提出，日本正推动 RCEP 早日达成；同时，作为 CPTPP 明年的轮值主席国，日本还将推动 CPTPP 的落实与扩大，以促进“亚太自贸区”的实现。从这一表态来看，日本当前对 CPTPP 的扩容表现出较为积极的态度，欢迎新成员加入 CPTPP。

但是，日本期望的是自己主导下的经济一体化，而非中国主导下的经济

① 李墨丝：《CPTPP + 数字贸易规则、影响及对策》，《国际经贸探索》2020 年第 12 期，第20 – 32 页。

一体化。纵观东亚区域经济一体化的历史进程，中日争夺主导权的脉络十分清晰。正是由于大国争夺东亚区域经济一体化的主导权，最终导致东盟小国利用大国制衡的原理而主导了东亚区域经济一体化的进程。虽然东亚区域经济一体化进程是由东盟小国主导的进程，但是大国争夺主导权的博弈一直未停止过。比如，10 +3 演变成 10 +6，虽然代表了各国看好东亚发展前景而加入的趋势，但透过表象也能看到日本为平衡我国影响力而努力的影子。所以，日本天然具有防范和排斥我国的潜在心理，我国加入 CPTPP 必然要直面日本这一潜在防范心理。

（三）美国在竭尽全力打压挑战者

根据 IMF 数据，2020 年，全球经济从原来的 87.75 万亿美元下降到 84.85 万亿美元；我国经济上涨到 14.66 万亿美元；美国经济下降到 20.68 万亿美元。我国经济规模占全球经济规模的比重为 17.3%，美国经济规模占全球规模的比重为 24.37%；我国经济也就占美国经济的 71%。

就当前美国的态势来看，美国会对我国加入 CPTPP 的行为采取如下遏制措施。首先，如果我国后于美国一步寻求加入 CPTPP，美国会通过提升加入门槛，甚至自己赤膊上阵直接采取否决的方式阻挡我国加入。其次，若我国先美国一步寻求加入 CPTPP，则会面临美国通过 USMCA 缔约方加拿大和墨西哥阻挡我国的加入。根据 USMCA 条款，我国申请加入 CPTPP，USMCA 的缔约方加拿大和墨西哥就需要解决该协定“毒丸条款”第 32 条“非市场经济条款”与中国加入 CPTPP 谈判的冲突问题。根据该条款，若美墨加三方中任一方与非市场经济国家谈判自贸协定，要在开始谈判前 3 个月通知另外两方，并需要在签署前至少 30 天将拟签署文本提交给其他缔约方审阅，以评估该文本对 USMCA 的影响。其他缔约方有权在 6 个月的通知期限之内选择退出 USMCA 并形成新的双边协定。在这一情形下，美国有权退出 USMCA，并可选择与这两方形成新的双边协定。因此，美国的立场仍然十分关键，关乎加拿大和墨西哥是否同意我国加入 CPTPP。

总之，从加入条件和加入程序角度看，我国加入 CPTTP 既有机遇，也面临重大挑战。我国要根据实际情况和谈判进程采取恰当策略应对加入进程中遇到的各种问题。

附录 2－1　CPTPP 对加入条款的有关规定

根据我国商务部网站公布的协议文本，CPTPP 对国家或单独关税区申请加入协定的有关规定包括两部分：主条款和实施细则《全面与进步跨太平洋伙伴关系协定委员会关于 CPTPP 加入程序的决定》。

（一）有关加入的主条款

第 5 条“本协定生效之日后，任何国家或单独关税区可加入本协定，但须遵守缔约方与该国家或单独关税区可能议定的条款和条件”。

（二）有关加入条款的实施细则

按照我国商务部网站登载的文本，CPTPP 有关加入的条款，还有专门的实施细则规定。这些规定就在文本最后的附件《全面与进步跨太平洋伙伴关系协定委员会关于 CPTPP 加入程序的决定》中。“委员会决定如下：依照附件中所列程序开展新的国家或单独关税区根据《全面与进步跨太平洋伙伴关系协定》（CPTPP）第 5 条加入本协定的必要协调进程。”该附件规定了加入程序共分为四步。

1　有意加入经济体的通知

1.1　鼓励有意加入的经济体在正式提交加入请求前，与所有 CPTPP 签署方就其加入 CPTPP 的兴趣进行非正式接触。

1.2　有意加入的经济体必须将其启动加入 CPTPP 谈判的正式请求（以下简称加入请求）通知 CPTPP 的交存方——新西兰（以下简称交存方）。

1.3　交存方将迅速确认收到加入请求并通知其他 CPTPP 签署方。

2　请求启动加入程序

2.1　全面与进步跨太平洋伙伴关系协定委员会（以下简称委员会）将以符合第 27.3 条（决策）和第 27.4 条（委员会议事规则）的方式，决定是否在有意加入经济体提出加入请求之日后的一合理期限内启动与该有意加入经济体的加入程序。该决定应予以公布。

2.2 为顺利开展委员会和加入工作组的后续讨论，鼓励有意加入的经济体与每一缔约方进行磋商，以期处理每一缔约方在感兴趣领域的问题或关注。这些磋商将不构成谈判进程的组成部分。

2.3 如委员会决定与一有意加入的经济体启动加入程序，则委员会将设立一工作组就有意加入的经济体的加入问题开展谈判（以下简称加入工作组）。

2.4 如委员会不能就启动加入程序协商一致，则有意加入的经济体可继续与各缔约方进行磋商。委员会可随后决定是否为该有意加入的经济体设立加入工作组。

3 加入工作组

3.1 加入工作组将由来自每一缔约方的政府代表组成。加入工作组的主席将经协商一致任命。

3.2 委员会可以决定是否需要为各有意加入的经济体分别设立加入工作组，或将各进程合并为单一加入工作组。加入工作组可请求委员会给予指导。

3.3 在加入工作组第一次会议上，有意加入的经济体将证明迄今为止所作努力，以及确定为遵守 CPTPP 义务而需对其国内法律法规进行任何额外修改之处。

3.4 加入工作组第一次会议召开 30 天内，有意加入的经济体将向加入工作组提交其市场准入出价/不符措施清单（NCMs）（涉及货物、服务、金融服务、投资、商务人员临时入境、政府采购以及国有企业）。如有意加入的经济体的出价被认为与以下所规定的基准相一致，则各缔约方将分别向有意加入的经济体确认或提交其市场准入承诺。

3.5 有意加入的经济体将通过加入工作组和双边渠道（酌情），就其市场准入出价开展谈判，并证明将如何满足有关基准。

3.6 在谈判结束后，加入工作组将及时向委员会提交关于有意加入的经济体加入 CPTPP 的条款和条件的书面报告。该书面报告将在加入工作组中以协商一致方式予以批准。

4 委员会批准

4.1 委员会将以协商一致方式决定是否批准由加入工作组提交的关于有

意加入的经济体加入 CPTPP 的条款和条件。如委员会作出批准加入条款和条件及邀请有意加入的经济体成为 CPTPP 缔约方的决定，则委员会将规定 6 个月期限，在此期限内有意加入的经济体可向交存方交存加入书，表明其接受加入的条款和条件，该期限可经缔约方同意予以延长。

4.2　委员会主席将正式致函有意加入的经济体，告知委员会对其加入 CPTPP 的请求所作决定。

4.3　有意加入的经济体在完成其适用的法律程序后，将向交存方交存其加入书。有意加入的经济体还应证明其已完成为遵守 CPTPP 义务而对其国内法律法规所作全部修改。

4.4　每一缔约方在完成接受有意加入的经济体作为缔约方加入 CPTPP 的法律程序后必须通知交存方。

4.5　有意加入的经济体将在如下日期 60 天后成为 CPTPP 缔约方：(a) 有意加入的经济体将表明其接受加入条款和条件的加入书交存交存方之日；或 (b) 所有缔约方书面通知交存方已完成各自适用的法律程序之日，以较晚者为准。如一个或多个缔约方的核准程序出现严重迟延，则委员会可确定另一安排。

5　基准

5.1　有意加入的经济体必须：(a) 证明其将遵守 CPTPP 所含所有现行规则的方式；及 (b) 承诺提出最高标准的关于货物、服务、投资、金融服务、政府采购、国有企业以及商务人员临时入境的市场准入出价。这些出价必须为每一缔约方提供可产生均衡结果的具有商业意义的市场准入，从而增强有意加入的经济体与各缔约方之间的互利关系，同时推动贸易、投资和经济增长，促进效率、竞争和发展。

5.2　CPTPP 创始签署方议定的通过取消关税及取消货物、服务贸易和投资的其他壁垒从而实现全面市场准入承诺的目标应作为有意加入的经济体所作承诺水平的指引。

执笔人：徐长春

专题三　CPTPP：特点、进展及规则比较

《全面与进步跨太平洋伙伴关系协定》（CPTPP）源自美国主导的《跨太平洋伙伴关系协定》（TPP）。由于亚洲太平洋经济合作组织（APEC）为实现亚太地区贸易投资自由化的计划接连遭遇失败，多边贸易谈判停滞不前，美国联合澳大利亚、智利、新加坡和新西兰四国退而求其次，希望通过 TPP 来开启崭新的亚太自由化道路。当时美国图谋将 TPP 发展为其“重返亚太”战略的经济合作平台和重要抓手，来主导未来经贸规则的制定权。但特朗普继任美国总统后，认定其不利于本土制造业发展，损害美国工人的利益，上任伊始即宣布退出。随后日本接手主导，与加拿大、马来西亚、秘鲁、墨西哥、文莱和越南六国，联合前面四国搁置包括知识产权在内的 5% 左右的条款，将 TPP 更名为 CPTPP，于 2018 年 3 月 8 日签署，同年 12 月 30 日生效。

一、CPTPP 的主要特点

覆盖领域广。CPTPP 是面向 21 世纪的、高标准的、全面的自贸协议，不仅覆盖传统自贸协定中有关货物贸易谈判的全部领域，还包括服务贸易、投资、劳工、环境等领域；不仅纳入发展条款、中小企业、国企等横向议题，还包括商业便利化、文化和科技等全新的贸易议题。

边界内议题多。CPTPP 中约 70% 的议题都是边界内议题。例如国企、劳工、环境、知识产权等条款都涉及对缔约国国内法规或政策的调整，其规制的问题已远远超出传统贸易协定涉及的关税减让、海关措施、争端解决等边界议题，旨在重塑全球贸易规则治理体系。

开放程度高。CPTPP中专门设立接纳新成员条款，并规定详细的加入审核程序，感兴趣的国家或单独关税区均可申请加入。此外，CPTPP缔约国普遍开放度较高，如智利、新加坡处于全球缔结FTA的“轮轴国”地位，CPTPP成员也可互相利用他国的FTA网络，进一步开拓国际市场，这也可有效缓解缔约国家间缔结FTA的“意大利面碗”效应。

二、CPTPP的进展

由于2019年末暴发世所罕见的新冠肺炎疫情，使全球经贸合作显著萎缩，世界经济陷入深度衰退。这一突发事件无疑对考察CPTPP缔约国合约签署前后的经贸影响产生巨大干扰。但伴随着疫情的逐步控制，全球经济的逐渐复苏，CPTPP签约对缔约国的经贸影响会逐渐显现；加之当前CPTPP扩容势头强劲，可预见未来其在亚太经济乃至世界经济中的影响力将显著提升。迄今CPTPP生效已三年有余，根据国际货币基金组织（IMF）最新统计数据，CPTPP覆盖人口、经济和贸易总量已分别约占全球的6.9%、13.2%和15.4%。

（一）缔约国贸投表现

1. 经济增长总体情况

缔约国中的发展中国家相较而言增长更强劲。根据CEIC数据库统计数据，2019年11个缔约国的GDP总额为11.13万亿美元，较之2018年（10.99万亿美元）上涨1.27%，其中越南、墨西哥、文莱、秘鲁、日本、马来西亚、加拿大、新西兰和新加坡9个缔约国的GDP值同比上涨，同比增长率分别为4.94%、3.81%、2.7%、2.48%、1.95%、1.71%、1.22%、0.27%和0.23%。可见，越南成为缔约国中经济增长最快的国家，以越南、墨西哥、文莱和秘鲁为代表的发展中国家的经济增长率明显高于加拿大、新西兰和新加坡等发达国家，而澳大利亚和智利的GDP值则同比下跌。2020年由于新冠肺炎疫情冲击，缔约国的GDP总额（10.62万亿美元）同比下跌4.61%，下跌幅度高于世界经济总体下跌水平（3.27%）。

2. 对外贸易情况

由于 CPTPP 生效时间尚短，加之新冠肺炎疫情影响，缔约国对外贸易和相互间贸易的增长趋势尚未完全显现。根据 CEIC 数据库统计数据，从进出口贸易总额看，2019 年进口方面除经济总量较小的文莱（同比增长 22.60%）和越南（同比增长 6.97%）外，其余各国相比 2018 年都有不同程度的下跌；出口方面墨西哥、澳大利亚、越南和文莱四国表现为同比增长，增长率依次为 2.19%、4.60%、8.44% 和 10.18%。2020 年由于新冠肺炎疫情冲击，进口方面依然只有文莱和越南表现为同比增长，增长率分别为 4.71% 和 3.67%，其余各国相比 2019 年都有较大程度的下跌，出口方面越南和智利表现为增长，同比增长率分别为 6.95% 和 3.80%，其余各国也表现为较大幅度下跌，跌幅最大的为澳大利亚（同比下跌 12.33%）。从缔约国相互间贸易额看，2019 年进口方面除文莱（同比增长 18.25%）、墨西哥（同比增长 5.93%）、加拿大（同比增长 2.82%）和越南（同比增长 0.98%）外，其余缔约国均呈同比下跌态势；出口方面文莱、秘鲁、越南和澳大利亚四国表现为同比增长，增长率分别为 24.94%、25.26%、7.02% 和 0.40%；2020 年由于疫情冲击，进口方面只有文莱表现为同比增长，同比增长率为 37.04%，其余缔约国均呈同比下跌态势，跌幅最大为智利（同比下跌 19.72%）；出口方面 11 个缔约国均表现为同比下跌趋势，跌幅最大的为秘鲁（同比下跌 21.00%）（见表 3－1、表 3－2）。

表 3－1　CPTPP 缔约国对外贸易总额（2018—2020 年）

单位：10 亿美元

年份	日本	新西兰	加拿大	越南	马来西亚	文莱	澳大利亚	智利	秘鲁	墨西哥	新加坡
2018 年出口	4775.25	39.67	447.67	243.70	248.87	6.58	327.49	181.57	49.07	450.71	411.96
2018 年进口	748.92	43.79	485.45	236.87	218.17	4.16	310.70	172.54	41.87	464.30	370.83
2019 年出口	4540.35	39.52	446.10	264.27	240.31	7.25	342.55	170.21	48.22	460.60	390.44
2019 年进口	720.91	42.36	479.23	253.39	205.13	5.10	295.61	162.71	41.11	455.24	359.06
2020 年出口	4029.22	38.92	390.14	282.63	234.21	6.61	300.30	176.67	42.94	417.00	373.80
2020 年进口	635.39	37.15	428.47	262.69	190.57	5.34	249.00	134.93	34.71	382.99	328.72

数据来源：CEIC 数据库、笔者计算整理。

表 3－2　CPTPP 缔约国分别与另十个缔约国贸易额（2018—2020 年）

单位：10 亿美元

年份	日本	新西兰	加拿大	越南	马来西亚	文莱	澳大利亚	智利	秘鲁	墨西哥	新加坡
2018 年出口	97.28	12.01	21.99	36.87	74.10	3.93	66.97	11.88	6.69	25.60	94.94
2018 年进口	128.24	12.56	56.39	37.71	54.21	1.37	50.51	8.46	6.31	47.21	79.20
2019 年出口	89.12	11.04	20.75	39.46	69.49	4.91	67.24	11.32	8.38	24.41	89.16
2019 年进口	125.34	11.82	57.98	38.08	50.07	1.62	44.61	7.86	6.26	50.01	76.91
2020 年出口	78.59	10.45	19.06	38.73	66.90	4.18	56.63	10.35	6.62	19.99	77.47
2020 年进口	111.72	10.17	50.78	37.64	43.68	2.22	38.30	6.31	6.25	43.88	74.37

数据来源：CEIC 数据库、笔者计算整理。

3. 对外投资情况

2019 年缔约国对外投资和利用外资总额增长显著。根据 IMF 统计数据，2019 年缔约国利用外资（含文莱）和对外投资（不含文莱）总额分别达到 1.20 万亿美元和 1.44 万亿美元，较之 2018 年分别同比增长 6.78% 和 10.95%。2020 年由于疫情冲击，所有缔约国的对外投资和利用外资均呈同比下跌趋势，利用外资（含文莱）和对外投资（不含文莱）总额分别达到 1.07 万亿美元和 1.43 万亿美元，同比下跌 11.21% 和 0.53%（见表 3－3）。

表 3－3　CPTPP 缔约国国际投资总额（2018—2020 年）

单位：10 亿美元

年份	日本	新西兰	加拿大	越南	马来西亚	文莱	澳大利亚	智利	秘鲁	墨西哥	新加坡
2018 年利用外资	25.30	76.91	719.60	17.97	91.85	0.52	40.51	7.76	26.73	33.92	83.11
2018 年对外投资	160.27	17.40	1054.92	0.60	36.11	—	－4.79	1.31	0.14	12.12	22.04
2019 年利用外资	39.93	77.76	767.49	19.91	97.40	0.38	3.45	12.59	26.81	34.24	120.46
2019 年对外投资	258.45	18.06	1062.47	0.45	45.36	—	－9.14	9.34	0.94	5.99	50.59
2020 年利用外资	65.98	78.34	780.03	16.69	79.91	0.58	－106.28	8.53	26.81	27.79	87.46
2020 年对外投资	171.12	17.88	1095.37	0.38	22.23	—	76.99	11.73	0.50	6.24	32.38

数据来源：CEIC 数据库、Wind 数据库。

（二）CPTPP 的扩容趋势

突如其来的新冠肺炎疫情使国际分工和经济循环受到严重挑战，越来越多的国家认识到经济全球化的风险，跨国公司的产业链重构也更加关注安全及东道国的制度环境等因素。经济全球化出现了新动向，自由贸易的区域化、碎片化趋势日益显现，区域经济的一体化变得空前活跃。随之而来的是在多边贸易体制框架下以自贸协定为主要形式的国际贸易新格局正在形成，CPTPP扩容势头方兴未艾。

1. 美国重返可能性不能排除

日本主导推动 CPTPP 生效时，将美国谋求的多项条款只进行冻结而非删除，即具有吸引美国重返的意图。其次马来西亚、越南等缔约国也支持美国重返，而美国国内也呼声不断，重返 CPTPP 有利于其扩大出口市场。不过，由于国内的利益分歧，美国短期内重返 CPTPP 的可能性不大。但美国一旦重返，可能会重启冻结条款，甚至会制定新的、更有利于美国战略安排的贸易政策，这会对 CPTPP 的扩容有较大影响。

2. 英国已正式申请加入

2021 年 2 月英国正式提交加入 CPTPP 的申请，日本当即表示欢迎。日本官方媒体普遍认为，英方申请加入 CPTPP 意在通过加强与亚太地区的联系，来迟滞“脱欧”后本国贸易量萎缩的趋势，并平抑国内分离主义的势头。但考虑到英国国内政局复杂，为配合加入 CPTPP 其关税的调降幅度以及国内法律修整力度，均有待较长时间的磋商。

3. 中韩加入意愿积极

2020 年 11 月，习近平主席在出席 APEC 组织的第 27 次领导人非正式会议时表示，中方将积极考虑加入 CPTPP；同年 12 月韩国总统文在寅也公开表示，韩国正考虑加入 CPTPP。2021 年 9 月 16 日，中国商务部部长王文涛即向 CPTPP 保存方新西兰提交了中国正式申请加入的书面信函。若两国均能顺利加入，对于目前仍处于贸易紧张局势持续、疫情冲击严重的全球贸易和世界经济来说，无疑是帮助恢复和提振经济发展的重要驱动力量。2021 年 9 月，中国台湾地区也递交了加入 CPTPP 的申请。

三、规则比较

TPP 作为奥巴马执政时期的重要成果之一，被认为是美国精心设计的 21 世纪贸易规则的典范，旨在引领全球经贸规则体系。CPTPP 保留了 TPP 的核心规则框架体系和 95% 左右的内容。与 CPTPP 一样，日本欧盟经济合作协定（EPA）、美墨加三国协议（USMCA）和 RCEP 等区域性贸易协定，都是影响未来世界经济秩序的重要区域性规则，但在一些核心议题规则的具体内容上，自由度、执行力度以及争端解决机制等方面存在差异。

（一）日欧 EPA、USMCA、RCEP 协定背景

日本欧盟经济合作协定（EPA）于 2018 年 7 月 17 日签署，翌年 2 月 1 日生效。协议内容非常丰富，日文版协议包括序言、正文 23 章以及 23 个附属文件，除了减免关税方面的规定外，对服务贸易、金融服务、流通、邮政快递、电子商务、通信、劳动力市场、政府采购、知识产权保护等领域的合作也做了规定。日本称其是基于自由、公正规则的高质量协定，引导 21 世纪经济秩序的典范。

美、墨、加三国协议（USMCA）于 2020 年 7 月 1 日在美国国会获得多数表决通过，正式生效。它取代了已有 24 年历史的“北美自贸协定”（NAFTA），为三国长达 13 个月的贸易谈判画上句号。该协定与 CPTPP 的绝大多数文本相一致，但在延续 CPTPP 高水平的基础上，进行了实质性调整。其协议文本包括市场准入、原产地规则、农业、贸易救济、投资、数字贸易、争端解决、知识产权等 34 个章节，还包括美墨、美加就部分问题达成的附加双边协议。美国贸易代表莱特希泽称，USMCA 代表了美国贸易政策的黄金标准，也将成为美国未来贸易协定的模板。

区域全面经济伙伴关系协定（RCEP）于 2020 年 11 月 15 日由东盟十国

及中国、日本、韩国、澳大利亚、新西兰共15国正式签署，2022年1月1日生效，文本由序言、20个章节、4个市场准入承诺表附件组成。根据WTO最新统计数据，其覆盖人口数量、经济体量、贸易总额均约占当前全球总量的30%，是迄今为止全球规模最大的自贸协定。

（二）核心议题规则比较

1. 国企议题：CPTPP和USMCA中均限制政府对国企的特殊扶持，提倡“竞争中性”原则，但相较而言，USMCA对国企的要求、约束更严格。国企规则主要包括四方面：一是国企定义。CPTPP以投票权、股权、任命权三种形式定义政府对国有企业的“控制”，而USMCA不仅在股权、投票权、任命权的要求上相较CPTPP的范围更为扩大，而且增加了决策权的约束，即政府拥有通过投票权之外的任何其他所有者权益控制企业的权力，使规制的国有企业范围进一步扩大。二是透明度原则。CPTPP和USMCA均要求定期向其他缔约方或在官方网站上公布国有企业名单，并每年更新。各方应及时披露公布指定垄断或扩大现有垄断范围的情况，应另一方书面请求，一方应就国有企业或政府垄断的情况，说明其可能如何影响各方间的贸易或投资，具体包括国有股权和投票权的比例，国有特殊股权、投票权或其他权利的情况，政府官员在企业董事会的任职情况，企业近三年的年度收入和总资产情况，企业根据缔约方法律享有的任何豁免情况，以及应书面请求公开其他可获得的年度财务报告和第三方审计报告等信息，以及非商业援助情况，并说明其可能如何影响各方间的贸易或投资。此外，USMCA还要求披露股权注资的情况，同时在附件中还对墨西哥提出特别要求，如可要求墨西哥在合理可行的范围内提供向有关特殊目的机构的任何援助信息。三是非歧视和商业考虑原则。CPTPP和USMCA均要求国企从事商业活动时遵循这两项原则，并将其拓展到投资领域，将最惠国待遇和国民待遇原则无差别地适用于所有缔约方，并且其非歧视待遇的对象不仅包括缔约方企业，还包括其他非缔约方企业。四是非商业援助规则。USMCA关于非商业援助的条款结构与CPTPP一致，条款设计基本沿用世界贸易组织《补贴与反补贴措施协定》中的补贴条款，但在非商业援助主体、非商业援助范围、不利影响和损害等方面放宽了多边补贴规则的标准。

2. 关税减让：CPTPP 和 USMCA 协议关税减让水平最高，基本实现零关税，而日欧 EPA 货物零关税可达 99%，这三项协议的关税减让水平均高于 RCEP。CPTPP 各缔约国在协定生效第一年实现零关税产品的比重为 86.67%，十年后零关税产品的比重为 98.42%，其中工业品关税基本削减到零；EPA 规定，欧盟将取消约 99% 的对日商品关税，日本将取消约 94% 的对欧盟商品关税，并在未来几年内使关税取消率逐步达到 99%；USMCA 基本豁免了加拿大和墨西哥汽车关税，其附加条款允许加拿大每年免关税出口乘用车至美国，但出口限额在 260 万辆以内。虽然保留美国对进口汽车加征 25% 关税威胁的能力，但若美国加征汽车关税，墨西哥将获得每年 1080 亿美元汽车零部件豁免缴税配额，加拿大将获得 324 亿美元配额。与此同时美国从加拿大和墨西哥进口的乘用车、皮卡和汽车零件基本上豁免缴纳关税。另外，加拿大同意取消乳品定价协议，向美国开放约 3.5% 的乳品市场份额；RCEP 货物贸易零关税产品数整体上超过 90%，且主要是立刻降税到零和 10 年内关税降低至零，保持一定的农产品配额。

3. 服务贸易：四项协议对于服务贸易准入均采用负面清单模式，RCEP 则对目前采用正面清单的国家设置过渡期。USMCA 协议服务贸易的自由度和执行力最强，CPTPP 和日欧 EPA 次之，RCEP 最弱。CPTPP 对于服务贸易准入适用棘轮原则①，要求发展中国家与发达国家受同等约束；其次，CPTPP 设立具体章节或条款规范金融服务、商务人员临时入境、电信服务、电子商务等，促进各成员国提高开放程度，为各方的优势服务产业构建更自由的国际市场。

EPA 中双方同意给予对方服务和投资国民待遇和最惠国待遇，以负面清单方式做出涵盖广泛服务和投资部门的市场开放承诺，而视听服务、海上领

① 这里的棘轮原则是指，任一成员国把某项服务贸易纳入负面清单后将被自动锁定，未来不得倒退，并且具有永久效力。

航服务、航空服务（除 4 项辅助服务）、政府采购和补贴等行业部门和议题被排除在协定范围外。双方在承诺服务业开放的同时，继续维持政府提供公共服务的政策空间。协定规定应维护双方政府提供公共服务的权利，不允许私有化或放弃对国家和地方公共服务的监管，并保留将任何私人提供的服务回归公共服务的权利，包括医疗、教育和供水等。此外，双方同意采取措施促进自然人流动，对公司内流动人员、以投资为目的的商务访客、合同服务供应商，以及独立专业人士等自然人流动提供便利，还允许服务提供者的家庭被扶养人（配偶或子女）入境。协定还对邮政、速递、电信、国际海运、金融等行业部门作出专门规定。日本还承诺对欧开放 48 个大城市及国有铁路部门的政府采购市场。

USMCA 在服务贸易领域议题的广度还是规则的深度，都是当时的最高水平，已具备模板化标准。主要体现在：一是首次以“数字贸易”取代“电子商务”作为数字贸易相关章节的标题，进一步明确了数字贸易的内涵，避免陷入“以网络交易平台为支撑的在线交易”的误解。同时，以数字贸易为核心，在与服务贸易相关章节中设定纪律或条款，改善原有规则无法适应数字贸易的现状。如新增“网络安全”“公开政府数据”“交互式计算服务”条款以及“提供增值服务条件”条款等。二是将服务承诺与成员方的落地政策相绑定，确保协定条款的执行力。

相较而言，RCEP 的要求不及前三种协议。对服务贸易单独成章，削减了各成员影响跨境服务贸易的限制性、歧视性措施，为缔约方之间进一步扩大服务贸易创造了条件。包括市场准入承诺表、国民待遇、最惠国待遇、当地存在、国内法规等规则。部分缔约方采用负面清单方式进行市场准入承诺，对现在采用正面清单的缔约方设置过渡期，要求其在协定生效后 6 年内转化为负面清单模式对其服务承诺做出安排。

4. 投资议题：CPTPP 与 USMCA 的投资议题规范系统、全面、自由度高，但在争端解决机制上存在差异；RCEP 的投资议题规范范围相对较窄、程度较弱。CPTPP 中投资章节下设 2 节共 29 款。主体内容由两大部分构成，第一部分规定了关于投资的基本原则和实体内容等核心章节，第二部分规定了 CPTPP 下的投资者——国家争端解决机制。CPTPP 中的投资规则的制定在很大程度上参照了美国 2012 年《双边投资协定范本》，因此，投资章节中关于非歧视待遇的规定采取美国惯常主张的“市场准入前待遇加负面清单”模式，对于凡是未列入负面清单的措施，一律适用准入前非歧视待遇原则，极大地推动了投资自由化。

EPA 中关于投资保护与纠纷解决问题与 EPA 相分离。USMCA 中关于投资争端解决机制依国别而不同。加拿大完全放弃国际投资争端的仲裁路径，即除非另有约定，美国与加拿大的投资争端、墨西哥与加拿大的投资争端，不得诉诸仲裁进行解决，只能诉诸国内法院、国家间的仲裁或其他救济方式解决。美国与墨西哥之间投资争端仍可通过投资者与东道国争端解决机制（ISDS 机制）进行国际仲裁解决，但进行了相当程度的限制。首先，限制缩小了可诉诸仲裁的投资争端范围，明确将投资设立与取得、间接征收排除在可仲裁范围之外；其次，规定了仲裁的前置程序，分别从当地救济与时限要求两个维度对仲裁程序的启动进行了限制，当地救济要求指投资者在依 ISDS 机制提起仲裁前首先应在东道国国内法院起诉，即用尽当地救济；时限要求指的是在国内法院程序终结后或起诉后之日起三十个月后方可提起仲裁程序。这将迫使投资者放弃仲裁救济，转向国内救济，这也是在国际投资仲裁领域出现的新动向，即投资仲裁解决机制回归国家化，扩展东道国对该投资争端的治理。

RCEP 对投资议题单独成章，具有诸多亚洲特色。涵盖投资保护、自由化、促进和便利化四个方面，对原“东盟‘10 + 1’自由贸易协定”投资规则进行整合升级，承诺最惠国待遇、禁止业绩要求、采用负面清单模式做出非服务业领域市场准入承诺并适用棘轮机制。[①] 投资便利化部分还包括争端预防和外商投诉的协调解决等议题。

5. 知识产权保护：四项协议对此领域均很重视，其中，RCEP、CPTPP 和 USMCA 对知识产权保护均单独设章。相较而言，USMCA 最严格，CPTPP 次之，RCEP 更具平衡性。EPA 主要侧重于食品类的保护措施规范。CPTPP 的知

① 这里的棘轮原则是指，任一成员国把某项投资议题纳入负面清单后将被自动锁定，未来不得倒退，并且具有永久效力。

识产权保护条例具有三个特点：一是保护范围大，允许声音、气味注册商标，还将地理标识作为商标提供保护，对著名商标无论是否在境内外注册均给予跨品类保护，并对物品及组成部分给予工业品外观设计保护；二是保护时间长，CPTPP的版权保护期为70年，生物制剂专利保护期为10年，比RCEP要求的保护期均长；三是处罚严厉，CPTPP对侵害商业秘密行为、故意在影院偷拍影视作品等行为不考虑损失程度、不考虑是否具有商业规模等条件一律适用刑法处罚。

USMCA和CPTPP知识产权条款特性基本相同。但某些条目比CPTPP要求更严格。如USMCA首次规定工业设计的保护期限为授予或注册日起至少15年；版权的保护期限由70年延长为75年；还扩大生物制药的保护范围和可注册商标的客体范围；并加强对特定对象知识产权的保护，如地理标志保护；规定了更为全面的商业秘密保护措施等。

RCEP知识产权条款总体上不及CPTPP和USMCA的保护水平高，更具利益平衡性和兼顾性。RCEP知识产权条款内容涵盖著作权、商标、地理标志、专利、外观设计、遗传资源、传统知识和民间文艺、反不正当竞争、知识产权执法、合作、透明度、技术援助等广泛领域。一是其体现适应数字时代需要并更新了WTO体系下的《知识产权协议》；RCEP知识产权条款新增许多相关规定，包括数字网络化的著作权和相关权利保护，要求缔约方应当批准和加入WCT和WPPT这两项“因特网条约”，商标、专利及工业设计等网上的电子申请，域名相关反不正当竞争、数字环境下的知识产权执法等；二是RCEP知识产权条款以不同方式将TRIPS协定之后的一些知识产权保护新规则、新制度纳入其中；三是RCEP知识产权条款将更新的规定或促使缔约方适用的新规则、新制度与现TRIPS协定有机结合，打造了一个与时俱进的TRIPS协定全新版本。

EPA主要承诺互相保护双方农林水产品和酒类产品的地理标识，被称为“农业的知识产权”，其他方面未有详尽规定。

6. 劳工议题：USMCA对劳工权利的维护力度最强，超过CPTPP；RECP和日欧EPA协议对劳工议题未单独成章。CPTPP在劳工章节中，首次实现劳动标准在投资领域的体系性扩张，规定缔约方不得为了促进贸易或投资而减损对劳工权利的保护；还特别强调劳工规则在关税区的同等适用，不得在新设或加设出口加工区、自贸园区等海关特殊监管区，通过降低劳动标准的实施水平或力度的方式刺激对外贸易和吸引外来投资等；此外，CPTPP 的劳工章节进一步规定了缔约方应保障国内工人的最低工资、工作时长、职业安全及健康相关的可接受的工作条件，实现劳动标准扩容。

USMCA 对劳工权利的维护力度超过《国际劳工公约》和 CPTPP。在其劳工章节中，除了结社自由、集体谈判权、禁止强迫劳动、禁止童工、同工同酬条款之外，还增加对工作场所条件、移民劳工权利保障以及劳工权利实现中不应使用暴力的规定。USMCA 进一步完善程序性规则，丰富了劳动法执行、公众历史与程序保证、公众意见、联络点、劳工磋商、争端解决等条款，美、加两国还分别于墨西哥签订附加协议，建立美国—墨西哥、加拿大—墨西哥的“便捷具体、快速反应的劳工机制”，进一步完善劳工强化执行机制，最大限度从程序上保证墨西哥履行条款（表 3 –4）。

表 3 –4　核心议题规则比较简表

议题	CPTPP	日欧 EPA	USMCA	RCEP
国企议题	1）国企定义：以投票权、股权、任命权三种形式定义；2）透明度：定期公布国企名单，每年更新；及时披露指定垄断、扩大垄断和非商业援助；并说明如何影响贸易或投资；3）非歧视和商业考虑原则：国企从事商业活动时要遵循，并拓展至投资领域，且无差别适用所有缔约方。非歧视待遇对象包括缔约方和非缔约方企业；4）非商业援助：沿用 WTO《SCM 协定》补贴条款。	未独立设章	1）国企定义：相较 CPTPP 的范围扩大，并增加决策权约束；2）透明度：除 CPTPP 中要求披露情况外，还要披露股权注资情况；同时附件中对墨西哥提出特别要求；3）非歧视和商业考虑原则：与 CPTPP 要求相同；4）非商业援助：条款结构与 CPTPP 一致，但在非商业援助主体、援助范围、不利影响和损害等方面放宽了多边补贴标准。	未独立设章

续表

议题	CPTPP	日欧 EPA	USMCA	RCEP
关税减让	99% 零关税、零补贴、零壁垒的“三零”标准。承诺对某一成员的关税减让优惠自动赋予其他所有成员。	欧盟承诺取消约 99% 的对日商品关税，日本取消约 94% 的对欧盟商品关税，并在未来几年内使关税取消率达到 99%。	基本豁免加拿大和墨西哥汽车关税，美国从加拿大和墨西哥进口的乘用车、皮卡和汽车零件基本上豁免缴纳关税。	RCEP 货物贸易零关税产品数整体超过 90%，且主要是立刻降税到零和 10 年内关税降至零，但保持一定的农产品配额。
服务贸易	采取负面清单模式，并同时规定发展中国家与发达国家受同等约束；设立具体章节规范金融服务、商务人员临时入境、电信服务、电子商务等，促进各成员国提高服务业开放程度。	给予对方服务国民待遇和最惠国待遇，以负面清单方式作出开放承诺；并承诺继续维持政府提供公共服务的政策空间；双方同意采取措施促进自然人流动，对邮政、速递、金融等行业专门规定。	1）首次以“数字贸易”取代“电子商务”作为章节标题，进一步明确数字贸易内涵。同时，以数字贸易为核心，在与服务贸易相关章节中设定条款。2）将服务承诺与成员方的政策相绑定，确保执行力。	包括市场准入承诺表、国民待遇、最惠国待遇、当地存在、国内法规等规则。部分缔约方采用负面清单方式进行市场准入承诺，对现在采用正面清单的缔约方设置过渡期。
投资议题	较多参照美国 2012 年《双边投资协定范本》。包括投资基本原则和实体内容以及投资者—国家争端解决机制。非歧视待遇规定采取“市场准入前待遇加负面清单”模式，对于未列入负面清单的措施，一律适用准入前非歧视待遇。	未独立设章	投资争端解决机制依国别不同。加拿大完全放弃国际投资争端的仲裁路径，美国与墨西哥的投资争端仍可通过投资者与东道国争端解决机制进行国际仲裁，但进行了相当程度的限制，迫使投资者转向国内救济。	涵盖投资保护、自由化、促进和便利化四方面，承诺最惠国待遇、禁止业绩要求、采用负面清单模式并适用棘轮机制。还包括争端预防和外商投诉的协调解决等。

续表

议题	CPTPP	日欧 EPA	USMCA	RCEP
知识产权保护	1）保护范围大，允许声音、气味、地理标识注册商标，并对物品及组成部分给予工业品外观设计保护；2）保护时间长，版权保护期为70年，生物制剂保护期为10年；3）根据18－77刑事程序及处罚第4款规定，影院未经授权复制的处罚，采取刑事程序的前提是故意并且有重大损害或商业利益。	承诺互相保护双方农林水产品和酒类产品的地理标识，其他方面未有详尽规定。	和CPTPP条款基本相同，但更严格。如：首次规定工业设计保护期限为授予或注册日起至少15年；版权保护期限为75年。扩大生物制药保护和可注册商标客体范围。规定全面的商业秘密保护规则等。	涵盖著作权、商标、地理标志、专利、外观设计、遗传资源、传统知识和民间文艺、反不正当竞争、知识产权执法、合作、透明度、技术援助等。
劳工议题	首次实现劳动标准在投资领域的体系性扩张，规定缔约方不得为了促进贸易或投资而减损对劳工权利保护；突出特别关注区域，强调劳工规则在关税区同等适用，不得在海关特殊监管区，通过降低劳动标准实施水平或力度的方式刺激对外贸易和吸引外来投资；实现劳动标准扩容，规定缔约方应保障工人最低工资、工作时长、职业安全健康等条件。	未独立设章	对劳工权利维护超过CPTPP。除结社自由、集体谈判权、禁止强迫劳动、禁止童工、同工同酬条款外，还对工作条件、移民劳工权利及劳工权利实现中不应使用暴力的规定。另外完善程序规则，丰富劳动法执行、争端解决等条款，美、加两国还分别与墨西哥签订附加协议。	未独立设章

综上所述，USMCA 与 CPTPP 的绝大多数文本相一致，但在国企、原产地标准、劳工、环境、知识产权保护等方面比 CPTPP 要求更高。同时，进一步完善了议题的程序性规则，注重规则的落地实施。但该协议处处体现着单边主义倾向和“美国优先”理念，淡化发展议题；而 CPTPP 虽然也体现以美国利益为主的理念，但却纳入“发展”议题，还成立发展委员会来帮助发展中

成员最大化利用该协议所创造的经济机会，体现出兼顾和平衡的理念。

日欧 EPA 与 CPTPP 的提出背景类似，均是成员国为应对特朗普退出 TPP 后采取一系列贸易保护政策的举措。但日欧 EPA 涵盖内容较广泛，规则标准较高，更适用于西方发达国家，日欧双方均认为其体现了公平、公开、公正的原则，能有效提升双方的市场经济发展和经贸水平。

RCEP 与 CPTPP 相比在规则深度和广度方面都不及，其最突出特点是以“发展”为核心，注重灵活性、包容性。承诺对发展中经济体给予特殊待遇，给予柬埔寨和缅甸等欠发达国家在服务贸易、投资、关税减让等领域以更长的规则过渡期，以期更好地照顾到所有缔约国的实际情况和发展需求，以实现更广泛的经济增长、可持续发展和减少贫困的目标。

当前我国正处于加入 CPTPP 的有利窗口期，应在涉及政治体制和意识形态方面坚守底线的前提下，抓紧做好国际谈判、国内改革等准备工作，适当借鉴 USMCA、EPA 等高标准条款，同时积极推动 RCEP 相关规则落地生效，来加快与 CPTPP 的规则对接步伐。同时，将加入 CPTPP 规则谈判与构建亚太自贸区、参与 WTO 改革等统筹考虑，来增强我国在国际经贸规则制定中的话语权，为推进亚太经济一体化创造良好的规则制度环境。

执笔人：王　婧

专题四　我国货物贸易对接 CPTPP 规则的改革举措研究

零关税是 CPTPP 货物贸易关税减让的突出特征，11 国平均零关税占比达到 98% 以上。零关税是全球价值链分工发展的必然要求，也是新一代高标准贸易协定的突出特征，为对接 CPTPP 的开放水平，我国需要较大幅度地提升产品尤其是工业品的零关税水平。虽然我国的最惠国关税税率的零关税占比较低，但是我国已经与 CPTPP 缔约方建立了广泛的双边贸易协定关系，实现 CPTPP 的零关税水平并非遥不可及。在此基础上，本报告分析我国对 CPTPP 的三种零关税接受程度，分别为最低接受程度、适中接受程度、最高接受程度。最后，本报告给出对接 CPTPP 关税减让的政策建议。

一、实施零关税的必要性与必然性

（一）实施零关税是国际分工发展的必然要求

近年来，全球价值链的发展成为国际贸易格局变化的突出特征。一方面，不同地理位置、资源禀赋、文化制度的国家尽可能多地被纳入国际分工之中；另一方面，同一个完整生产过程的不同环节被更加细化地分解，分配在不同国家之中，并最终进行重新整合。在全球价值链分工中，交通和通信技术的发展极大地降低了分工成本，但关税等贸易壁垒对国际分工的影响依然显著。

虽然各主要经济体的关税总水平已经降低至较低水平，但随着价值链分工的细化和链条长度的延伸，为完成一项完整的生产，其中间环节必然面临大量中间品和增加值频繁出入国境，催生中间品贸易的迅速发展。根据联合国的统计数据，20 世纪 90 年代以来，中间品贸易占货物贸易的比重已经达到 50%，近年来更是达到 70% 以上。

最终品所使用的中间品需要频繁出入国境，必然导致每一次进入国境时的关税都将累加到最终品的成本之中，即使较为微小的关税，也会由于重重加码而被放大，最终显著拉高了最终品的生产成本。为促进全球价值链分工发展，发达国家虽然在农产品领域可能维持高关税，但工业品尤其是中间产品的关税已尽可能降低至零。处于区域价值链分工中心位置的中国，关税减让对最终品成本的降低效应也将被放大，但我国依然有大量工业品没有实现零关税，随着劳动力成本的上升，我国参与国际分工的传统比较优势将逐渐削弱，为继续维持国际竞争力，在深度和广度上进一步发展国际分工，需要进一步扩大产品的零关税比重。

（二）实施零关税是我国进一步扩大对外开放的应有之举

改革开放 40 多年来，我国积极参与国际分工，发展外向型经济，大幅降低关税，2001 年之前先后 8 次大幅降低关税，关税总水平由 1992 年的 43.2% 大幅降低至 2001 年的 15.3%。2001 年加入 WTO 之后，我国积极履行降低关税的义务，2005 年关税总水平首次降低到 10% 以下，达到 9.9%，并完成了绝大部分产品的降税承诺。2010 年，加入 WTO 的降税承诺全部完成，我国关税总水平也降低到 9.8%。近年来，我国进一步提升贸易便利，优化税收体系，关税总水平降低至 7% 左右。

为推动更高水平的对外开放，需要进一步降低关税总水平，尤其需要提升零关税的比重，“十四五”规划遵循“坚持深化改革开放”的基本原则，商务部明确提出，“降低进口关税和制度性成本，扩大优质消费品、先进技术、重要设备、能源资源等进口，促进进口来源多元化”，并提出“稳步推进海南自由贸易港建设，以货物贸易‘零关税’、服务贸易‘既准入又准营’为方向推进贸易自由化便利化，大幅放宽市场准入”。

新冠肺炎疫情以来，面对国际经贸新格局，我国提出“构建以国内大循环为主体、国内国际双循环相互促进的新发展格局”，新发展格局不是封闭的国内循环，而是更加开放的国内国际双循环，发展中间品贸易、参与国际分工，不但有助于构筑更加开放的国际循环，也对国内大循环和国际国内双循环的发展具有积极促进作用，为此也需要扫除贸易和分工的阻碍，提升零关税水平。

（三）实施零关税是新一代高标准贸易协定的发展趋势

全球分工和治理体系日益呈现出区域一体化的特征。全球价值链分工出现了中国、美国、德国三个中心枢纽。近年来，在 WTO 的多边治理体制之外，区域贸易协定迅速发展，更加促进了全球分工的区域集团化。区域贸易协定一方面加深了区域内部的分工与合作，另一方面将区域外国家排除在外，割裂了与区域外经济体的经贸往来，一定程度上起到了贸易保护的作用。

以 CPTPP 为代表的新一代高标准区域贸易协定，在更加强调边境内制度开放的同时，也对货物贸易的准入和开放水平提出更加苛刻的要求，突出表现为几乎全部产品的零关税：（1）CPTPP 中缔约方最终实施零关税的税目超过 98%。（2）美墨加协定（USMCA）规定，加拿大对墨西哥实施零关税的比重达到 96.9%，对美国实施零关税的比重达到 97.68%；美国对墨西哥实施零关税的比重达到 99.85%，对加拿大实施零关税的比重达到 98.38%，墨西哥对美国实施零关税的比重达到 96.9%，对加拿大实施零关税的比重达到 99.03%。（3）欧日自贸协定中，欧盟取消了对日本约 98% 的农、林、渔业产品关税。日本取消对欧盟化学品、纺织品、服装、金属、塑料和珠宝等行业的关税，同时取消约 82% 的农产品关税，其余部分采用关税递减的形式逐渐消除关税。

为紧跟新一代高标准贸易协定的开放水平，在国际经贸规则的决定中扩大话语权和影响力，我国需要在区域贸易协定中针对缔约国率先提升零关税水平。

（四）实施零关税对国内产业的冲击是可控的

实施零关税会促进中间品贸易和国际分工参与度。以“重商主义”为代表的贸易保护主义者，通常强调维持贸易顺差，鼓励出口，限制进口。但在全球价值链分工的当下，中间品进口的自由化本身会提高一国全球分工参与度，促进其出口比较优势的发挥，因此在考虑到中间品贸易之后，自由化对社会福利的提升将会更加强劲。

实施零关税有助于促进产业竞争，提升我国企业的国际竞争力。随着经济结构的调整与转型升级，我国在部分行业已经处于国际先进水平，保持较高国际竞争力，但在部分行业仍然处于相对落后地位，与发达国家相比仍然存在较大差异。落后行业的存在，部分原因在于我国属于后发国家，这些产业需要进一步保护和扶植，但也有部分原因在于对该行业施加了较大的关税保护，取消对这些行业的过度保护，才能够更加有助于其在国际竞争的压力中提升技术水平和创新能力，培育国际竞争力。对这些产品实施零关税，虽然在短期内可能会造成进口激增，但长期而言，会带来其国际竞争力的提升，最终促进其出口的提升。

实施零关税的负面影响总体可控。我国仍然处于经济高速发展的时期和国际战略机遇期，进一步扩大开放总体上依然利大于弊，虽然实施零关税可能对部分行业产生冲击，但可以通过劳动力的跨部门调整、从零关税的受益部门向受损部门的转移支付等方式，实现关税削减的帕累托改进；此外，零关税并非全部产品100%零关税，在区域贸易协定中允许设置过渡期和例外安排，实施零关税时可以分产品实施，分步实施，根据产品的特征、发展阶段、产业链缓解和国际竞争力等特点，分别决定是否实施零关税、何时实施零关税，并在零关税确实带来较大冲击时，合理利用国际规则中的贸易救济原则，将零关税的负面影响降至最低。

二、我国零关税现状与 CPTPP 零关税的差距

（一）CPTPP 关税减让情况分析

CPTPP 11 个缔约方货物贸易关税减让力度较大，突出表现为：（1）最终实施零关税的比重较大，实现了几乎所有产品的零关税。平均而言，11 国最终实施零关税的税目超过98%。（2）立即实行零关税的比重较大。第一年就

达到零关税的税目占比，平均值超过86%（见表4－1）。

分国家而言，各国最终实施零关税的比重在93%～100%。其中文莱、新西兰、新加坡3国实现了100%产品零关税，澳大利亚、马来西亚、秘鲁[①] 3国实现了超过99%产品的零关税，加拿大、墨西哥、越南3国实现了98%产品的零关税，零关税比重较低的为智利和日本，但也达到了93%以上产品的零关税。

相应地，各国立即实施零关税的比重也有差异，其中澳大利亚、文莱、加拿大、新西兰、新加坡、智利6国立即实施零关税的比重接近或超过90%；日本、马来西亚、新西兰、秘鲁4国立即实施零关税的比重在80%以上；墨西哥和越南立即实施零关税的比重较低，分别为76.4%和65.1%。

不同国家关税减让的过渡期也有较大差异，除新加坡在基准期已经实现零关税之外，其余国家的额外过渡期在3～20年，一般零关税比重较小的国家，其过渡期较长。过渡期最短的为3年（澳大利亚），最长的为20年（日本、越南）。

表4－1　CPTPP各国零关税情况

国家	基准期		第一年		最后一年		过渡期
	零关税占比	非零关税数量	零关税占比	非零关税数量	零关税占比	非零关税数量	
澳大利亚	47.54%	3246	93.21%	420	99.87%	8	3年
文莱	75.83%	2397	91.93%	800	100.00%	0	10年
加拿大	57.58%	3093	93.99%	438	98.66%	98	11年
智利	0.42%	8234	89.85%	839	94.81%	429	7年
日本	38.28%	5930	81.12%	1814	93.02%	671	20年
马来西亚	64.70%	3327	85.58%	1359	99.87%	12	15年
墨西哥	55.02%	5571	76.39%	2924	98.85%	142	15年
新西兰	58.60%	3096	95.09%	367	100.00%	0	6年
新加坡	100.00%	0	100.00%	0	100.00%	0	0年
秘鲁	53.81%	3489	81.06%	1431	99.38%	47	15年
越南	32.46%	6615	65.10%	3418	98.11%	185	20年

① 秘鲁取消了100%产品的从价税关税，但部分产品保留了秘鲁价格区间系统（Peruvian Price Band System）的特殊关税。

从非零关税的行业分布看，各国的非零关税主要集中在农业部门，工业部门的零关税水平较高。农业部门的税目总数量远小于工业部门，但非零关税税目的数量却远大于工业部门，根据农业部门和工业部门非零关税分布的差异，可以将 CPTPP 11 国分为以下三类：

1. 农业部门和工业部门非零关税均较小的国家，包括文莱、新加坡、新西兰、澳大利亚、马来西亚 5 国，其中澳大利亚实现了农业部门全部产品的零关税，但保留了 8 个工业品税目的关税，马来西亚实现了全部工业品的零关税，但保留了 12 个农产品税目的关税。

2. 农业部门非零关税产品数目远大于工业部门的国家，包括加拿大、智利、日本、墨西哥、秘鲁 5 国。其中智利和日本农业部门非零关税的比重均超过 400，但智利已经实现了工业品 100% 的零关税，而日本工业品中非零关税产品的数目也较大，其中非零关税的工业品主要集中在“杂项”，其余工业部门的非零关税产品数目较低。

3. 工业部门非零关税产品数目远大于农业部门的国家，包括越南。越南农业部门非零关税产品数目为 13，但工业部门高达 172。从细分行业上看，越南工业部门的非零关税产品分布在矿产品和运输设备两个部门，其中运输设备部门占全部非零关税工业品数目的 97. 1%（见表 4 – 2）。

表 4 – 2　CPTPP 各国非零关税的行业分布

行业名称	澳大利亚	文莱	加拿大	智利	日本	马来西亚	墨西哥	新西兰	秘鲁	新加坡	越南
动物产品	0	0	69	16	150	12	71	0	22	0	6
植物产品	0	0	0	306	99	0	8	0	11	0	0
食品	0	0	27	107	179	0	25	0	13	0	7
矿产品	0	0	0	0	0	0	0	0	0	0	5
燃料	0	0	0	0	0	0	0	0	0	0	0
化学品	0	0	2	0	1	0	0	0	1	0	0
塑料和橡胶	0	0	0	0	0	0	0	0	0	0	0
兽皮	0	0	0	0	32	0	0	0	0	0	0
木制品	0	0	0	0	0	0	0	0	0	0	0
纺织品，服装	0	0	0	0	5	0	0	0	0	0	0

续表

行业名称	澳大利亚	文莱	加拿大	智利	日本	马来西亚	墨西哥	新西兰	秘鲁	新加坡	越南
鞋类	0	0	0	0	23	0	0	0	0	0	0
石头/玻璃	0	0	0	0	0	0	0	0	0	0	0
金属	0	0	0	0	0	0	0	0	0	0	0
机械	0	0	0	0	0	0	0	0	0	0	0
电子产品	0	0	0	0	0	0	0	0	0	0	0
运输设备	8	0	0	0	0	0	38	0	0	0	167
玩具	0	0	0	0	0	0	0	0	0	0	0
杂项	0	0	0	0	182	0	0	0	0	0	0
农业品	0	0	96	429	428	12	104	0	46	0	13
工业品	8	0	2	0	243	0	38	0	1	0	172

（二）我国 FTA 关税减让现状

CPTPP 11 国中，共有 9 国与我国签署了自由贸易协定，其中日本、澳大利亚、新西兰和东盟 4 国与我国同属 RCEP 缔约方，并且也签署过其他贸易协定，智利和秘鲁也与我国签署了相应的自贸协定。现将上述自贸协定关税减让情况分析如下。

RCEP 中，我国对东盟、澳大利亚、日本、韩国和新西兰有各自的关税减让安排，各减让清单中最终实现零关税的比例在 86% ~90.5%。其中，我国对东盟的零关税比重最高，最终可达到 90.5%，我国对澳大利亚和新西兰的零关税比重最终可达到 89.98%，我国对日本和韩国的零关税比重最终可达到 86%。零关税比重虽然距离 CPTPP 的水平尚有较大差距，但是考虑到基准期我国的零关税比重仅有 8.45%，RECP 中我国的降税力度已经很大。

经过关税减让，我国对 RCEP 缔约方的简单平均关税税率从基期的 9.76% 大幅降低至 1.09% ~2.19%。其中，对东盟的税率最低，为 1.09%；对新西兰和澳大利亚的税率次之，达到 1.14% 和 1.15%；对韩国和日本的税率最高，达到 2.06% 和 2.19%。

除零关税比重和优惠关税税率的差异之外，RCEP 相较于 CPTPP 的另一差距，表现在立即实施零关税的产品比例较低，过渡期较长。我国对 RCEP 缔约方的立即实施零关税比重，平均为 52.7%，而 CPTPP 中平均超过 86% 的产品立即实施零关税，RCEP 中，我国对东盟、澳大利亚和新西兰立即实施零关税的比重较高，达到 65% 以上，这一比重高于 CPTPP 中越南的水平，但对日本和韩国立即实施零关税的比重较低，分别为 25% 和 38.6%。此外，RCEP 的过渡期也显著长于 CPTPP，最长为韩国，在第 36 年完成减税，其余国家则在第 21 年完成减税，而这一水平是 CPTPP 过渡期的最高值（见表 4－3）。

表 4－3　RCEP 我国关税减让情况

贸易伙伴	零关税比重（%）			平均税率（%）			最长减税期（年）	涉及税目数（个）
	基准	第一年	最后一年	基准	第一年	最后一年		
东盟	8.45	67.91	90.50	9.76	3.83	1.09	21	8277
澳大利亚	8.45	65.82	89.98	9.76	3.97	1.15	21	8277
日本	8.45	25.01	86.00	9.76	8.34	2.19	21	8277
韩国	8.45	38.64	86.00	9.76	7.38	2.06	36	8277
新西兰	8.45	66.14	89.98	9.76	3.94	1.14	21	8277
平均	8.45	52.70	88.49	9.76	5.49	1.53	24	8277

我国与智利、秘鲁分别签署过自贸协定，且降税幅度较大。其中中国—秘鲁自贸协定最终零关税比重达到 94.6%，中国—智利自由贸易协定最终零关税比重达到 97.2%，均超过了 CPTPP 的入门水平。其中，中国—智利自贸协定规定关税分 9 年削减，现在已经完成减税任务，中国—秘鲁自贸协定也已经完成大部分减税任务（见表 4－4）。

表 4－4　我国与 CPTPP 缔约方其他自贸协定减税情况

国家	零关税比重（%）			最长减税期（年）
	基准	第一年	最后一年	
秘鲁	8.4	61.1	94.6	17
智利	8.4	37.1	97.2	9
澳大利亚	8.4	29.2	96.8	14
新西兰	8.4	24.1	97.1	11
东盟 4 国	8.4	8.4	95.4	8

我国与澳大利亚、新西兰、东盟4国也签订了贸易协定，且降税力度也较大，最终零关税的比重分别达到96.8%（澳大利亚）、97.1%（新西兰）和95.4%（东盟4国），与上述国家在CPTPP中的承诺相当，差距主要体现在立即实施零关税的比重上，我国对澳大利亚和新西兰立即实施零关税的比重低于30%，我国对东盟立即实施零关税的比重为8.4%，实际上就是我国最惠国税率的零关税占比，三者均远远低于CPTPP的水平。

（三）我国关税与CPTPP差距

最惠国关税是缩小与CPTPP缔约方差异的基准，根据我国最惠国关税的税率分布及其所涉及贸易额的分布，可以进一步分析减税的难度。

如表4-5所示，我国最惠国关税税率中零关税产品的税目占8.42%，但是涉及产品的进口量占比达到58.96%；关税税率在0~5%的税目占比为17.15%，这部分产品降低到零关税所带来的变动和冲击相对较小；关税税率20%以内的产品占比为92.68%，这些产品实施零关税可以基本满足对接CPTPP的需求。

表4-5　我国最惠国关税税率

税率	产品数目	数目占比	涉及产品进口量占比
0%	997	8.42%	58.96%
0~5%	2030	17.15%	21.71%
5%~10%	5224	44.13%	12.43%
10%~20%	2721	22.98%	5.28%
20%~50%	794	6.71%	1.62%
50%~	73	0.62%	0.01%

比较中国和CPTPP缔约方的最惠国关税情况可知，我国的简单平均关税税率较高（7.2%），高于CPTPP缔约方的平均水平（4.3%），在11国中仅低于越南。其中，工业品的平均税率排名第11位，仅低于越南，而农业品的平均税率相对较低，低于墨西哥、加拿大、越南等国，与日本较为接近。因此工业品降税的潜力较大，而农业品降税的压力较小（见表4-6）。

表4-6　我国最惠国税率与 CPTPP 缔约方比较　　单位：%

国家	总产品		工业品		农业品	
	平均税率	排名	平均税率	排名	平均税率	排名
新加坡	0.00	1	0.00	1	0.00	1
文莱	0.21	2	0.25	2	0.00	1
秘鲁	2.21	3	2.19	3	2.32	5
新西兰	2.31	4	2.46	4	1.54	4
澳大利亚	2.53	5	2.82	6	1.04	3
日本	4.82	6	3.17	7	10.15	8
马来西亚	5.45	7	6.01	10	2.38	6
墨西哥	5.51	8	4.44	8	14.53	10
加拿大	5.71	9	2.62	5	16.96	11
智利	5.98	10	5.97	9	6.00	7
中国	7.19	11	6.47	11	11.09	9
越南	12.57	12	11.46	12	18.42	12

从细分的行业看，我国关税较低的行业均属于工业品，包括中间产品（如矿产品、燃料、金属等），以及我国具有比较优势的制成品（电子产品、玩具等），关税最高的行业除了农业品之外，还包含运输设备产品。在工业品行业中，我国的关税税率普遍高于除越南之外的其他 CPTPP 缔约方，而农业品行业中，越南各行业均显著高于我国，加拿大和墨西哥在动物产品、食品等行业高于我国，而植物产品低于我国（见表4-7）。

表4-7　各国各行业最惠国税率比较　　单位：%

产品	中国	澳大利亚	文莱	加拿大	智利	日本	马来西亚	墨西哥	新西兰	秘鲁	新加坡	越南
矿产品	2.74	0.52	0.00	0.02	6.00	0.14	1.94	0.27	0.05	0.30	0.00	6.71
玩具	3.20	3.52	0.54	1.24	6.00	1.01	6.17	6.90	3.41	5.76	0.00	14.23
木制品	3.25	3.54	1.49	1.08	5.93	2.12	2.85	4.25	1.24	2.23	0.00	10.31
电子产品	5.34	2.21	0.16	1.15	5.99	0.08	5.16	2.44	2.43	1.22	0.00	8.74
燃料	5.43	0.16	0.00	1.03	6.00	1.35	0.48	0.04	0.65	0.00	0.00	7.11
化学品	5.63	1.37	0.10	1.18	6.00	2.33	1.98	1.36	0.66	0.81	0.00	3.05

续表

产品	中国	澳大利亚	文莱	加拿大	智利	日本	马来西亚	墨西哥	新西兰	秘鲁	新加坡	越南
金属	5.79	3.53	0.00	1.38	6.00	0.86	8.22	2.65	2.56	0.80	0.00	7.96
杂项	6.35	1.66	0.90	3.14	6.00	1.10	5.07	4.81	2.23	2.53	0.00	9.74
机械	6.57	2.65	0.00	0.36	5.99	0.00	4.56	2.98	2.65	0.41	0.00	4.87
纺织服装	7.02	4.12	0.45	6.48	6.00	6.31	6.45	13.18	4.18	7.52	0.00	12.62
鞋类	8.16	2.50	2.76	10.29	6.00	17.07	6.30	16.83	5.71	7.85	0.00	22.32
塑料和橡胶	9.03	4.44	0.00	1.70	6.00	2.30	13.36	3.80	3.14	1.76	0.00	8.96
石头/玻璃	9.13	2.86	0.00	2.28	6.00	1.26	13.29	5.34	2.18	1.49	0.00	18.22
动物产品	9.31	0.02	0.00	33.15	6.00	8.35	2.14	15.75	0.67	1.51	0.00	12.57
兽皮	9.69	3.42	0.00	3.66	6.00	10.95	0.37	4.80	2.50	2.05	0.00	12.82
食品	10.06	2.55	0.00	15.54	6.00	15.18	2.53	18.65	2.61	2.93	0.00	30.26
运输设备	11.40	3.62	0.00	5.32	5.57	0.05	17.32	7.57	3.87	1.46	0.00	33.78
植物产品	13.47	0.86	0.00	3.15	6.00	6.14	2.48	11.42	1.01	2.68	0.00	15.31

决定我国与CPTPP缔约方关税差异的不只是最惠国关税税率，如果我国与上述国家签署双边和多边自贸协定，则可以以自贸协定的优惠关税为基准，考虑其与CPTPP减税力度的差异。为此，首先可以将CPTPP缔约方分为四类：一是只与我国签订RCEP的国家，即日本1国；二是同时与我国签订RCEP和其他自贸协定的国家，包括澳大利亚、新西兰、文莱、新加坡、马来西亚、越南6国；三是只与我国签订其他双边贸易协定的非RCEP国家，包括智利、秘鲁2国；四是适用WTO最惠国关税的国家，包括加拿大、墨西哥2国。

其中，我国与智利、秘鲁签订的自贸协定降税力度较大，与其在CPTPP的降税力度差异最小。我国对RCEP缔约方零关税比重达到90%以上，与上述国家在CPTPP的降税力度差异也较小，尤其是对于同时签署其他贸易协定国家，即澳大利亚、新西兰和东盟4国。我国对加拿大、墨西哥适用的最惠国关税税率与CPTPP的降税力度差异最大。

RCEP缔约方。随着RCEP的批准生效，我国对缔约方的关税削减开始稳步进行，如果将RCEP的关税削减和加入CPTPP的关税削减结合以来，以

RCEP 的关税削减来对接 CPTPP 的高标准，那么我国距离 CPTPP 的零关税差距将会大幅缩减。对于日本只需要新增 7% 的零关税税目，就可以达到日本在 CPTPP 的零关税水平。

RCEP + 双边贸易协定国家。这类国家所享受的优惠关税取决于贸易协定中减税力度最大的那种安排。其中我国与越南的差距最小，只需要新增 2.7% 的零关税税目就可以达到其在 CPTPP 的零关税水平。差距其次的是新西兰和澳大利亚，只需要分别新增 2.9% 和 3.1% 的零关税税目就可以达到其在 CPTPP 的零关税水平。差距最大的是马来西亚、文莱和新加坡，分别需要增加 4.5%、4.6% 和 4.6% 的零关税税目就可以达到其在 CPTPP 的零关税水平。

非 RCEP 缔约方的双边贸易协定国家。中国—智利和中国—秘鲁自贸协定的零关税占比较大，其中中国—智利自贸协定中中国的零关税水平超过智利在 CPTPP 中的承诺，中国—秘鲁自贸协定中中国的零关税水平也达到 94.5%，只需要新增 4.88% 的零关税税目，就可以达到秘鲁在 CPTPP 的零关税水平。

最惠国关税国家。我国没有和加拿大、墨西哥签订自贸协定，因此适用 WTO 框架下的最惠国关税税率，该税率下，我国的零关税比重仅有 8.42%，而加拿大、墨西哥均为开放程度较高的国家，在 CPTPP 中的零关税比重达到接近 99%。因此我国需要新增 90% 的零关税税目，才能够达到二者在 CPTPP 的水平。即使要达到日本在 CPTPP 的水平，也需要新增 84.6% 的零关税税目（见表 4-8）。

表 4-8 我国与 CPTPP 缔约方的零关税水平差异

类型	国家	现有零关税比重（%）	对方在 CPTPP 中的零关税比重（%）	差距（%）
RCEP	日本	86.0	93.0	7.0
RCEP + FAT	澳大利亚	96.8	99.9	3.1
RCEP + FAT	新西兰	97.1	100.0	2.9
RCEP + FAT	文莱	95.4	100.0	4.6
RCEP + FAT	新加坡	95.4	100.0	4.6
RCEP + FAT	马来西亚	95.4	99.9	4.5

续表

类型	国家	现有零关税比重（%）	对方在 CPTPP 中的零关税比重（%）	差距（%）
RCEP + FAT	越南	95.4	98.1	2.7
FTA	智利	97.2	94.8	-2.4
FTA	秘鲁	94.6	99.4	4.8
MFN	加拿大	8.4	98.7	90.2
MFN	墨西哥	8.4	98.9	90.4

由上述分析可知，我国最惠国关税税率距离 CPTPP 的减税力度差距较大，但自贸协定的优惠关税税率的最终水平和 CPTPP 的零关税水平差异较小，只有立即实施零关税的比重与 CPTPP 具有较大差异。分国别而言，与我国零关税水平差异最大的是墨西哥和加拿大，差异最小的是智利、越南、新西兰；分行业而言，我国工业品的降税潜力较大，农产品的降税压力较小。

三、我国难以实施零关税产品的情况

RCEP 是我国最新签署的最大规模的自贸协定，也是包含 CPTPP 缔约方最多的自贸协定，在 CPTPP 11 个缔约方中，有 7 个同时是 RCEP 的缔约方。RCEP 中可以实现零关税的产品，不但适用于广大发展中大国，还适用于日本、澳大利亚、新西兰等在高端工业品和农产品均具有比较优势的高收入经济体，由于我国加入 CPTPP 的主要压力在于墨西哥和加拿大，我们认为 RCEP 中的零关税产品，也同样可以对 CPTPP 国家开放，因此难以实施零关税的产品，应该是 RCEP 非零关税列表的子集。

以 90.5% 的零关税水平为标准，非零关税数目共 786 个，其中农产品 98 个，工业品 688 个（各行业的非零关税数量见表 4 -9）。如果非零关税数目达到 579 个，便可以达到 93% 的零关税水平，为此需要新增 207 个零关税产品；如果非零关税数目达到 414 个，便可以达到 95% 的零关税水平，为此需要新增 372 个零关税产品；如果非零关税数目达到 165 个，便可以达到 98% 的零关税水平，为此需要新增 621 个零关税产品。

表 4－9　我国在 RCEP 中非零关税的分布

行业名称	非零关税数量	行业名称	非零关税数量
动物产品	1	纺织品，服装	39
植物产品	66	石头/玻璃	21
食品	31	金属	40
矿产品	1	机械	109
燃料	3	电子产品	68
化学品	69	运输设备	124
塑料和橡胶	18	玩具	1
兽皮	1	杂项	21
木制品	173		
农业品	98		
工业品	688		

根据我国经济发展的现状，本报告首先总结出实施零关税困难的产品清单。该清单分为农产品和工业品两个大类。产品清单的确立分为两步：第一步，确定难以实施零关税的特定领域；第二步，确定该特定领域中的具体产品。

对于农产品，难以实施零关税的特定领域集中在关系到国家经济安全的粮食（小麦、稻谷、玉米等）、原材料（棉花、羊毛、橡胶等）等。

对于工业品，难以实施零关税的特定领域主要包含两个。1. 有关国家战略产业安全的领域：参考《“十四五”规划和 2035 年远景目标纲要》《外商投资准入特别管理措施（负面清单）（2021 年版）》等重要文件，总结相关产业目录，如事关生产安全的原材料、化工品、数控机床等；2. 尚需培育国际竞争力的战略新兴产业：参考《中国制造 2025》《“十四五”规划和 2035 年远景目标纲要》等重要文件，提炼战略新兴产业目录，寻找其中我国国际竞争力相对不足的领域，如新能源、汽车等产业。

在特定领域的基础之上，确定具体的难以实施零关税的产品，主要依据为：（1）该产品具有较高的基准税率，或者历史上关税削减的力度很小；（2）具体分析该产品在产业链中的作用及其在国际竞争中的地位。

经过筛选，该清单共包括 569 个产品税目，其中，农产品 123 个，占比 21.6%，工业品 446 个，占比 78.4%，工业品中纸制品、汽车及其零部件中难以实施零关税的产品数目较多（见表 4－10）。如果这 569 个产品保留关税，其余产品全部实施零关税，那么以 RCEP 关税减让表中的税目总量（8277 个）衡量，零关税数量可以达到 93.1%。

表 4－10　难以实施零关税的产品及涉及税目

产品名称	涉及税目数	税目占比
牛肉	6	1.1%
乳制品	21	3.7%
小麦	4	0.7%
稻谷	10	1.8%
玉米	3	0.5%
油籽和植物油	28	4.9%
食糖	15	2.6%
烟草	12	2.1%
化学品	53	9.3%
天然橡胶	5	0.9%
纸制品	120	21.1%
羊毛和毛条	17	3.0%
棉花	2	0.4%
碳纤维	9	1.6%
船用发动机	7	1.2%
数控机床	28	4.9%
锂电池	11	1.9%
监视器、摄像机和电视机	40	7.0%
汽车及其零部件	178	31.3%
农产品合计	123	21.6%
工业品合计	446	78.4%
所有产品合计	569	100.0%

进一步，在 569 个产品中寻找可以继续实施零关税的产品，判断依据为：（1）该产品不会影响国家经济安全和国计民生，并非我国所无法自给的紧缺产品，我国具有一定国际竞争优势的产品；（2）基准关税税率不高；（3）RCEP 中已经实施了零关税，且过渡期较短。

经过筛选，224 个税目可以在一定过渡期之后进一步实施零关税，345 个税目需要继续保持关税，可以进一步实施零关税税目集中在汽车、化学品、数控机床、显示器、纸制品等工业品部门。将这些产品筛除，工业品的税目下降了将近一半，农产品税目的变化不大，工业品税目的下降占到总税目下降的92%。如果除了345个税目之外的产品全部实施零关税，那么以RCEP关税减让表中的税目总量（8277个）衡量，零关税数量可以达到95.8%（该345个税目分布见表4-11）。

表4-11 难以实施零关税的产品及涉及税目

产品名称	涉及税目数	税目占比
牛肉	6	1.7%
乳制品	17	4.9%
小麦	4	1.2%
稻谷	10	2.9%
玉米	3	0.9%
油菜籽和植物油	25	7.2%
食糖	13	3.8%
烟草	12	3.5%
化学品	6	1.7%
天然橡胶	3	0.9%
纸制品	106	30.7%
羊毛和毛条	9	2.6%
棉花	2	0.6%
碳纤维	4	1.2%
船用发动机	1	0.3%
数控机床	3	0.9%
锂电池	3	0.9%
监视器、摄像机和电视机	19	5.5%
汽车及其零部件	99	28.7%
农产品合计	104	30.1%
工业品合计	241	69.9%
所有产品合计	345	100.0%

更进一步，在345个税目中寻找可以继续实施零关税的产品，判断依据为：在满足基准税率较低、具有一定比较优势的前提下，（1）该产品在我国与CPTPP 11国的国际贸易中处于顺差；（2）该产品我国的进口额占进口总额的比重较低。

经过筛选，345个税目中的187个可以在一定过渡期之后继续进一步实施零关税，剩余158个税目需要继续保持关税。进一步实施零关税的产品中，农产品主要集中在部分油籽和植物油、我国进口较少的羊毛和部分乳制品，工业品主要集中在纸制品、汽车、显示器等领域。如果最终保留的158个税目之外的税目全部实施零关税，那么以RCEP关税减让表中的税目总量（8277个）衡量，零关税数量可以达到98.1%（该158个税目分布见表4－12）。

表4－12　难以实施零关税的产品及涉及税目

产品名称	涉及税目数	税目占比
牛肉	5	3.2%
乳制品	15	9.5%
小麦	4	2.5%
稻谷	10	6.3%
玉米	3	1.9%
油菜籽和植物油	15	9.5%
食糖	13	8.2%
烟草	12	7.6%
化学品	2	1.3%
天然橡胶	3	1.9%
纸制品	14	8.9%
羊毛和毛条	6	3.8%
棉花	2	1.3%
碳纤维	4	2.5%
船用发动机	0	0.0%
数控机床	1	0.6%
锂电池	1	0.6%
监视器、摄像机和电视机	3	1.9%
汽车及其零部件	45	28.5%
农产品合计	88	55.7%
工业品合计	70	44.3%
所有产品合计	158	100.0%

根据上述分析，我们将全部难以实施零关税的569个税目由松到紧分为三类，类型1的产品可以率先放松保护，实施零关税；类型2的产品可以在类型1的产品已经实施零关税之后，继续放松保护，进一步实施零关税；类型3的产品则始终保持非零关税。

四、我国在 CPTPP 谈判中的零关税接受程度

零关税是高标准贸易协定的突出特征，零关税占比是 CPTPP 谈判的重要

关注点，应该在保护关键产业的基础上，大幅度提高对 CPTPP 缔约方的零关税水平。为此，我们提出三种零关税接受程度，分别为最低接受程度、适中接受程度、最高接受程度。

最低接受程度：非零关税数量 569 个，零关税占比 93.1%，立即实行零关税的比重 80%，相当于日本在 CPTPP 中的零关税水平。为达到这一点，需要除类型 1、类型 2、类型 3 三类产品之外所有的产品最终达到零关税。

适中接受程度：非零关税数量 345 个，零关税占比 95.8%，立即实行零关税的比重 85%，相当于智利在 CPTPP 中的零关税水平。为达到这一点，需要除类型 2、类型 3 两类产品之外所有的产品最终达到零关税。

最高接受程度：非零关税数量 158 个，零关税占比 98.1%，立即实行零关税的比重 85%，相当于越南在 CPTPP 中的零关税水平。为达到这一点，需要除类型 3 产品之外所有的产品最终达到零关税（见表 4－13）。

表 4－13　三种接受程度

接受程度	非零关税数量	涉及税目	零关税比重	立即零关税比重	CPTPP 参照国
最低接受程度	569	类型 1、2、3 三类产品	93.1%	80%	日本
适中接受程度	345	类型 2、3 两类产品	95.8%	85%	智利
最高接受程度	158	类型 3 产品	98.1%	85%	越南

总结及建议

通过对 CPTPP 文本及关税减让清单的分析，我们认为零关税是 CPTPP 货物贸易关税减让的突出特征，11 国平均零关税占比达到 98% 以上。零关税也是全球价值链分工发展的必然要求，新一代高标准贸易协定的突出特征。对国内外关税结构进行对比分析之后，我们认为虽然我国最惠国关税税率的零关税占比较低，但是我国已经与 CPTPP 缔约方建立了广泛的双边贸易协定关系，实现CPTPP的零关税水平并非遥不可及。

我国在进行关税减让出价时，可以奉行三种零关税接受程度，分别为最低接受程度、适中接受程度、最高接受程度。

最低接受程度：非零关税数量569个，零关税占比93.1%，立即实施零关税的比重80%，相当于日本在CPTPP中的零关税水平。

适中接受程度：非零关税数量345个，零关税占比95.8%，立即实施零关税的比重85%，相当于智利在CPTPP中的零关税水平。

最高接受程度：非零关税数量158个，零关税占比98.1%，立即实施零关税的比重85%，相当于越南在CPTPP中的零关税水平。

在谈判中，应首先坚持零关税的最低接受程度，日本在CPTPP中处于主导地位，而日本的零关税占比也仅有93%。如果该接受程度难以达成目标，则放松对类型1产品的保护。如果仍然无法达成目标，则给出极端策略，同时放松对类型1和类型2两类产品的保护。

其次，在谈判中，应争取充足的过渡期，给我国竞争力薄弱的行业以充分的缓冲，平滑零关税对产业和就业的冲击。在采取积极策略时，给予类型1产品足够的过渡期；在采取极端策略时，同时给予类型1和类型2两类产品足够的过渡期。

此外，虽然零关税的总体水平达标，但对方可能会要求某些特定行业零关税。由于CPTPP国家的例外安排和保护主要集中在农业领域（日本是典型，越南是特例），而我国的农产品最惠国税率并不高，因此农产品的降税压力较小，工业品的降税压力较大，在谈判中进行让步时，应该向工业品倾斜，尽量保持农产品的关税，或实施关税配额，对工业品可进行让步。

最后，应善于利用对个别国家的特殊安排和保障措施，例如日本是汽车和显示器的强国，可以对日本的汽车和显示器保留关税，而对其他国家进行降税，或者对日本产品的进口采取保障措施。

执笔人：苏庆义　臧成伟

专题五　我国金融、电信、交通运输服务贸易对接 CPTPP 规则的改革举措研究

“十三五”时期，我国深入推进服务贸易领域供给侧结构性改革，不断扩大服务业对外开放，稳步提升服务贸易自由化便利化水平，加快完善服务贸易发展政策促进体系，积极营造服务贸易发展的良好环境，在这些举措推动下，我国服务贸易实现较快发展，国际竞争力明显增强。但同时，我国服务业部分领域开放程度还不高，一定范围内仍然存在准入不准营等问题，制约了服务贸易的高质量发展。从具体领域来看，金融服务、电信以及交通运输行业开放范围不断扩大，开放水平不断提高。当前，我国金融服务、电信以及交通运输领域对外开放规则与 CPTPP 相比在市场准入、边境后条款等方面还存在一定差距，需尽快对标 CPTPP 规则深化改革，进一步扩大开放，推动我国服务贸易高质量发展。

一、金融服务业

金融服务业是服务贸易的重点领域，CPTPP 专门设有金融服务章节，对金融领域市场准入以及边境后规则等方面提出明确要求，具有开放度高、覆盖面广等特征，体现了 CPTPP 作为高标准经贸协议的特点。近年来，我国金融服务业对外开放步伐加快，取消了市场准入限制，但在保险、证券等行业部分细分领域还存在准入不准营的问题，资本项目没有实现完全开放也在一定程度上制约了我国金融服务业开放水平的进一步提升。未来，我国需要对标 CPTPP 金融服务条款，继续深化金融服务领域改革开放，提高金融服务质量，推动经济高质量发展。

（一）CPTPP 金融服务业条款主要内容及特征

CPTPP 金融服务部分共包括 22 项条款和 4 项附录，主要包括基本定义、条款适用范围、市场准入、国民和最惠国待遇、跨境贸易、透明度要求、磋商和争端解决等方面。根据性质不同，可以将上述 22 项条款区分为市场准入类条款、边境后类条款和其他条款（见表 5－1），从各类条款数量来看，CPTPP 高度重视金融服务领域边境后规则的内容，所涉及条款达到 10 项。

表 5－1　CPTPP 金融服务章节条款分类情况

具体条款	市场准入类	边境后条款	其他条款	具体条款	市场准入类	边境后条款	其他条款
11.1　定义			✓	11.12　承认		✓	
11.2　范围			✓	11.13　特定措施的透明度和管理		✓	
11.3　国民待遇			✓	11.14　自律组织		✓	
11.4　最惠国待遇			✓	11.15　支付和清算系统		✓	
11.5　金融机构市场准入	✓			11.16　快速提供保险服务	✓		
11.6　跨境服务	✓			11.17　后台办公功能的行使		✓	
11.7　新金融服务	✓			11.18　具体承诺	✓	✓	
11.8　特定信息的处理		✓		11.19　金融服务委员会			✓
11.9　高级管理人员和董事会		✓		11.20　磋商			✓
11.10　不符措施		✓		11.21　争端解决			✓
11.11　例外	✓	✓		11.22　金融服务投资争端			✓

1. 市场准入领域

第 11.5 条“金融机构的市场准入”着重强调商业存在性质的市场准入，即一缔约方金融机构和投资者在另一缔约方领土内提供金融服务时，后者不应对金融服务的数量配额、交易总额、资产总值等进行限制，同时不应强制要求外资金融机构与本国机构以合资方式开展业务。第 11.6 条“跨境服务”条款聚焦于各缔约方金融机构提供跨境金融服务，由于附录 11－A 明确规定了各缔约方允许开展跨境金融服务的范围，属于跨境金融服务市场准入，因而可以划归为市场准入条款。第 11.7 条“新金融服务”重点对一缔约方金融机构在另一缔约方开展新金融服务时的市场准入做了规定，指出每一缔约方无须以修改现行法律或采用新法的方式即可允许其他缔约方金融机构提供新金融服务，同时缔约方可根据需要决定这项新金融服务的推行是否必须进行授权。

第 11.11 条“例外”条款和第 11.18 条“具体承诺”条款则兼具市场准入和边境后规则的内容，如第 11.11 条下第 1 点提出，虽然 CPTPP 其他相关条款也涉及市场准入的内容，但“不得阻止一缔约方因审慎理由而采取或维持措施，包括为保护投资者、存款人、投保人或保护金融机构或跨境金融系统的完整和稳定而采取的措施”，从措施的性质来看，既可以包括出于安全考虑而提高金融服务市场准入门槛的准入性措施，也可以基于相同考虑而采取的属于边境后的监管性举措。

从市场准入门槛来看，从第 11.5 条至第 11.7 条市场准入门槛逐步提高，蕴含的内在逻辑是，一方面 CPTPP 各缔约方经济和金融发展水平存在较大差异，秘鲁、马来西亚等发展中国家金融系统抵御外部风险冲击的能力相对较弱，因而需要给予发展中国家一定程度的市场准入限制；另一方面，由于金融活动本身内含有风险和不确定性，在跨境和新金融领域的市场准入设置一定门槛，也有助于提升各缔约方金融领域的审慎管理水平，进而从整体上提升各缔约方金融体系的稳健性。从不同国家间的整体差异来看，各成员国经济发展水平不同，在金融服务领域的开放范围、开放程度也存在差异。例如，马来西亚规定，“银行和其他金融服务”领域的跨境金融服务“不扩展至支付卡交易电子支付服务的提供”。

2. 边境后规则领域

CPTPP 边境后规则强调了国民待遇和最惠国待遇对金融服务业发展的重要作用，主要通过对缔约方政府金融监督管理的法律法规进行具体规定，提高各缔约方外资金融机构监管的统一性与各国监管规则的兼容性。CPTPP 文本中的金融服务章节涉及边境后规则的条款可以分为四类，第一类是缔约方禁止实施的规则，涉及第 11.8 条“特定信息的处理”、第 11.9 条“高级管理人员和董事会”以及第 11.10 条“不符措施”。第二类是缔约方必须实施的规则，包括第 11.13 条“特定措施的透明度和管理”、第 11.15 条“支付和清算系统”。第三类是缔约方政府可以对外资金融机构的本地化经营提出相关规定与要求，但这些规定与要求不得削弱“国民待遇”和“最惠国待遇”，涉及第 11.12 条“承认”、第 11.14 条“自律组织”、第 11.17 条“后台办公功能的行使”。第四类边境后规则承认缔约方政府可以从维护安全的角度对外资金融机构采取审慎管理措施，包括第 11.11 条“例外”、第 11.18 条“具体承诺”。从操作性看，第一类和第二类边境后规则条款内容明确、操作性较强，第三类和第四类规则赋予缔约方政府可以根据本国实际情况和安全发展需要采取适度的自由裁量措施。

3. “金融服务”条款的主要特征

CPTPP“金融服务”条款具有以下主要特征：一是开放程度高。CPTPP 对金融服务领域的市场准入，一方面禁止任何缔约方以机构数量、雇员总数、资产规模等理由出台限制竞争的管制措施，从而对其他缔约方金融机构在该缔约方市场的经营产生歧视；另一方面规定任一缔约方不得强制其他缔约方金融机构以合资或其他类似方式在该缔约方市场从事金融服务业务。二是覆盖面广。CPTPP 条款在适用对象上没有对金融机构类别进行具体区分，条款适用于各类金融机构，条款涉及的业务范围则囊括了信贷、保险、证券、货币经纪、资产管理、结算与清算服务、金融衍生品等几乎所有金融领域。三是存在差异性，即 CPTPP“金融服务”条款没有要求所有缔约方金融开放步伐完全保持一致，而是允许在磋商达成一致的基础上，不同国家金融市场开放可以存在差异。如马来西亚规定，“银行和其他金融服务”领域的跨境金融服务，“不扩展至支付卡交易和电子支付服务的提供”。

（二）我国金融服务行业现有规则与 CPTPP 存在的差异

1. 外资金融机构市场准入限制已取消，但经营领域尚未全部放开

近年来，我国逐步放宽外资金融机构市场准入限制，2020 年全国版和自贸区版外商投资准入负面清单进一步取消证券公司、证券投资基金管理公司、

期货公司和寿险公司外资股比限制。2020 年末，在达成谈判的中欧全面投资协定（CAI）核心内容中，我国同意并承诺金融服务业领域对欧盟投资者保持开放，在银行业、证券交易、保险（包括在保险）以及资产管理领域取消市场准入股比上限，这一点与 CPTPP 有关金融机构市场准入条款的内容相符。

外资金融机构准营方面，随着我国对外开放水不断提高，外资金融机构在华所从事业务范围逐步扩大，但与 CPTPP 规则条款仍存在一定差异（见表 5－2）。保险业领域，我国对外资保险公司在华从事保险中介和保险附属服务尚未有明确规定；银行业领域，我国现行外资银行机构在华业务范围主要集中在存贷款、收付款、支付结算、银行卡、证券和外汇买卖等基础性业务，合资券商大多以经营承销保荐业务为主，而在衍生品交易、资产管理、跨境并购等方面相关法律尚未作出明确规定。

表 5－2　外资金融机构在华业务范围与 CPTPP 金融服务条款范围的差异

CPTPP 保险及相关服务内容	外资保险公司在华业务范围
1. 直接保险（包括共同保险），包括寿险和非寿险	1. 财产保险业务，包括财产损失保险、责任保险、信用保险等
2. 再保险和转分保	2. 人身保险业务，包括人寿保险、健康保险、意外伤害保险等
3. 保险中介，例如经济和代理	3. 分出保险
4. 保险附属服务，如咨询、精算、风险评估和理赔服务	4. 分入保险
CPTPP 银行和其他金融服务（保险除外）主要内容	外资银行机构在华业务范围
1. 接受公众存款和其他应偿还资金	1. 吸收公众存款
2. 所有类型贷款，包括消费信贷、抵押信贷、商业交易的代理和融资	2. 发放短期、中期和长期贷款
3. 金融租赁	3. 办理票据承兑与贴现
4. 所有支付和货币转移服务，包括信用卡、赊账卡、贷记卡、旅行支票和银行汇票	4. 代理发行、代理兑付、承销政府债券
5. 担保和承诺	5. 买卖政府债券、金融债券，买卖股票以外的其他外币有价证券
6. 交易市场、场外交易市场或其他市场自行交易或代客交易	6. 提供信用证服务及担保

续表

CPTPP保险及相关服务内容	外资保险公司在华业务范围
（1）货币市场工具（包括支票、汇票、存单）	7. 办理国内外结算
（2）外汇	8. 买卖、代理买卖外汇
（3）衍生品，包括但不仅限于期货和期权	9. 代理收付款项及代理保险业务
（4）汇率和利率工具，包括掉期和远期汇率和利率协议等产品	10. 从事同业拆借
（5）可转让证券	11. 从事银行卡业务
（6）其他可转让票据和金融资产，包括金银条块	12. 提供保管箱服务
7. 参与各类证券的发行，包括承销和募集代理（公开或私下），并提供与该发行相关的服务	13. 提供资信调查和咨询服务
8. 货币经纪	14. 经国务院银行监督管理机构批准的其他业务
9. 资产管理，如现金或投资组合管理、各种形式的集合投资管理、养老基金管理、托管、存款和信托服务	15. 外商独资银行、中外合资银行和外国银行分行经中国人民银行批准，可以经营结汇、售汇业务
10. 金融资产的结算和清算服务，包括证券、衍生品和其他可转让票据	16. 外国银行分行可以吸收中国境内公民每笔不少于50万元人民币的定期存款
11. 提供和转移其他金融服务提供者提供的金融信息、金融数据处理和相关软件	17. 外国银行代表处可以从事与其代表的外国银行业务相关的联络、市场调查、咨询等非经营性活动
12. 就1－10项所列的所有活动提供咨询、中介和其他附属金融服务，包括征信与分析、投资和投资组合的研究与咨询、收购咨询、公司重组和战略咨询	—

注：CPTPP金融服务内容根据CPTPP金融服务章节内容整理，外资保险公司和外资银行在华业务范围根据《中华人民共和国外资保险公司管理条例》和《中华人民共和国外资银行管理条例》相关内容整理。

2. 外资金融机构准营范围逐步扩大，但部分管理条款的时间设定与CPTPP存在差异

近年来我国外资金融机构准营范围稳步扩大，但客观地看，外资金融机构在华经营范围仍存在一定限制，这并非我国所独有，在上述第三类和第四类边境后规则下，各缔约方均不同程度保留了管制空间，允许出于控制风险的需要而采取审慎管理措施。前述第一类和第二类边境后规则领域，我国现有规则与CPTPP规则内容差异不大，如我国对外资金融机构高管人员的国籍没有具体限制，只是对高管人员本身应符合的条件提出了明确要求。

对设立外资金融机构和开展特定金融业务的申请，我国现有规则与 CPTPP 条款存在差异。第 11.13 条“特定措施的透明度和管理”第 10 款规定，“一缔约方的监管机构应在 120 天内对另一缔约方的一金融机构投资者、一金融机构或一跨境金融服务提供者提出的与提供金融服务相关的完整申请作出行政决定，并应将该决定迅速通知申请人。如在 120 天内作出决定不可行，则监管机构应立即通知申请人并应努力在此后一合理期限内作出决定”。我国外资银行管理条例第十五条规定，“国务院银行业监督管理机构应当自收到设立外资银行营业性机构完整的申请资料之日起 6 个月内作出批准或者不批准筹建的决定，并书面通知申请人。决定不批准的，应当说明理由”。在同意筹建的基础上，外资银行管理条例第十八条规定，“国务院银行监督管理机构应当自收到完整的开业申请资料之日起 2 个月内，作出批准或者不批准开业的决定，并书面通知申请人”。与银行机构类似，我国外资保险公司管理条例第十条规定，“国务院保险监督管理机构应当对设立外资保险公司的申请进行初步审查，自收到完整申请文件之日起 6 个月内作出受理或者不受理的决定。决定受理的，发给正式申请表；决定不受理的，应当书面通知申请人并说明理由”。同样，《中华人民共和国证券法》第一百一十九条规定，“国务院证券监督管理机构应当自受理证券公司设立申请之日起六个月内，依照法定条件和法定程序并根据审慎监管原则进行审查，作出批准或者不予批准的决定，并通知申请人；不予批准的，应当说明理由”。

3. 资本账户尚未完全放开，对资金跨境支付和跨境流动存在一定限制

CPTPP 文本第 10 章“跨境服务贸易”第 10.12 条“转移和支付”条款明确指出，“每一缔约方应允许所有与跨境服务提供相关的转移和支付自由进出其领土且无迟延”，且“每一缔约方应允许与跨境服务提供相关的转移和支付使用自由流动货币按转移时的现行市场汇率进行”。

（三）金融服务业对标 CPTPP 规则深化改革的建议

目前我国金融领域外资机构市场准入股比限制已经取消，但提升金融开放水平仍有较大空间。未来一段时期，我国金融服务业对标 CPTPP 规则进行深化改革的重点将在于以 CPTPP 边境后规则为参照，调整我国金融监管领域法律法规，营造更加公平公正透明的市场竞争环境，通过持续深化改革实现更高水平开放发展。具体而言：

一是进一步扩大外资金融机构在华业务范围。扩大期货等金融衍生产品对外开放范围，引入更多风险管理产品和工具，更好地满足市场主体风险管理需求；拓展交易所债券市场境外机构投资者直接入市渠道；在财富管理等领域引入更多高水平外资机构；建立健全境外企业在境内市场发行存托凭证（CDR）、在境内第二上市等制度。持续推进资本账户开放，进一步提升资本项下跨境资金流动便利度。支持浦东率先探索资本项目可兑换的实施路径。创新面向国际的人民币金融产品，扩大境外人民币境内投资金融产品范围，促进人民币资金跨境双向流动。

二是对标 CPTPP 规则修改完善金融领域法律法规。调整优化我国外资金融机构申请事项审批制度，将我国外资金融机构设立申请的批准时间从六个月统一缩短至 120 天，同时将外资银行机构筹建申请和开业申请合而为一，进一步提高审批效率。

三是提升金融业制度性开放水平。健全金融业制度规则体系，完善会计、税收、法律等配套制度，提升金融业制度性、系统性开放水平。深化境内外市场互联互通，促进国内外市场要素自由有序流动。健全金融风险防控体系，及时防范和化解跨境金融风险，守住不发生系统性金融风险的底线。

二、电信业

近年来，我国电信业对外开放以地区试点为主，在上海自由贸易试验区放松增值电信外资市场准入限制，积累了不少有益经验并在一定范围内加以推广，取得了较好成效。但从全国范围看，我国电信业对外开放水平仍有进一步提升的空间，特别是基础电信领域准入限制较为严格，增值电信领域也存在以安全为考虑的市场准入限制，外商投资电信企业与国内电信企业之间尚不能实现同等市场待遇。为了加入 CPTPP，我国电信业需要对标 CPTPP 规则进一步深化改革与扩大开放，营造内外资电信企业同等待遇的营商环境。

(一) CPTPP 关于电信业规则的主要内容及特征

CPTPP 电信部分包括 26 项条款和 2 项附录，除一般性的基本定义、条款适用范围、争端解决等条款外，还涉及电信业所特有的公共电信服务的接入和使用、国际移动漫游等方面。与金融服务业章节相类似，电信规则条款也可以划分为市场准入类条款、边境后条款和其他类条款（见表 5－3）。

表 5－3　CPTPP 电信章节主要分类情况

具体条款	市场准入类	边境后条款	其他条款	具体条款	市场准入类	边境后条款	其他条款
13.1　定义			✓	13.14　主要供应商拥有或控制电杆、管线、官网和路权的接入			✓
13.2　范围			✓	13.15　国际通信海缆系统			✓
13.3　监管方法		✓		13.16　独立监管机构和政府所有权		✓	
13.4　公共电信服务的接入和使用	✓	✓		13.17　普遍服务		✓	
13.5　公共电信服务供应商的义务		✓		13.18　许可程序	✓		
13.6　国际移动漫游			✓	13.19　稀缺资源的划分和使用		✓	
13.7　公共电信服务主要供应商给予的待遇		✓		13.20　执行		✓	
13.8　竞争保障		✓		13.21　电信争端的解决		✓	
13.9　转售		✓		13.22　透明度		✓	
13.10　主要供应商的网络元素非捆绑			✓	13.23　技术选择的灵活性			✓
13.11　与主要供应商的互联互通			✓	13.24　与其他章的关系			✓
13.12　主要供应商对专用线路服务的提供和定价			✓	13.25　与国际组织的关系			✓
13.13　主要供应商的共址服务			✓	13.26　电信委员会			✓

1. 市场准入领域

CPTPP 电信业条款中，市场准入类条款强调了三方面内容：一是每一缔约方应允许另一缔约方电信服务供应商在其领土内提供电信服务，如第 13. 4 条第 2 款规定，“每一缔约方应保证，允许另一缔约方的任何服务供应商通过专用或自有线路向单个或多个终端用户提供服务”，这一规定强调电信领域市场准入的无差别特征，即无论一缔约方电信服供应商规模大小如何、是否为国有企业，均可以在另一缔约方提供电信服务。二是允许各缔约方采取适当措施保障电信服务的可获得性、技术完整性、信息的安全和机密性，并能够有效保护个人数据隐私。如第 13. 4 条第 4 款规定，“一缔约方可采取必要措施，以保证信息的安全和机密性，并保护公共电信网络或服务的终端用户的个人数据隐私”，第 13. 5 条规定，“每一缔约方应保证不对公共电信网络和服务的接入和使用施加条件，但为下列目的所必需的条件除外：a. 保障公共线电信网络和服务的公共服务责任，特别是使其网络或服务可普遍获得的能力；b. 保护公共电信网络或服务的技术完整性”。三是要求各缔约方的管制措施不得限制电信服务供应商开展正常的贸易和服务业务。如第 13. 4 条第 4 款规定，“这些措施不以对服务贸易构成任意或不合理歧视或构成变相限制的方式实施”。

市场准入类条款对外资电信服务供应商本身没有提出需满足的条件，这在一定程度上降低了 CPTPP 电信业市场准入门槛，但在市场准入环节融入了安全和隐私保护等因素，体现出了电信业的特殊性，即在数字经济、数字贸易快速发展的背景下，数据安全的重要性越发突出，电信业作为数据传输的重要行业，需要允许各缔约方对外资进入本国市场提供电信服务进行适度管制，但一个随之而来的问题是，由于 CPTPP 各缔约方经济发展水平差异较大，电信行业在国家经济社会中的影响力也不同，各国在设立和执行管制政策时将出现管制程度不一致问题，甚至会产生以安全为由提高市场门槛、加大监管力度的现象，这也为缔约方之间产生争端埋下了隐患。

2. 边境后规则领域

CPTPP 电信章节中涉及边境后规则的条款多达 12 项，涉及监管、竞争保障、条款执行、争端解决、透明度等多个领域，贯穿其中的一条主线是保障外资电信服务供应商和外资企业在本国电信市场享有国民待遇，并能够无歧视地参与电信市场竞争。如第 13.7 条“公共电信服务主要供应商给予的待遇”要求，“每一缔约方应保证，其领土内的主要供应商给予另一缔约方公共电信服务供应商的待遇不得低于该主要供应商在相似情况下就下列方面给予其下属、关联或非关联服务供应商的待遇：a. 同类公共电信服务的可获得性、供应、费率或质量；b. 互联互通所必需的技术接口的可获得性”；第 13.8 条“竞争保障”第 1 款明确指出，“每一缔约方应维持适当措施，以防止单独或联合成为其领土内的一主要供应商的公共电信服务供应商从事或继续从事反竞争行为”等。

CPTPP 电信类条款的特征主要包括：一是开放标准高。CPTPP 电信条款市场准入部分规定，各缔约方除出于必要的安全考虑外，对外资电信企业进入本国市场开展电信服务不应设置准入门槛。二是市场准入的无差别性，即一缔约方电信市场的开放适用于其他缔约方各类电信服务供应商。三是强调内外资一致性，即电信业开放应秉持内外资一致原则，外资电信服务供应商与内资电信服务供应商在市场准入、监管、信息披露等方面应享有同等待遇。

（二）我国电信业现有规则与 CPTPP 存在的差异

目前，我国电信领域与外资准入和经营有关的法律法规主要包括《中华人民共和国电信条例》（2000 年 9 月 25 日中华人民共和国国务院令第 291 号公布，2016 年 2 月 6 日第二次修订）（以下简称《电信条例》）、《外商投资电信企业管理规定》（2001 年 12 月 11 日中华人民共和国国务院令第 333 号公布，2016 年 2 月 6 日第二次修订[①]）（以下简称《管理规定》）。《电信条例》共七章 80 条，涉及总则、电信市场、电信服务、电信建设、电信安全、法则等方面，《管理规定》共 23 条。总体而言，我国电信业现有规则与 CPTPP 条

① 注：如无特殊说明，下文所涉及《中华人民共和国电信条例》和《外商投资电信企业管理规定》均为最新修订版。

款的差异主要集中在市场准入方面，边境后规则方面两者对监管、国民待遇、透明度等主要领域均有涉及，但具体文本表述存在差异。

1. 与 CPTPP 条款相比，我国电信业外资市场准入限制相对较高

我国对外商投资者从事电信类业务设置了三类市场准入限制，一是经营形式的限制，《管理规定》明确提出，我国外商投资电信企业是“以中外合资经营形式，共同投资设立的经营电信业务的企业”，这意味着在一般意义上，我国目前尚不允许外商投资者以独资形式投资于我国的电信行业。二是注册资本的限制，我国针对外商投资电信企业经营业务地域范围、业务领域的差异提出了不同注册资本要求（见表 5 –4），与 CPTPP 相比，我国对外商投资电信企业注册资本的要求明显较高，这在一定程度上提高了外资进入我国电信行业的准入门槛。三是出资比例的限制，《管理规定》提出，外商投资者在基础电信企业中的出资比例最终不得超过 49%，在增值电信企业中的出资比例最终不得超过 50%，这一规定与前述外商投资者必须以中外合资形式在我国经营电信业务的要求具有内在一致性，但强调了中方投资者在外商投资电信企业中须占主导地位。近年来，我国稳步扩大对外开放，持续缩短外商投资准入负面清单，但在 2021 年全国版和自贸试验区版负面清单中，电信领域仍要求增值电信业务外资股比不超过 50%（电子商务、国内多方通信、存储转发类、呼叫中心除外），基础电信业务须由中方控股的条款，外商投资者出资比例仍没有突破 50% 的水平。①

表 5 –4　我国对外商投资电信企业注册资本的要求

经营范围	经营基础电信业务	经营增值电信业务
经营范围涉及全国或者跨省、自治区、直辖市	10 亿元人民币	1000 万元人民币
经营范围在省、自治区、直辖市范围之内	1 亿元人民币	100 万元人民币

数据来源：《外商投资电信企业管理规定》。

① 注：由于上海自由贸易试验区在增值电信业务领域扩大开放先行先试，并取得较大进展，故自贸试验区版负面清单有关电信公司部分提出，“上海自贸试验区原有区域（28.8 平方千米）试点政策推广至所有自贸试验区执行”。

2. 电信领域对外开放已有一定程度突破，但主要集中在增值电信领域

从我国电信领域对外开放政策实际看，上海自贸试验区率先出台了扩大增值电信业务对外开放的相关措施。2013 年末，上海自贸试验区明确提出要扩大信息传输、软件和信息技术服务业、互联网信息服务、数据处理、存储服务、呼叫中心等领域对外开放。2014 年 1 月，工信部和上海市人民政府联合发布《关于中国（上海）自由贸易试验区进一步对外开放增值电信业务的意见》，提出在七个增值电信领域进一步扩大对外开放试点，具体包括两个方面：一是在已对 WTO 承诺开放，外资股比不超过 50% 的信息服务业务、存储转发类业务、在线数据处理与交易处理业务三项业务的基础上，进一步试点开放这三项业务的外资股比，其中信息服务业务中的应用商店业务、存储转发类业务两项业务外资股比不设限制；在线数据处理与交易处理业务中的经营类电子商务业务外资股比放宽到 55%。二是新增试点开放呼叫中心业务、国内多方通信服务业务、为上网用户提供的因特网接入服务业务、国内互联网虚拟专用网业务四项业务，其中前三项业务外资股比不设限制，国内互联网虚拟专用网业务外资股比不超过 50%。

上海自贸试验区电信业扩大开放先行先试使我国外商投资电信企业数量显著增加。中国信息通信研究院数据显示，截至 2020 年 6 月底，我国获批的外商投资电信企业共 266 家，其中工信部颁发许可证 213 家，上海市通信管理局批复 53 家（位于上海自贸区内）。266 家外商投资电信企业中，外资投入比重超过 50% 的企业有 95 家，占比约 35.7%，外资持股比例在 10% ~50% 的企业有 115 家，占比约 43%。外商投资电信企业广泛分布于在线数据处理与交易处理业务、信息服务业、国内呼叫中心业务等领域（见表 5 -5）。

表 5 -5　外商投资电信企业业务种类分布情况

业务种类	工信部许可	自贸区批复	合计
在线数据处理与交易处理业务	131	38	169
信息服务业务（仅限互联网信息服务）	105	12	117
信息服务业务（不含互联网信息服务）	14	1	15
国内呼叫中心业务	21	7	28

续表

业务种类	工信部许可	自贸区批复	合计
互联网接入服务业务	16	1	17
互联网数据中心业务	16	0	16
国内互联网虚拟专用网业务	10	1	11
国内多方通信服务业务	7	1	8
内容分发网络业务	3	0	3
通过转售方式提供的蜂窝移动通信业务	1	0	1
业务许可合计	324	61	385
经营者合计	213	53	266

数据来源：中国信通院《外商投资电信企业发展态势》（2020 年 6 月）。

3. 边境后规则方面，我国现有法律法规与 CPTPP 条款差异不大，但部分领域存在较多市场准入限制

CPTPP 边境后规则所涉及的监管、竞争保障、争端解决、透明度等领域，在《电信条例》中均得到体现。以保障市场经营秩序为例，《电信条例》第四十一条明确规定“电信业务经营者在电信业务活动中，不得以任何方式限制电信用户选择其他电信业务经营者依法开办的电信服务，不得对其经营的不同业务进行不合理的交叉补贴，不得以排挤竞争对手为目的，低于成本提供电信业务或者服务，进行不正当竞争”，CPTPP 电信章节第 13. 8 条“竞争保障”要求，“每一缔约方应维持适当措施，以防止单独或联合成为其领土内的一主要供应商的公共电信服务供应商从事或继续从事反竞争行为”，并明确“反竞争行为”特别包括：从事反竞争性交叉补贴，使用从竞争对手获得的信息产生反竞争结果，以及未及时使公共电信服务供应商获得其提供服务所必需的基本设施技术信息和相关商业信息。实际上，我国增值电信领域对外商投资企业仍然存在较多准入限制。例如在视频播放领域，目前外资视频企业无法直接播出其自有视频，需要将视频内容出售给国内视频播放企业，由国内视频企业进行播出。

（三）电信业对标 CPTPP 规则进行规则调整与深化改革的建议

1. 对标 CPTPP 条款加快修订电信业法规条例

一是修改《管理规定》第二条有关外商投资电信企业的相关内容，取消

外商投资电信企业必须由中外合资经营的限制条件。二是修改《管理规定》第五条外商投资电信企业注册资本相关规定，取消注册资本最低限额要求。三是修改《管理规定》第六条外方投资者出资比例相关规定，取消增值电信业务外资比例不超过 50% 和基础电信业务外资比例不超过 49% 的要求。

2. 缩减修改负面清单中的电信公司条款

一是取消全国版和自贸试验区版负面清单中关于增值电信业务外资股比不超过 50% 的限制条款。二是考虑删除自贸试验区版负面清单中提出的“上海自贸试验区原有区域（28.8 平方千米）试点政策推广至所有自贸试验区”的内容。三是适度放松负面清单中基础电信业务须由中方控股的条件。

3. 加快电信领域改革开放步伐，取消增值电信领域市场准入限制

一是加快将上海自由贸易试验区电信业扩大开放取得的有益经验复制推广至全国其他自由贸易试验区，从整体上提升我国电信业开放水平。二是取消增值电信领域市场准入限制，进一步扩大数据中心、云服务等领域开放范围，同时完善事中事后监管，保障内外资电信企业享受同等待遇。三是考虑在海南自贸港探索适度放宽基础电信业务外商投资者市场准入限制。

三、交通运输业

近年来我国交通运输业对外开放水平不断提高，负面清单持续缩减，特别是航空领域除负面清单之外的管制法律法规已被取消。CPTPP 没有关于交通运输领域市场准入和边境后规则等内容的独立章节，相关内容被融入第 10 章“跨境服务贸易”中，因此对交通运输行业扩大对外开放和完善边境后规则的研究主要基于这一章节相关条款。

（一）CPTPP 关于交通运输业规则的主要内容

CPTPP 跨境服务贸易条款包括 13 项具体条款和 3 项附录，主要包括定义、适用范围、市场准入、国民待遇、最惠国待遇、当地存在等内容。同样，跨境服务贸易类条款也可以按照市场准入、边境后条款以及其他类条款进行划分（见表 5 - 6）。

表 5 - 6　CPTPP 跨境服务贸易章节条款分类情况

具体条款	市场准入类	边境后条款	其他条款	具体条款	市场准入类	边境后条款	其他条款
10.1　定义			✓	10.8　国内规制		✓	
10.2　范围	✓		✓	10.9　承认		✓	
10.3　国民待遇		✓		10.10　拒绝给予利益			✓
10.4　最惠国待遇		✓		10.11　透明度		✓	
10.5　市场准入	✓			10.12　支付和转移		✓	
10.6　当地存在	✓			10.13　其他事项			✓
10.7　不符措施			✓				

1. 市场准入领域

跨境服务贸易章节第 10.5 条“市场准入”条款从两个方面对各缔约方政府进行了约束，一是要求每一缔约方不得以各种经济原因限制其他缔约方服务提供者在本国提供服务的数量，具体包括：（1）不得以数量配额、垄断、专营服务提供者的形式和经济需求测试要求的形式，限制服务提供者的数量；（2）不得以数量配额或经济需求测试要求的形式，限制服务交易或资产总值；（3）不得以配额或经济需求测试要求的形式，限制服务业务总数或以指定数量单位表示的服务产出总量；（4）以数量配额或经济需求测试要求的形式，限制特定服务部门或服务提供者可雇用的、提供具体服务所必需且直接相关的自然人总数。二是要求各缔约方不得限制或要求服务提供者通过特定类型法律实体或合营企业提供服务，这一点强调外商投资者可以自主选择以独资或合资形式提供服务。

第 10.6 条“当地存在”条款规定，“任何缔约方不得要求另一缔约方的服务提供者在其领土内设立或维持代表处或任何形式的企业或成为居民，作为跨境提供服务的条件”，这一条款强调，一缔约方不得将设立代表处、设立企业或成为该缔约方居民作为服务提供者在本国开展业务的前提条件，这可视为市场准入的补充条件。

第 10.2 条“范围”第 5 款专门提出，本章在航空领域所适用的具体范围，包括航空器退出服务期间的修理和保养服务、空运服务的销售和营销、计算机订座系统服务、专业航空服务、机场运营服务以及地面服务 6 个方面。

2. 边境后规则领域

CPTPP 跨境服务贸易章节边境后规则条款强调为外资企业在本国提供服务营造公平、公正、公开的市场环境，突出了“国民待遇”“最惠国待遇”和“透明度”条款的重要性。如第 10.3 条“国民待遇”条款明确要求，“每一缔约方给予另一缔约方的服务和服务提供者的待遇不得低于其在相似情况下给予本国服务和服务提供者的待遇”。第 10.8 条“国内规制”条款对各缔约方政府就外资企业在本国提供跨境服务贸易所采取的规制措施进行了规定，贯穿其中的基本原则是：每一缔约方对跨境服务贸易所采取的规制措施不能削弱跨境服务贸易提供者的公平市场地位。如第 10.8 条第 2 款要求，“为保证与资格要求和程序、技术标准和许可要求相关的措施不构成不必要的服务贸易壁垒，同时承认监管的权利，及为实现政策目标而在服务提供方面制定新法规的权利，每一缔约方应努力保证其采取或维持的任何此类措施：(a) 根据客观和透明的标准，例如提供服务的能力和资格；(b) 如为许可程序，则此类程序本身不成为对服务提供的限制”。

(二) 现有规则与 CPTPP 差异集中在外资企业股比限制方面

1. 我国交通运输业市场准入总体已基本放开

近年来，我国交通运输业对外商投资者市场准入逐步放宽。2018 年版《外商投资准入特别管理措施（负面清单）》取消了我国铁路行业外资准入限制，包括取消铁路干线路网的建设、经营必须由中方控股的限制，同时也已取消铁路旅客运输公司必须由中方控股的限制。2021 年，全国版和自贸试验区版负面清单中已经不再涉及铁路运输领域，这表明我国铁路行业外资准入已放开。

航空领域，2002年8月1日正式实施的《外商投资民用航空业规定》对外商投资我国民航业范围、投资方式、投资比例、经营活动以及审批程序等作出具体规定，此后陆续发布6项补充规定。2020年1月1日《中华人民共和国外商投资法》（以下简称《外商投资法》）正式实施后，我国对外商投资负面清单以外的领域按照内外资一致原则进行管理。由于2020年新版外商投资准入负面清单中涉及民航领域的主要有公共航空运输、通用航空和民用机场，民航局在清理现有与《外商投资法》不相符的法规、规章和规范性文件后，经国务院批准，2021年1月《外商投资民用航空业规定》及其6个补充规定正式废止，并明确民航领域外资准入将根据2020年版外资准入负面清单及后续修订版本执行，这意味着今后我国民航领域外资准入将依据外资准入负面清单进行实施。

水上运输领域，2018年版负面清单完全取消了国际海上运输和国际船舶代理两项业务的外资准入限制，2020年版负面清单进一步取消了国内船舶代理必须中方控股的限制，市场准入领域进一步扩大。

2. 部分领域外资准入的股比限制与CPTPP条款差异较大

我国交通运输领域目前对外商投资准入的限制主要集中在股比方面，2021年全国版负面清单规定：（1）国内水上运输公司须由中方控股；（2）公共航空公司须由中方控股，且一家外商及其关联企业投资比例不得超过25%，法定代表人须由中国籍公民担任。通用航空公司的法定代表人须由中国籍公民担任，其中农、林、渔业通用航空公司限于合资，其他通用航空公司限于中方控股；（3）民用机场的建设、经营须由中方相对控股。外方不得参与建设、运营机场塔台。2021年，自贸试验区版负面清单对交通运输领域提出了一些附加条件，但在外商投资企业股比方面与全国版负面清单保持一致。

（三）交通运输业对标CPTPP规则深化改革的建议

1. 对标CPTPP规则修订完善负面清单所涉及的交通运输业条款

一是调整负面清单中国内水上运输、公共航空、民用机场建设与经营等条款，调整对外商投资企业设置 25% 股比的限制以及必须中方控股的要求；二是取消负面清单中公共航空公司和通用航空公司法定代表人必须由中国籍公民担任的要求，采取面向全球招聘优秀经营管理者的方式，引进国际一流航空人才。

2. 完善航空领域制度性开放

进一步扩大航空领域对外开放，对标中欧全面投资协定（CAI）中有关航空运输服务条款，推进电子订票系统、地勤以及销售和营销服务等重点领域对外开放，鼓励和引导外资、民营资本加大对民航设备设计、制造、维修等领域投资。持续完善外商投资民航业政策法规体系，不断提升外商投资民航业便利化水平，深入推进国内国际航空业融合发展。建立健全民航业事中事后监管制度体系。

3. 加快推进水上运输领域对外开放

以海南自由贸易港建设为契机，推动国际船舶在海南开展沿海水域水路运输业务和水上施工作业，在总结成效与教训两方面经验的基础上稳步推广至沿海其他省份。鼓励并吸引国际一流航运企业在海南和其他沿海地区设立区域营运中心，探索国际船检机构在我国开展国际船舶法定检验和入级检验业务，扩大船舶登记信息公开范围，实施船舶登记业务网上办理，探索形成高效、便捷、优质的船旗国特殊监管模式。

执笔人：谈　俊

专题六　我国教育、文化和医疗服务贸易对接 CPTPP 规则的改革举措研究

通过对接国际服务贸易规则，倒逼国内体制机制改革，进一步实现自主性开放，是我国服务业对外开放的重要路径。加入 WTO 以来，我国教育、文化、医疗服务领域围绕对《服务贸易总协定》（GATS）的承诺逐渐开放。2020 年我国加入 RCEP，并完成《中欧全面投资协定》（CAI）谈判，上述两个协定在 GATS 基础上部分领域开放力度有所扩大，代表了我国在服务贸易领域的最高承诺开放水平。本部分按照 GATS 划分的四种服务贸易方式，以 RCEP 和 CAI 中我国对教育、文化①和医疗服务的减让承诺（附录6－1）以及在上述三个领域的自主性开放进展作为对标基础，分析我国目前开放水平与 CPTPP 服务贸易规则的差距，提出对接 CPTPP 规则进一步开放的建议。

一、CPTPP 关于教育、文化和医疗服务贸易的文本分析

CPTPP 中关于教育、文化和医疗服务贸易的条款分布于不同章节。第 10 章跨境服务贸易条款一揽子适用于跨境交付、境外消费、自然人移动三种服务贸易形式②，同时，第 10.5 条（市场准入）、第 10.8 条（国内规制）和第 10.11 条（透明度）也适用于一缔约方采取或维持的、影响其领土内通过涵

① 根据《国民经济行业分类 2019》，本文涉及的文化服务包括：（1）新闻业和出版业（图书出版、报纸出版、期刊出版、音像制品出版、电子出版物出版和其他出版业）；（2）广播、电视、电影和影视录音制作业（广播、电视、电影和影视节目制作、电影和影视节目发行、电影放映、录音制作）；（3）文化艺术业（文艺创作与表演、艺术表演场馆、图书馆与档案馆、文物及非物质文化遗传保护、博物馆、烈士陵园和纪念馆、群众文化活动、其他文化艺术业）。

② 如无特殊说明，文中所称跨境服务贸易即指这三类服务贸易形式。

盖投资提供服务的措施。按照第 9.2 条（范围）界定的范围，第 9 章投资条款适用于商业存在形式的服务贸易。

概括起来，CPTPP 中关于服务贸易的核心条款可以分为市场准入条款、准入后条款和其他条款三类（见表 6－1）。

表 6－1　CPTPP 服务贸易相关条款分类

第 10 章跨境服务贸易	准入条款	准入后条款	其他条款	第 9 章投资	准入条款	准入后条款	其他条款
10.1　定义			✓	9.1　定义			✓
10.2　范围			✓	9.2　范围			✓
10.3　国民待遇	✓	✓		9.3　与其他章的关系			✓
10.4　最惠国待遇	✓	✓		9.4　国民待遇	✓	✓	
10.5　市场准入	✓			9.5　最惠国待遇	✓	✓	
10.6　当地存在	✓			9.6　最低标准待遇		✓	
10.7　不符措施			✓	9.7　武装冲突或内乱情况下的待遇		✓	
10.8　国内规制		✓		9.8　征收和补偿		✓	
10.9　承认		✓		9.9　转移		✓	
10.10　拒绝给予利益			✓	9.10　业绩要求	✓	✓	
10.11　透明度		✓		9.11　高级管理人员和董事会	✓		
10.12　支付和转移		✓		9.12　不符措施			
10.13　其他事项			✓	9.13　代位		✓	
				9.14　特殊手续和信息要求		✓	
				9.15　拒绝给予利益			✓
				9.16　投资与环境、卫生和其他监管目标		✓	
				9.17　企业社会责任		✓	
				B 节－国家间争端解决			✓

资料来源：根据 CPTPP 文本整理。

（一）市场准入规则主要特征

CPTPP 对缔约方服务提供者的准入规则有如下几方面突出特征。

一是要求普遍取消对其他缔约方服务提供者进入其市场的服务提供数量和提供形式限制。第 10.5 条（市场准入）a 项要求，不得以任何形式限制服务提供者的数量，服务业务总数或服务产出总量，特定服务部门或服务提供者可雇用的、提供具体服务所必需且直接相关的自然人总数。第 10.6 条（当地存在）规定，不得要求服务提供者以设立或维持代表处或任何形式的企业或成为居民作为跨境提供服务的条件，赋予跨境服务提供者完全市场准入自由。

二是要求取消对商业存在所有权、高管和董事会成员的限制。第 10.5 条（市场准入）b 项规定，不得限制或要求服务提供者通过特定类型法律实体或合营企业提供服务。第 9.11 条（高级管理人员和董事会）规定，各缔约方不得要求外商投资企业高管的国籍，但在不实质损害投资者对其投资控制能力的前提下可以要求企业董事会或任何委员会大部分成员具有特定国籍或是该缔约方的居民。在刚性规则中加入一定弹性，给予缔约方适度自由量裁权，以调和不同经济发展程度成员的利益诉求。这意味着缔约方应最大限度取消对外资在所有权、股本和分支机构扩张、人员安排等方面的限制，赋予外资自由进入市场和安排企业经营方式的权利。

三是完全以负面清单方式列示不符措施和保留权利。一般我国加入的多边贸易条约都是以正面清单形式对服务贸易领域开放进行具体减让承诺，2020 年我国加入 RCEP 也以实行 6 年正面清单后转为负面清单作为过渡。CPTPP 要求缔约方以完全负面清单方式对相关部门开放作出具体承诺。各缔约方必须在附件Ⅰ、附件Ⅱ列示负面清单和保留权利的基础上全盘接受规则，市场对来自 CPTPP 缔约方的服务供应商完全开放。承诺开放水平极大增加，是目前服务贸易领域开放程度最高的多边协定。

（二）准入后规则主要特征

准入后条款即边境内条款。与准入规则相比，CPTPP 更加强调边境内规则，通过缔约方国内政策的配合和协调延伸，以国民待遇和最惠国待遇为基准，为另一方服务、服务提供者和投资创造公平竞争环境和稳定发展预期。CPTPP 有关服务贸易的边境内规则有如下几方面特征。

一是覆盖面广。从数量上看，服务贸易边境内措施显著多于准入措施。关于跨境服务贸易的规则主要涉及与贸易便利化相关的国内规制、承认、透明度及支付和转移等条款。第 10.8 条（国内规制）要求，一缔约方在服务和服务提供者的资格要求和程序、技术标准、许可要求和程序的实施中应保证合理、客观、公正，避免对另一缔约方服务提供的限制；第 10.9 条（承认）要求，一缔约方对服务提供者在另一缔约方领土内或一非缔约方领土内获得的学历、经历和职业资格等以自主、协调或其他方式予以承认；第 10.11 条（透明度）要求，缔约方保证所采取国内措施的透明度；第 10.12 条（支付和转移）要求，缔约方保证与服务贸易相关的资金款项可自由转移和支付，如时间上不可延迟和以市场汇率结算等。进一步，第 11.6 条（跨境贸易）规定，在跨境贸易中应允许国民自由选择另一缔约方金融服务提供者的金融服务。关于商业存在的规则，主要涉及投资便利化和投资保护条款。具体包括为外商投资企业在一缔约方内的管理、运营、出售和其他处理行为提供安全、公平和自由环境的最低标准待遇条款，武装冲突和内乱下的待遇条款，征用和补偿条款，转移条款，代位条款，为缔约方政府制定政策留出空间的特殊手续和信息要求条款，投资和环境、健康和其他管制目的条款，以及鼓励外商投资企业承担更多社会责任的企业社会责任条款等。不难看出，CPTPP 为缔约方设置的边境内纪律涵盖了经济因素和众多非经济因素。缔约方不仅要受贸易规则的约束，还将受到法律法规、生态环境、商业模式要求等多方约束。这些内容在本报告投资一章中有专门分析，本章不赘述。

二是规则措施的可操作性强。与其他贸易协定对规则措施仅作原则性约束不同，CPTPP 的措施体现了更强的可操作性。以第 10.8 条（国内规则）为例，第 4 款对于一缔约方批准另一缔约方提供服务的主管部门提出了 6 条具体要求，涉及审理期限、受理时间表、及时传达拒绝理由、公开申请状态、提供修正申请的机会、在适当情况下以文件副本代替正本等。第 6 款要求缔约方就另一缔约方服务提供者的许可资格考试安排合理间隔及合理提交申请期限。第 7 款要求每一缔约方应设立评估另一缔约方专业人员能力的程序。第 10.9 条（承认）要求一缔约方对另一缔约方服务提供者的教育或经历、满足的要求、或授予的许可或证明以自主、协调或其他方式实现互认。第 10.11 条（透明度）要求缔约方以机制性安排回应利害关系人投资方面的法律法规关切。第 9 章投资 B 节有关争端解决的规则达 13 条，涵盖了从磋商到文件送达所有操作细节。

三是保证开放程度“只进不退”。第 9.12 条（不符措施）第 1 款（c）和第 10.7 条第 1 款（c）中约束了缔约方对负面清单的滥用，要求缔约方的不符措施在未来不得收紧，只能对其修订更加宽松，即遵循棘轮机制，以保证各缔约方的开放程度不会出现倒退。这一规则设置有利于激励缔约方更高水平的自主性开放。

二、教育服务领域开放与 CPTPP 规则对标

与 CPTPP 规则相比，我国在教育服务领域差距主要体现在市场准入、学历学位互认和对境外消费外汇管制三方面。

（一）对外资举办教育机构市场准入限制程度高

按照我国在 RCEP 中所作承诺，国家义务教育（小学、初中）和特殊教育服务（军事、警察、政治和党校）作为保留权利领域被排除在减让承诺列表之外。其他领域允许外商投资教育机构并持有多数股权，但不承诺国民待遇。

目前，我国与外资举办教育机构相关的法律法规和政策文件主要包括：《中华人民共和国民办教育促进法》（2016 年修订）、《中外合作办学条例》《中华人民共和国中外合作办学条例实施办法》《中外合作职业技能培训办学管理办法》（2015 年修订）、《鼓励外商投资产业指导目录（2019 年版）》《外商投资准入特别管理措施（负面清单）（2021 年版）》和《自由贸易试验区外

商投资准入特别管理措施（负面清单）（2021 年版）》。详细内容见表 6－2。

与 CPTPP 相关规则相比，我国现行的各种法律法规及政策外资进入教育服务领域的市场准入施加了更高的约束条件。如必须采取中外合作形式，并施以对企业分支机构扩张、办学主导权、高管等方面限制。具体规定如下：

1.《中华人民共和国中外合作办学条例实施办法》规定：中外合作办学机构不得设立分支机构，不得举办其他中外合作办学机构，同时，理事会、董事会或者联合管理委员会的中方组成人员不得少于 1/2；2.《中外合作职业技能培训办学管理办法（2015 修订）》规定：外国教育机构、其他组织或者个人不得在中国境内单独设立以中国公民为主要招生对象的职业技能培训机构；3.《外商投资准入特别管理措施（负面清单）（2021 年版）》规定：学前、普通高中和高等教育机构限于中外合作办学，须由中方主导。

需要指出的另一点是，我国对外资举办教育机构的某些政策调整与 CPTPP 的棘轮机制有所冲突。以高等教育领域为例，2003 年颁布的《中外合作办学条例》[①] 明确表示国家鼓励高等教育中外合作办学。2015 年以后出台的《鼓励外商投资产业指导目录》中高等教育已经不属于鼓励类投资项目，被列入限制类，这一政策导向延续至今，政策预期不稳是影响外资进入教育服务领域的一大障碍。

表 6－2　我国对教育领域外商投资的法律法规及政策要义

序号	法律法规及政策文件	政策要义
1	《中华人民共和国民办教育促进法》	境外的组织和个人在中国境内合作办学的办法，由国务院规定。
2	《中外合作办学条例》 《中华人民共和国中外合作办学条例实施办法》	（1）国家鼓励在高等教育、职业教育领域开展中外合作办学；（2）不得举办实施义务教育和实施军事、警察、政治等特殊性质教育的机构；（3）外国宗教组织、宗教机构、宗教院校和宗教教职人员不得在中国境内从事合作办学活动，不得进行宗教教育和开展宗教活动；（4）理事会、董事会或者联合管理委员会的中方组成人员不得少于二分之一；（5）中外合作办学机构不得设立分支机构，不得举办其他中外合作办学机构。

① 该条例于 2013 年进行修订。

续表

序号	法律法规及政策文件	政策要义
3	《中外合作职业技能培训办学管理办法（2015 年修订）》	遵照《中外合作办学条例》执行。外国教育机构、其他组织或者个人不得在中国境内单独设立以中国公民为主要招生对象的职业技能培训机构。
4	《鼓励外商投资产业指导目录（2019 年版）》	鼓励投资非学制类职业培训机构。
5	《外商投资准入特别管理措施（负面清单）（2021 年版）》	（1）学前、普通高中和高等教育机构限于中外合作办学，须由中方主导；（2）禁止投资义务教育机构、宗教教育机构。
6	《自由贸易试验区外商投资准入特别管理措施（负面清单）（2021 年版）》	（1）学前、普通高中和高等教育机构限于中外合作办学，须由中方主导；（2）禁止投资义务教育机构、宗教教育机构。

资料来源：根据公开资料整理。

（二）学历学位互认范围有待扩大

目前，与我国进行高等教育学历学位互认的国家共 54 个，以发展中国家为主，与美国还没有实现互认，CPTPP 缔约方未包括日本、新加坡、智利和文莱。对学历型远程跨境教育不予承认，2018 年 1 月，教育部发布了《教育部留学服务中心国（境）外学历学位认证评估办法》，办法中将“跨境远程国（境）外学历学位证书和高等教育文凭”列入七种不予认证学历学位的情况之一。这意味着通过跨境远程教育方式获得的国外学历学位证书，目前在我国无法进行教育资格互认，也无法在国内作为接受下一阶段教育的有效证明，在国内就业市场上也不被认可。目前，我国在此领域未签署过任何国际公约和政府间双边协定，迄今也未制定相关法律法规，处于法律空白阶段。

（三）对境外消费资金转移实施严格限制

CPTPP 第 10. 12 条（支付和转移）规定，“每一缔约方应允许所有与跨境服务提供相关的转移和支付自由进出其领土且无迟延”，这与我国目前对跨境资金流动实行的外汇管制措施存在不相适应之处。2017 年 7 月中央银行实施

《金融机构大额交易和可疑交易报告管理办法》，从换汇目的、换汇人员关系、换汇和转款环节金额等方面进行严格审查和控制。《管理办法》规定，将大额现金交易的人民币报告标准由 20 万元下调至 5 万元。金融机构对当日单笔或者累计交易人民币 5 万元及以上、外币等值 1 万美元及以上的各种现金收支，应报送大额交易报告，且逐笔调查购汇用途。中国居民每人每年对外汇款额度为 5 万美元。如果留学学费或生活费超过 5 万美元，需提供境外学校录取书、相应年度或学期的学费或生活费证明等文件。

（四）教育服务领域对标 CPTPP 规则进一步开放的建议

国内优质教育资源供需失衡严重，远远滞后于国民日益增长的对高质量教育服务的需求。引进境外优质教育资源供给是调剂国内教育市场，提升国内整体教育教学水平和管理水平的重要方式。对标 CPTPP 规则，可以从以下几方面提升教育开放水平。

第一，进一步取消外资举办教育机构的准入限制。外资对提高我国教育水平助益很大。以“双一流”建设高校为例，开设中外合作办学最多的前 5 个学科分别是工学、经济学、管理学、理学和医学，为我国经济社会发展输送了一批高素质国际化创造性人才。[①] 同时，国内对国际教育需求旺盛。2019 年，我国出国留学人数超过 70 万人，同期中外合作办学机构和项目招生约 15 万人，放开市场准入将会引导部分需求回流，并进一步提高我国教育的国际化程度。这也是我国高水平对外开放的客观要求。从各国实践看，在 CPTPP 各缔约方的不符措施与权利保留条款中，对教育领域外资准入有完全禁止和完全准入两类，已经获得准入的领域基本不再对企业类型、具体经营管理活动进行限制，我国可参照放开。对与意识形态有关的义务教育和宗教教育作为保留领域禁止外资进入，其他领域可逐步完全放开。路径上可以先从自贸区、海南自贸港等开放平台开始，按照承压能力分三步走，为我国加入 CPT-

① 中国教育在线，《“双一流”建设高校本科阶段中外合作办学数据调查报告》，2020 年 7 月 14 日，https：//www. eol. cn/e_coop/gol/html/report2020/content. shtml。

PP 进行充分的压力测试。第一步，放开港资和澳资在大湾区内地办学自主权。第二步，允许外商独资举办非学历型教育机构并允许经营状况良好的外资教育机构设立分支机构。第三步，参照民办学校相关规定放开学前、普通高中和高等教育领域。在分阶段放开准入的同时必须保证政策实施细则细致周全，尽量避免政策反复增加改革试验成本。需要关注的是学前和普通高中教育。学前和普通高中教育并未纳入国家义务教育范围，这两个领域对外资的开放规则与高等教育相同。基础教育对国家发展具有全局性、基础性和先导性作用，这两个领域的对外开放应秉持谨慎和适度原则，严格执行对机构设立和项目审批制，并将课程体系和外籍教师作为监管重点。

第二，扩大高等教育学历学位互认，畅通与国外先进教育国家的跨境远程教育合作渠道。继续推动与其他国家和地区的高等教育学历学位互认，特别是加强与美国、日本、新加坡及欧盟部分未互认国家间的合作。跨境远程教育是国际教育的重要发展趋势，在这方面，我国与发达国家和地区尚存较大差距，在多边协定中未作承诺。我国应积极参与跨境远程教育的国际和地区合作，在资格标准与认证条件上与国际接轨。吸收国外先进经验，填补我国跨境远程教育在质量保障、监管、学历认证等方面的法律法规空白。

三、文化服务领域开放与 CPTPP 规则对标

文化服务范围较广，包括新闻出版、广播电影电视和文化艺术等领域。由于涉及国家文化安全和意识形态等核心敏感问题，我国对此领域开放十分谨慎，无论从已做的减让承诺还是国内开放进展看，都是我国开放限度最低的服务业领域之一。

（一）多边承诺

我国在 RCEP 中仅对部分视听服务领域（录像分销服务，包括娱乐软件及录音制品分销服务；电影院服务）做出减让承诺，与加入 GATS 时的承诺相比，并没有进一步放开，其他领域开放均未涉及。

1. 录像分销服务的减让承诺

对跨境交付和境外消费均市场准入未做限制。商业存在方面，允许外国服务提供者与中国合作伙伴设立中外合资企业，从事音像制品（电影除外）发行业务。自然人移动方面，允许我国领土内已设代表处、分公司或子公司的一缔约方公司的经理、高级管理人员和专家等高级雇员，及外商投资企业雇用从事商业活动的一缔约方经理、高级管理人员和专家等高级雇员入境和临时居留，其他不作承诺。同时我国对进口电影采取配额限制，允许以分账形式进口电影用于影院放映，进口数量为每年 20 部。

2. 电影院服务领域的减让承诺

对跨境交付和境外消费市场准入未作限制。商业存在方面，允许外国服务提供者建设和改造电影院，但对外资股比进行多数股权限制，规定外资占比不超过 49%。自然人移动方面与录像分销服务规定相同。在此领域，我国仅承诺对外国投资者给予最惠国待遇，并将进一步自由化。

同时，对于给予国内视听服务部门服务提供者的所有现有补贴不作承诺，这意味着我国对该领域的外国服务提供者不承诺国民待遇。

（二）国内开放进展

从国内实践看，我国对文化服务领域采取了逐步有限度开放的方式，对外资市场准入和国内规制把控十分严格。与 CPTPP 规则对标的主要差距有禁止准入、股比限制、国内规制等方面。

1. 禁止部门数量多

由于涉及国家文化安全，我国一直高度限制文化服务业外资准入。从国内实践看，文化内容及提供载体是准入限制的重点领域。以开放程度最高的《自由贸易试验区外商投资准入特别管理措施（负面清单）（2021 年版）》为例，在 27 项特别管理措施中，与文化相关的有 7 项，是所有服务业部门中限制程度最高的。禁止投资的领域包括外资投资新闻机构，出版物内容编辑、出版和制作业务，各类广播电视媒体、对境外卫星频道落地实行审批制度，广播电视节目制作经营（含引进业务）公司，电影制作公司、发行公司、院线公司以及电影引进业务，文物拍卖公司、文物商店和国有文物博物馆（见表6－3）。

表6－3　我国对外资准入限制的文化服务领域

1	禁止投资新闻机构（包括但不限于通讯社）（外国新闻机构在中国境内设立常驻新闻机构、向中国派遣常驻记者，须经中国政府批准。外国通讯社在中国境内提供新闻的服务业务须由中国政府审批。中外新闻机构业务合作，须中方主导，且须经中国政府批准）
2	禁止投资图书、报纸、期刊、音像制品和电子出版物的编辑、出版、制作业务（经中国政府批准，在确保合作中方的经营主导权和内容终审权并遵守中国政府批复的其他条件下，中外出版单位可进行新闻出版中外合作出版项目。未经中国政府批准，禁止在中国境内提供金融信息服务）
3	禁止投资各级广播电台（站）、电视台（站）、广播电视频道（率）、广播电视传输覆盖网（发射台、转播台、广播电视卫星、卫星上行站、卫星收转站、微波站、监测台及有线广播电视传输覆盖网等），禁止从事广播电视视频点播业务和卫星电视广播地面接收设施安装服务（对境外卫星频道落地实行审批制度）
4	禁止投资广播电视节目制作经营（含引进业务）公司（引进境外影视剧和以卫星传送方式引进其他境外电视节目由广电总局指定的单位申报）。对中外合作制作电视剧（含电视动画片）实行许可制度
5	禁止投资电影制作公司、发行公司、院线公司以及电影引进业务（经批准，允许中外企业合作摄制电影）
6	禁止投资文物拍卖的拍卖公司、文物商店和国有文物博物馆
7	文艺表演团体须由中方控股

资料来源：《自由贸易试验区外商投资准入特别管理措施（负面清单）（2021年版）》。

2. 对已放开领域保留严格准入门槛

在电影院服务等已对外资放开领域仍然设置了不同的准入门槛。《外商投资电影院暂行规定》（2015 年修订）规定，外商投资电影院服务准入条件为仅限合资合作，中方投资比例不低于 51%；全国试点城市（北京、上海、广州、成都、西安、武汉、南京）外方投资比例不超过 75%；合资、合作期限不超过 30 年。

3. 对涉外文化服务业务进口审批严格

国内规制方面，在我国目前保留的 500 项行政审批事项中，涉及文化服务贸易类 15 项，包括内容审查、业务审查和机构审批等。内容审查，如进口互联网文化产品内容审查、出版境外著作权人授权的电子出版物（含互联网游戏作品）等。业务审查，如美术品进出口经营活动、进口电子出版物制成品、境外卫星电视频道落地、外国通讯社及其所属信息机构在中国境内开展经济信息业务等。机构审批，如境外广播电影电视机构在华设立办事机构、境外新闻出版机构在境内设立办事机构等（见表 6 – 4）。

表 6 – 4　我国保留的涉外文化服务业务审批事项

序号	项目名称	实施单位
1	互联网文化单位进口互联网文化产品内容审查	文化部
2	美术品进出口经营活动审批	文化部
3	境外广播电影电视机构在华设立办事机构审批	广电总局 国务院新闻办
4	影视节目制作机构与外方合作制作电视剧审批	广电总局
5	境外卫星电视频道落地审批	广电总局
6	新闻出版中外合作项目审批	新闻出版总署
7	著作权涉外机构、国（境）外著作权认证机关、外国和国际著作权组织在华设立代表机构审批	国家版权局
8	电子出版物制作单位接受境外委托制作电子出版物审批	省级人民政府出版行政主管部门
9	出版境外著作权人授权的电子出版物（含互联网游戏作品）审批	新闻出版总署
10	电子出版物出版单位与境外机构合作出版电子出版物审批	新闻出版总署
11	电子出版物进口单位进口电子出版物制成品审批	新闻出版总署
12	境外新闻出版机构在境内设立办事机构审批	新闻出版总署 国务院新闻办
13	港澳记者来内地采访审批	国务院港澳办
14	外国通讯社及其所属信息机构在中国境内开展经济信息业务审批	新华社
15	外国通讯社在中国境内发布新闻信息业务的审批	新华社

资料来源：《国务院对确需保留的行政审批项目设定行政许可的决定》（国务院令第 412 号）。

（三）文化服务领域对标 CPTPP 规则进一步开放的建议

我国文化服务业发展处于初级阶段，不能照搬发达国家的做法自由开放。同时，文化关系到国家安全，在某些关键和敏感领域仍需要适度保护。由于开放程度低，准入限制多，贸易投资自由化和便利化程度低，我国文化服务领域对接 CPTPP 规则难点较突出。在 CPTPP 规则框架下，参照其他缔约方做法，可采取例外加有限准入的做法，具体来说，即守住开放底线，采取分类有限扩大准入的方式，逐步推进文化服务领域开放。对于已经开放领域则应通过改革和完善国内规制进一步对接 CPTPP 的边境内规则，提高开放质量。

第一，率先放开敏感度较低且已有开放基础和条件的领域。我国在加入 GATS 和 RCEP 时对视听服务和电影院服务已经做出开放承诺，经过多年探索和压力测试，这些领域已经具备扩大开放的条件。应放开视听服务的业务范围和电影院外资股比等准入门槛，同时，利用好自贸区、自贸港、服务贸易创新试点等各类开放平台，继续以压力测试和风险测验等形式放开电影、电视节目、出版物等内容提供的限制领域，进一步压缩负面清单，尽快将可复制可推广的试验区经验向全国普及推广。

第二，以审慎监管代替准入要求。互联网在全世界的迅速发展促进了产业融合，模糊了许多行业界限，与互联网相关的行业已经很难通过准入限制进入国内市场。以互联网视听为例，目前国内的规定是，不允许外资公司直接向国内市场提供视听内容，但可以交由其他国内合作企业投放，这实质上相当于放开了外资互联网视听内容提供，已经不再是准入问题，而是如何通过完善国内法律法规和监管机制达到合规经营的问题。建议对这类行业可从中方主导开始逐步放开准入限制，并加快推进相关领域的法律法规体系建设，加强事中事后监管。

第三，守住文化开放底线。设置红线和底线，做好风险评估，保护国家文化安全和核心利益。参照 CPTPP 缔约方做法，对暂时不宜放开的敏感领域，做出权利保留安排。可对不同领域采取动态分类分级限制方式，实行禁止进入、限制市场主体资质、股比、经营范围、经营业态、商业模式、空间布局等管理措施。

四、医疗服务领域开放与 CPTPP 规则对标

相对其他服务业部门，我国医疗服务开放时间更早，1989 年我国就开始试办中外合资和合作医疗机构。从目前的开放情况看，跨境交付和境外消费两种方式在医疗服务市场所占份额不大，加上医疗服务存在地域性较强的特点，因此包括我国在内的绝大多数国家在加入 GATS 和 RCEP 时都采取开放政策，未做限制。与 CPTPP 规则相比，商业存在（外资医疗服务机构）和自然人移动（外籍医疗技术人员）两种方式仍存限制。

（一）外资医疗机构准入门槛高

一是数量限制。按照多边协定承诺，我国允许外国服务提供者与中国合作伙伴设立合资医院或诊所，但设有数量限制，允许外资持有多数股权（不高于 70%）。根据《中外合资合作医疗机构管理暂行办法》规定，外资医疗机构不能设置分支机构，同时要求合资医院和诊所的大多数医生和医务人员具有中国国籍。

二是试点独资医疗机构政策反复。我国对外商投资医疗机构的政策几经变动，经历了禁止、部分放开到重新设限的过程。2010 年以前，我国明文禁止设立外资独资医疗机构，只允许合资、合作，且外方股比不高于 70%。2010 年 11 月，国务院办公厅下发《关于进一步鼓励和引导社会资本举办医疗机构意见的通知》，规定“对具备条件的境外资本在我国境内设立独资医疗机构进行试点，逐步放开”。但从试点看，只允许来自港澳台地区的资本设立独资医疗机构。2013 年 11 月，上海市政府发布《中国（上海）自由贸易试验区外商独资医疗机构管理暂行办法》，明确允许外国投资者在上海自贸区设立独资医疗机构。2014 年 8 月，国家卫生计生委、商务部联合发布《关于开展设立外资独资医院试点工作的通知》，允许北京、天津、上海、江苏、福建、

广东、海南7省市设立外资独资医院。2015年后，国家对外资独资医疗机构的政策方向逐渐发生变化。《鼓励外商投资产业指导目录（2015年修订）》将外商投资医疗机构列入“限制类”，限于合资、合作。2013年，《中国（上海）自由贸易试验区外商独资医疗机构暂行办法》被中止适用。《鼓励外商投资产业指导目录（2017年修订）》同样将外商独资医疗机构列入“限制类”目录，仅允许合资合作两种方式。[①] 该政策导向一直延续至今，2021年版《外商投资准入特别管理措施（负面清单）》《自由贸易试验区外商投资准入特别管理措施（负面清单）》均有同样规定（见表6-5）。

表6-5　我国对医疗领域外商投资的法律法规及政策要义

序号	法律法规及政策文件	政策要义
1	《中外合资、合作医疗机构管理暂行办法》	（1）必须是独立法人；（2）投资总额不低于2000万元人民币；（3）合资、合作中方在中外合资、合作医疗机构中所占股比或权益不低于30%；（4）合资、合作期限不超过20年，可申请延长期限；（5）中外合资、合作医疗机构不得设置分支机构。
2	《关于进一步鼓励和引导社会资本举办医疗机构意见的通知》	（1）将境外资本举办医疗机构调整为允许类外商投资项目，逐步取消对境外资本的股权比例限制；（2）对具备条件的境外资本在我国境内设立独资医疗机构进行试点，逐步放开；（3）香港、澳门特别行政区和台湾地区的资本在内地举办医疗机构，按有关规定享受优先支持政策；（4）简化外资办医的审批程序。中外合资、合作医疗机构的设立由省级卫生部门和商务部门审批，中医院除外。
3	《中国（上海）自由贸易试验区外商独资医疗机构管理暂行办法》	（1）允许外资在上海自贸区设立独资医疗机构；（2）资格条件为：独立的法人、最低投资总额2000万元人民币、经营期限20年，可申请延期。
4	《关于开展设立外资独资医院试点工作的通知》	允许境外投资者通过新设或并购的方式在北京市、天津市、上海市、江苏省、福建省、广东省、海南省设立外资独资医院。除香港、澳门和台湾投资者外，其他境外投资者不得在上述省（市）设置中医类医院。

① 台港澳服务提供者设立独资医疗机构暂不受影响。

续表

序号	法律法规及政策文件	政策要义
5	2015 年、2017 年、2019 年修订版《鼓励外商投资产业指导目录》	医疗机构限于合资、合作，不允许独资。
6	《外商投资准入特别管理措施（负面清单）（2021 年版）》《自由贸易试验区外商投资准入特别管理措施（负面清单）（2021 年版）》	医疗机构限于合资、合作，不允许独资。

资料来源：根据公开资料整理。

（二）国内规制阻滞

受国内规制所限，外资医疗机构在医疗系统中身份较为特殊，导致了事实上的“非国民待遇”。一是外资医院被排除在医院评级体系外，医师缺少为社会认可的晋级通道。二是限制外资医院外籍医生和医务人员比例，要求合资医院和诊所的大多数医生和医务人员具有中国国籍，而现行制度将医师职称、课题招标、各类资格认定等与公立医院捆绑，医师多点执业政策细则不明确，客观上限制了国内医疗人员流动，人才匮乏短缺，特别是技术人员缺乏，对外资医疗机构业务拓展制约性极大。

（三）医学学历学位和执业资格互认制约自然人移动

CPTPP 第 10.9 条规定，缔约方之间可以通过签署协定或安排的方式互相承认服务提供者的教育和工作经验、许可证或职业认证。

从国内实践看，目前我国临床医学教育标准已经通过世界医学教育联合会（WFME）认定，实现了与主要国家和地区的学位互认，中医、护理、口腔等大部分领域则仍然空白。在外籍医师执业方面，我国在 GATS 和 RCEP 中仅对外国医师短期行医做了承诺。允许持有本国颁发的专业证书的外国医师获得主管部门许可后，在我国提供短期医疗服务，服务期限为 6 个月，并可延长至1年。我国在此基础上进一步实现了自主开放。2016 年 1 月，原国家卫生计生委出台《关于修改〈外国医师来华短期行医暂行管理办法〉等 8 件部门规章的决定》，将外国医师（医疗团体）来华短期行医的审批权由省级下放至设区的市级。2020 年，国家卫健委发布《外国医师来华行医管理办法（征求意见稿）》对外国医师来华行医的定义和范围、申请和审核、执业规则、监督管理和法律责任等内容进一步明确和细化。对外国医师来华临床学术交流、短期行医和长期行医分别设定了不同的准入要求。对外国医师来华短期行医实行执业注册制，长期行医须按照《中华人民共和国执业医师法》进行准入和注册执业，并需参加医师定期考核（见表 6－6）。同时，国内医疗执业资格和标准体系与 CPTPP 缔约方存在很大差距，特别是实行直接资格认证方面。这意味着，在医疗服务领域仍有较大互认难度和较高的转换成本。

表 6－6　外国医师在我国行医的准入要求

活动类型	临床学术交流	短期行医	长期行医
具体活动内容	取得外国合法行医权的外籍医师，应邀来华参加教学医疗机构或学术团体进行不超过 15 个工作日的非营利性的医学临床技术交流、手术演示以及会诊等诊断、治疗相关活动。	外国合法行医权的外籍医师，应邀或应聘在中国境内医疗机构从事累计不超过一年的临床诊疗活动。	取得外国合法行医权的外籍医师，在中国境内医疗机构从事超过一年的临床诊断、治疗活动。
管理方式	备案制	执业注册制	准入＋执业注册＋医师定期考核
准入要求	具备合法行医权；邀请单位协议书	具备合法行医权；无犯罪记录；通过我国业务水平和语言水平评估	在本国依法设立的医疗机构中不间断执业满三年，执业期间无不良记录；毕业于 WHO 发布的《世界医学院校名录》中收录的外国医学院校，并取得本科以上学历；参加我国医师资格考试，经执业注册，取得《医师执业证书》

资料来源：国家卫健委《外国医师来华行医管理办法（征求意见稿）》。

（四）医疗服务领域对标 CPTPP 规则进一步开放的建议

根据我国在医疗服务领域的开放进展，该领域对接 CPTPP 规则应从贸易投资自由化和便利化两方面着手。

第一，放开独资准入限制。准许外资独资设立医疗机构是开放医疗服务市场的关键环节。从 CPTPP 缔约方的普遍做法看，对外资准营领域一般不再施加股比、数量等限制。在 2020 年底达成的 CAI 中，我国承诺解除对欧盟投资者在北京、上海、天津、广州和深圳等主要城市设立独资医疗机构的限制，这为加入 CPTPP 放开独资医疗机构准入提供了重要的标尺。由于外资医疗机构经营完全依照市场化运作，可以参照内资民营医疗机构的规范和监管方式，放松事前监管，加强事中事后监管，从加强对医疗服务部门开放的立法着手完善相关国内规制。

第二，推动跨境远程诊疗便利化。跨境远程诊疗是利用全球优质医疗资源的重要渠道。目前我国在这方面的国内规制基本处于空白状态。应尽快构建跨境远程医疗支撑与运营体系，完善远程诊疗系统。在风险可控可防的前提下，扩展跨境远程医疗的范围和类别。简化外国医师远程诊疗制度，探索外国医师参与远程诊疗的审批模式从注册制向临床交流备案制转变。

第三，提高外资医疗服务的国民待遇水平。一是简化外资医疗机构在投资审批和设备购置方面的程序，减少大型医疗设备采购限制，试点大型医疗设备采购由前置监管向事中事后监管转变。二是放开对外资医院开设分支机构的限制，为外资医疗机构在人员和资源共享、集约化管理方面创造条件。三是赋予外资医院在专科建设、职称评定、学术地位、等级评审、技术准入、科研立项等方面与内资医院相同的待遇。

第四，推动医疗学历学位、医师执业资格及医疗检验检测结果国际互认。从国际惯例看，学历学位和检验检测结果互认难度相对较低，可以先从这两方面着手，推动与各缔约国间医疗学历学位及医学检验检测结果互认，特别是与发达国家间的互认，以推动行业标准国际化。医师执业资格互认一直是国际性难题，体现了各国对医疗服务提供的谨慎态度。对此，可采取更灵活的方式予以解决，如简化双方医师在对方国家执业认证的流程、缩短认证时间等。

附录 6－1　我国在 RCEP 中对教育、文化、医疗服务领域开放承诺与 CPTPP 规则对比

规则 \ 部门		教育服务贸易	文化服务贸易	医疗服务贸易
国民待遇	我国	（1）不作承诺 （2）没有限制 （3）不作承诺 （4）资格限制 具有学士或以上学位；具有相应的专业职称或证书和 2 年专业工作经验	仅适用于已开放领域： （1）没有限制 （2）没有限制 （3）没有限制 （4）符合外国人入境条件 注：对于给予视听服务部门中的国内服务提供者的所有现有补贴不作承诺；承诺对电影院服务的最惠国待遇，并承诺进一步自由化	（1）没有限制 （2）没有限制 （3）允许合资和合作，根据需要设有数量限制，允许外资持有多数股权（不高于 70%） （4）在中国境内提供短期、长期医疗服务须符合行医资格和停留时间等具体要求 注：对于给予医疗服务部门中的国内服务提供者的所有现有补贴不作承诺
	CPTPP	10.3 和 9.4：国民待遇 10.4 和 9.5：最惠国待遇		
准入规则	我国	（1）不作承诺 （2）没有限制 （3）禁止国家义务教育、特殊教育和宗教教育，其他领域放开，但仅允许中外合作办学，外方可获得多数拥有权 （4）个人教育服务提供者受中国学校和其他教育机构邀请或雇用，可入境提供教育服务；符合外国人入境的其他条件	录像分销服务（包括娱乐软件及录音制品分销服务） （1）没有限制 （2）没有限制 （3）在不损害中国审查音像制品内容的权利的情况下，允许设立合作企业，从事除电影外的音像制品的分销 （4）除水平承诺中的内容不作承诺 电影院服务 （1）没有限制 （2）没有限制 （3）允许外国服务提供者建设和改造电影院，外资不得超过 49% （4）除承诺中的内容外，不作承诺	（1）没有限制 （2）没有限制 （3）大多数医师和医务人员应具有中国国籍 （4）不作承诺

续表

<table>
<tr><th colspan="2">部门
规则</th><th>教育服务贸易</th><th>文化服务贸易</th><th>医疗服务贸易</th></tr>
<tr><td>准入规则</td><td>CPTPP</td><td colspan="3">（1）（2）（4）市场准入规则
10.5 条：市场准入；10.9 条：承认；14.4 条：数字产品的非歧视待遇
（3）市场准入规则
9.10 条：业绩要求；9.11 条：高级管理人员和董事会</td></tr>
<tr><td rowspan="2">准入后规则</td><td>我国</td><td colspan="3">内外资差别待遇、外汇管制等</td></tr>
<tr><td>CPTPP</td><td colspan="3">（1）（2）（4）准入后规则
10.8 条：国内规制；10.10 条：拒绝给予利益；10.11 条：透明度；10.12 条：支付和转移；11.6 条：跨境贸易；14.7 条：在线消费者保护；14.8 条：个人信息保护；14.11 条：通过电子方式跨境传输信息
（3）准入后规则
9.6 条：最低标准待遇；9.7 条：武装冲突或内乱情况下的待遇；9.8 条：征收和补偿；9.9 条：转移；9.13 条：代位；9.14 条：特殊手续和信息要求；9.16 条：投资与环境、卫生和其他监管目标；9.17 条：企业社会责任</td></tr>
</table>

注：表中（1）（2）（3）（4）分别对应如下四种服务提供方式：（1）跨境交付；（2）境外消费；（3）商业存在；（4）自然人移动。

执笔人：谢兰兰

专题七　我国电子商务对接 CPTPP 规则的改革举措研究

近年来，服务贸易在国际贸易中的地位稳步上升，数字化转型加速，WTO 发布的《2019 世界贸易报告——服务贸易的未来》指出，2005—2017 年服务贸易年均增长 5.4%，快于商品贸易，到 2040 年服务贸易在全球贸易中的份额将增长 50%。继而《2020 年世界贸易报告》认为，新冠肺炎大流行加速了电子商务发展，对数据跨境传输、数据本地化、消费者保护和国家安全的国际规则需求增加。电子商务即数字贸易已成为全球商签高标准自贸协定的重要议题。CPTPP 第 14 章专门对电子商务的有关事项进行约定，内容涵盖关税、数字产品的非歧视待遇、国内电子交易框架、电子认证和电子签名、在线消费者保护、个人信息保护、无纸贸易、关于接入和使用互联网开展电子商务的原则、通过电子方式跨境传输信息即跨境数据流动、计算设施的位置即数据本地化、非应邀商业电子信息、源代码和争端解决等问题，其中数字产品的非歧视待遇、跨境数据流动、数据本地化、个人信息保护和获取源代码等规则是争议较多也是对我国挑战较大的问题。

一、CPTPP 电子商务的主要内容和特征

CPTPP 中关于电子商务的第 14 章明确，认可电子商务对促进经济增长的重要性，并承诺致力于消除发展电子商务的障碍，增强消费者对电子商务的信心，从而界定了电子商务规则的原则方向。

（一）CPTPP 电子商务的主要内容

近年来，我国注重贸易的数字化转型与赋能，在货物贸易和服务贸易领域都取得了显著成效，总体已具备对接国际高标准经贸规则的基础与条件。对我国而言，在 CPTPP 的电子商务规则中，挑战较大的领域来自数字产品的非歧视待遇、跨境数据流动、数据本地化、个人信息保护和获取源代码等方面。

CPTPP 第 14 章第 4 条约定“数字产品的非歧视待遇”。第 1 款明确要求，“任何缔约方给予在另一缔约方领土内创造、生产、出版、定约、代理或首次商业化提供的数字产品的待遇，或给予作者、表演者、生产者、开发者或所有者为另一缔约方的人的数字产品的待遇，不得低于给予其他同类数字产品的待遇”。该款包含两个原则，一是国民待遇，二是最惠国待遇，同时约定广播等例外。

CPTPP 第 14 章第 11 条对“通过电子方式跨境传输信息”进行了约定，共 3 款。第 1 款规定各缔约方对通过电子方式跨境传输信息“可设有各自的监管要求”。第 2 款则明确各缔约方“应允许”通过电子方式跨境传输信息。第 3 款规定“不得阻止”缔约方为实现“合法公共政策目标”而实行与第 2 款不一致的措施，允许各国为维护合理公共目标而采取一定的限制措施，但同时规定该措施不得任意、不合理歧视或变相限制贸易，而且程度上不得超出实现目标所需的限制。

CPTPP 第 14 章第 13 条对于“计算设施的位置”的约定与跨境数据流动类似。第 1 款明确规定对计算设施的位置“可设有各自的监管要求”。第 2 款规定任何缔约方不得要求“在该缔约方领土内将使用或设置计算设施作为在其领土内开展业务的条件”，即不得要求计算设施本地化。第 3 款以同样形式允许缔约方实现“合法公共政策目标”。

CPTPP 第 14 章第 8 条“个人信息保护”共 5 款。第 1 款明确规定，各缔约方认识到电子商务个人信息保护的经济和社会效益。第 2 款约定，各缔约方要构建个人信息保护的法律框架。法律框架要考虑相关国际机构的原则和指南，特别是全面保护个人隐私和个人信息。第 3 款明确了个人信息保护的非歧视原则。第 4 款要求，缔约方明确个人和企业的有关做法，即个人如何寻求救济、企业如何符合任何法律要求。第 5 款要求各缔约方促进不同法律保护的兼容性，并建立交流机制。该部分还明确，文莱和越南暂不适用该条，直到两国开始实施其法律框架，等于给两国一个不明确时间的过渡期。

CPTPP 对“获取源代码”的规定集中在第 14 章第 17 条，共 4 款。第 1 款明确约定，“任何缔约方不得将要求转移或获得另一方的人所拥有的软件源代码作为在其领土内进口、分销、销售或使用该软件或含有该软件的产品的条件”，禁止缔约方要求获取源代码。第 2 款补充说明，第 1 款涉及的软件仅限于大众软件，不包括用于关键基础设施的软件。第 3 款进一步说明，商业合同可以设置关于源代码的其他条款，也可以要求源代码作出修改。第 4 款申明专利权的有效性。CPTPP 对获取源代码的规则可以归结为：不得要求获取用于大众软件的源代码。

（二）CPTPP 电子商务规则的主要特征

从具体议题看，CPTPP 关于电子商务的约定较为详细而明确，尤其表现在跨境数据流动和个人信息保护两个突出问题上。对于跨境数据流动的规则包括：一是各国可以对跨境数据流动进行监管。为各国留出了具体监管空间。二是允许跨境数据流动。各国对跨境数据流动应持正面态度，不得禁止跨境流动，这是各国应遵循的基本准则。三是允许各国为合法公共政策目标而合理阻止相应的数据跨境流动。这里有两层意思：第一，禁止部分数据流动是可以的，只要是为了合法的公共政策目标。但什么是合法的公共政策目标，条文并没有明确界定，更没有具体列明，留下了产生争端的空间。第二，禁止数据流动的措施是有限度的。在范围上，禁止措施不得随意、不得出现歧视、不得变相限制贸易；在程度上，禁止措施能够实现公共政策目标即可，不得过度限制。四是不得要求计算设施本地化。

CPTPP 关于电子商务中个人信息保护的规则主要可以归结为：一是各缔约方要建立与现行国际规则一致的法律框架。内容上要特别体现保护个人信息和个人隐私。二是各缔约方要对本国和非本国的个人信息同等保护，即国民待遇原则和最惠国待遇原则。三是要从有利于个人和企业的角度，明确个人和企业的做法。四是各缔约方法律框架要趋于兼容。五是可以争取过渡期。

对于可能出现的争端，CPTPP 第 28 章“争端解决”提出了一系列解决机制，要求各缔约方应不懈努力，以对“本协议的解释和适用达成一致”。这一约定使得任何一个缔约方都要在遵守同一规则时趋于同一口径，而不得与别国出现太大差异。同时在第 14 章的第 18 条“争端解决”明确，马来西亚和越南在协议生效后的两年内，对于第 14 章第 11 条，不受“争端解决”机制的约束，即可以有两年的过渡期；对于第 14 章第 13 条，越南也不受“争端解决”机制约束。

总体而言，CPTPP 电子商务规则标准较高。第一，CPTPP 电子商务规则明确而严格。如各国要允许跨境数据流动，不得要求计算设施本地化，不得要求获取用于大众软件的源代码等。相比于只作原则性规定的条款，这些规定约束性强，执行起来变通空间很小。第二，各国有关国内法律框架要求趋于一致。与其他领域类似，CPTPP 电子商务领域要求各国参与构建争端解决等域内国际协调框架，以促使各国在具体做法上的差异逐步缩小。如第 28 章明确规定“缔约方应始终努力对本协定的解释和使用达成一致”。第三，允许各国有一定的监管空间。协定在跨境数据流动、计算设施的位置、获取源代码等方面尊重各国的监管需要，允许一定的灵活性，但不得超出实现公共政策目标所需的限度。

二、我国存在的差距

（一）关于数字产品的非歧视待遇

CPTPP 对数字产品的非歧视待遇包含国民待遇和最惠国待遇两个原则。我国法律并没有对境外数字产品明确规定歧视性内容，但一些数字产品涉及文化和意识形态领域，在具体政策上存在一致性问题。例如，对于外资文化机构生产的数字内容产品需通过国内企业播放等。一方面，我国应鼓励国际文化产品交流，促进文明互鉴，实现美美与共，同时讲好中国故事。另一方面，在当前国际博弈趋于严峻复杂的背景下，应注重防范通过数字化的文化产品对我国进行意识形态领域的渗透。

（二）关于跨境数据流动和数据本地化

我国在互联网开放、跨境数据自由流动、数据安全管理方面总体滞后。由于长期缺乏数据确权、数据分级分类管理、敏感数据清单等，导致数据跨境流动障碍较大，数据泄露等安全问题突出，严重影响我国数字贸易发展和参与国际规则制定。2017 年以来，我国共推出 3 部规范跨境数据流动的法律法规，促进数据跨境流动，并出于国家安全和个人信息保护的需要，对跨境数据流动和数据本地化进行了规范（见表 7－1）。《数据安全法》明确，促进数据跨境安全、自由流动。同时，《网络安全法》规定，关键信息基础设施的运营者收集和产生的个人信息和重要数据应当在境内存储，但对于涉及国家安全和个人信息保护的具体范围与程度缺乏明确界定。

表 7－1　我国关于跨境数据流动的法律法规

实施时间	名称	有关内容
2017.6.1	《网络安全法》	收集和产生的个人信息和重要数据应当在境内存储。因业务需要，（重要数据）确需向境外提供的，应当按照国家网信部门会同国务院有关部门制定的办法进行安全评估。
2021.9.1	《数据安全法》	促进数据跨境安全、自由流动；国家对与维护国家安全和利益、履行国际义务相关的属于管制物项的数据依法实施出口管制。
2021.11.1	《个人信息保护法》	个人信息在境内存储；跨境提供个人信息需要网信部门进行安全评估、保护认证、与境外接收方订立标准合同等，并取得个人单独同意。

对照 CPTPP 的相应规则，我国在跨境数据流动方面原则符合其前两款的规定，即“可设有各自的监管要求”和“应允许通过电子方式跨境传输信息”。对于第 3 款“合法公共政策目标”的规定，我国对限制出境的数据都是

出于国家安全和个人信息保护的需要，原则上也没有问题。但对于涉及国家安全和个人信息保护的范围与程度，CPTPP并没有明确界定，各国可能存在分歧。根据对协议条款适用一致性原则，进入正式谈判阶段，工作组可能会要求我国与各国现行法规保持一致。

我国对于数据本地化的规定也面临类似情况。对于“计算设施的位置”前两款，我国现行法规并不违背，除对“关键信息基础设施的运营者”收集的“个人信息和重要数据”外，并没有其他数据必须本地化的规定。对于“合法公共政策目标”的维护，原则上可以对接，问题在于维护“合法公共政策目标”的范围与程度。《网络安全法》规定“关键信息基础设施”的范围涵盖“公共通信和信息服务、能源、交通、水利、金融、公共服务、电子政务等重要行业和领域，以及其他一旦遭到破坏、丧失功能或者数据泄露，可能严重危害国家安全、国计民生、公共利益”的领域。这一界定较为宽泛，列出的行业和领域，其数据涉及国家安全和公共利益，但并非其中所有数据的流出都会危及公共政策目标。对于“个人信息”，《个人信息保护法》明确为“以电子或者其他方式记录的与已识别或者可识别的自然人有关的各种信息”，强调“识别”自然人身份的重要性。《数据安全管理办法》（征求意见稿）对“重要数据”的界定是，“指一旦泄露可能直接影响国家安全、经济安全、社会稳定、公共健康和安全的数据，如未公开的政府信息，大面积人口、基因健康、地理、矿产资源等。重要数据一般不包括企业生产经营和内部管理信息、个人信息等”。

（三）关于个人信息保护

1. 我国关于个人信息保护的法规

当前我国已公布5部法律法规（含征求意见稿）涉及个人信息保护，为《网络安全法》《儿童个人信息网络保护规定》（征求意见稿）、《个人信息出境安全评估办法》（征求意见稿）、《数据安全法》和《个人信息保护法》，规范个人信息从收集到出境的各个环节（见表7-2）。

表7－2　我国关于个人信息保护的法律法规

针对环节	法律法规名称	有关内容
概念界定	《个人信息保护法》	指以电子或者其他方式记录的与已识别或者可识别的自然人有关的各种信息，不包括匿名化处理后的信息。
信息收集	《网络安全法》	网络运营者收集、使用个人信息，应当遵循合法、正当、必要的原则，公开收集、使用规则，明示收集、使用信息的目的、方式和范围，并经被收集者同意；网络运营者不得收集与其提供的服务无关的个人信息，不得违反法律、行政法规的规定和双方的约定收集、使用个人信息；任何个人和组织不得窃取或者以其他非法方式获取个人信息。
信息处理	《网络安全法》 《个人信息保护法》	应当依照法律、行政法规的规定和与用户的约定，处理其保存的个人信息；网络运营者不得泄露、篡改、毁损其收集的个人信息。应当遵循合法、正当、必要和诚信原则；具有明确、合理的目的；遵循公开、透明原则；保证个人信息的质量；对其个人信息处理活动负责；敏感个人信息处理遵循特定目的和充分必要原则。
信息存储	《网络安全法》	网络运营者应当采取技术措施和其他必要措施，确保其收集的个人信息安全，防止信息泄露、毁损、丢失。
信息使用	《网络安全法》	未经被收集者同意，不得向他人提供个人信息；不得非法出售或者非法向他人提供个人信息。
个人救济	《网络安全法》	个人发现网络运营者违反法律、行政法规的规定或者双方的约定收集、使用其个人信息的，有权要求网络运营者删除其个人信息；发现网络运营者收集、存储的其个人信息有错误的，有权要求网络运营者予以更正。网络运营者应当采取措施予以删除或者更正。
信息出境	《个人信息保护法》	确需向境外提供的，应当通过国家网信部门组织的安全评估；经专业机构进行个人信息保护认证；按标准合同与境外接收方订立合同，约定双方的权利和义务。
出境评估内容	《个人信息出境安全评估办法》（征求意见稿）	是否符合国家有关法律法规和政策规定；合同条款是否能够充分保障个人信息主体合法权益；合同能否得到有效执行；网络运营者或接收者是否有损害个人信息主体合法权益的历史、是否发生过重大网络安全事件；网络运营者获得个人信息是否合法、正当；其他应当评估的内容。

根据《儿童个人信息网络保护规定》（征求意见稿），对儿童个人信息的保护与成人类似但更严格。

2. 个人信息保护的挑战

对照 CPTPP 的相应规则，我国面临的挑战主要有 3 条。一是个人信息保护的法律框架不够完善。如缺乏关于儿童个人信息保护的正式法律和个人信息出境安全评估的具体法律规定等。现实中，个人信息被不正当收集、信息泄露等侵犯个人信息的事件层出不穷。二是个人和企业可操作性不强。个人虽然有权要求网络运营者删除、更正其个人信息，但现实中普遍存在发现难、改正难，个人权益难以保障和补偿，原因在于对侵权者的处罚力度不够。个人信息出境评估不够透明，规定出境信息必须评估，管理过于宽泛，评估内容上还包括“其他应当评估的内容”，不够明确。三是法律框架趋于兼容面临复杂性。CPTPP 域内各国的相关法律各具特色，文莱和越南甚至缺乏相关法律框架，我国是后加入的一个新成员，加之我国经济的体量和当前国际环境的复杂性，工作组对我国的要价可能只会就高不会就低。

（四）关于开放源代码

对于开放源代码，我国一般性法律法规并无明确规定，相关要求主要出现在行业法规中。如中国人民银行 2014 年发布的行业标准《征信机构信息安全规范》中对外包软件的开发规定，“应要求开发单位提供软件源代码，并对软件源代码进行‘后门’检测”。

对 CPTPP 的这一规则，挑战可能出现在对关键基础设施的认定上。如果金融业属于关键基础设施，则现行法规与 CPTPP 并无抵触。就“关键信息基础设施”的认定来讲，我国与美国略有不同。《网络安全法》对“关键信息基础设施”的界定是“公共通信和信息服务、能源、交通、水利、金融、公共服务、电子政务等重要行业和领域，以及其他一旦遭到破坏、丧失功能或者数据泄露，可能严重危害国家安全、国计民生、公共利益”的领域。而美国“关键信息基础设施”的涵盖范围包括商用核设施、政府设施、交通系统、饮用水与废水处理系统、公共健康和医疗、能源、银行和金融、国防工业基地等。比较而言，还存在对接和协调的空间。

三、对接 CPTPP 的基本思路

对接 CPTPP 的规则体系，应有前瞻思维，着眼于全球经贸尤其是 FTA 规则的发展趋势，在找出差距的基础上，基于我国现实基础，充分借鉴国际上的有益经验，结合我国经济高质量发展的要求，统筹发展与安全，稳步推进相关改革与立法。

（一）国际经验借鉴

1. 推进跨境数据流动是基本趋势

在服务贸易快速发展和产业数字化转型的背景下，数据作为一种生产要素的重要性日益凸显，其跨越国境的转移、处理、存储和读取即跨境数据流动成为发展电子商务的核心议题，也是电子商务发展的基本条件。数据本地化或计算设施本地化设置直接涉及数据是否能够跨境输出输入，属于跨境数据流动范畴。对跨境数据流动的争议，一般围绕商业利益和公共安全展开。跨境数据流动国际规则处于博弈演变之中，各国远未达成一致，呈现碎片化的特点。总体上，那些数字基础设施和数字技术好、数字经济实力强的国家倾向于实行宽松的跨境数据流动规则，反之则倾向于实行较为严格的规则。

美国力推数据跨境流动。美国信息技术领先，数字经济规模全球第一，倡导甚至通过技术和法律手段强力推进跨境数据流动，并主导多个涉及跨境数据流动的自贸协定。在经合组织（OECD）公布的全球数字服务贸易限制性指数中，美国属于限制性指数最低的国家之一。美国在跨境数据流动问题上的主张主要体现在几个方面。第一，政府主管部门推动消除跨境数据流动壁垒。美国贸易代表办公室（USTR）专门设立“数字贸易工作组”，每年发布报告评估跨境数据流动等全球数字贸易壁垒的情况。第二，通过“长臂管辖”手段强力推进跨境数据流动。美国在 2018 年 4 月出台的《澄清境外数据的合法使用法案》（又被称为“云法案”），赋予美国执法机构跨境调取数据的广泛权力，无论被调取的数据属于美国人或非美国人、美国企业或非美国企业。第三，与多国商签包含跨境数据流动的自贸协定。近年来，美国通过商签美韩自贸协定（KORUS FTA）、《跨太平洋伙伴关系协定》（TPP）、《美墨加协定》（USMCA）等双多边自贸协定，推动相关国家允许跨境数据流动、限制数据本地化。第四，严格限制“重要数据”出口。对于本国数据流出，美国对关键技术与特定领域界定“重要数据”，通过《出口管理条例》（EAR）严格限制“重要数据”出口。

欧盟致力于构建基于个人权利充分保护的全球跨境数据流动网络。对内，欧盟推进数据自由流动。通过 2015 年推出的《数字化单一市场战略》，力促各成员之间实现数据自由流动。对外，通过数字白名单制度构建跨境数据流动网络。依照 2018 年开始实施的《一般数据保护条例》（GDPR），通过欧盟对个人数据“充分性保护”认定的国家可以进入其“白名单”，实现相互跨境数据流动。目前欧盟已认定安道尔、阿根廷、澳大利亚、加拿大、瑞士、以色列、新西兰、乌拉圭、日本等 13 个国家和地区进入其“白名单”。

主要发达经济体与美欧对接。日本的数字经济规模在全球名列前茅，已成为国民经济的重要组成部分。对跨境数据流动，日本除对涉及国家安全的数据进行监管外，对跨境数据流动基本不作限制，也不要求数据本地化存储。同时，日本积极参与包含跨境数据流动规则的双多边自贸协定，如 CPTPP 等。澳大利亚注重与欧盟等经济体的数据流动规则对接，同时通过政府数据标识体系对数据进行分级分类管理，依照《政府信息外包、离岸存储和处理 ICT 安排政策与风险管理指南》对跨境数据流动进行风险评估。

发展中国家大多更关注从维护国家安全角度，实施跨境数据流动管理和要求数据本地化。俄罗斯政府通过立法控制对数据的处理和本地化存储，并依照其 2001 年加入的《欧洲理事会第 108 号公约》和有关法律建立允许个人数据跨境流动的“白名单”。印度禁止国内支付数据流出。巴西在 2020 年生效的《巴西通用数据保护法》规定，只有通过充分性认定或在使用标准合同条款等情况下才可以进行跨境数据转移。

2. 促进个人信息保护是各国共识

个人信息保护属于公共安全范畴，是开展电子商务的必要保障。设立电子商务章节的自贸协定在促进跨境数据流动的同时，也会对个人信息保护进行具体约定。主张数据自由流动的国家，同时也注重个人信息保护。个人信息保护是一个全球性难题，保护个人信息的立法已逐步成为国际社会的共识，目前已经有 120 多个国家和地区制定了保护个人信息的法律。

欧盟将个人信息保护置于优先位置，于 2016 年通过《一般数据保护条例》（GDPR，2018 年生效），以法规形式确定了对个人数据的保护原则和监管方式，被认为是最严格的个人数据隐私保护法规。德国特别重视数据的隐私保护问题，要求谁提供公民网络链接，谁负责用户网络安全操作责任。同时，德国政府还加大了网络安全与隐私保护的技术服务，为用户提供高水平的网络安全保障。英国主要通过《数据保护法案 1998》《信息自由法 2000》《2015 公共部门信息再利用条例》等法律法规来保障数据开放共享和个人数据隐私安全。欧盟个人信息保护优先而非市场自由优先的原则，体现了欧盟注重人权的社会传统。

与欧盟不同，美国的做法则体现出市场自由优先的理念。在亚太经济合作组织（APEC）框架下，美国主导构建了跨境隐私规则体系（CBPR），只规范自愿加入的成员经济体的企业，认定如果数字企业达到一定的标准和能力，就可以被授权处理个人数据，个人数据保护更多地依赖行业管理和企业自身管理。在国内，美国则有《隐私权法》（*The Privacy Act*）对个人信息进行专门保护。

澳大利亚要求机构与服务商的合同中包括提供个人隐私安全保护的条文，同时对服务提供商是否依据条款履行合同加强检验。《个人控制的电子健康记录法》（PCEHR）要求可识别的健康数据禁止向澳大利亚以外的地区传输，并规定了个人健康数据可以进行跨境流动和加工处理的特殊情况。

3. 保护源代码是典型美国主张

禁止获取源代码是美国规则的典型体现。美国基于其强大的科技研发能力和知识产权保护的基础条件，在 TPP 框架中提出这一规则，并为 CPTPP 所继承。作为知识产权大国，日本在 TISA 也提出类似条款。欧盟则主张在欧盟境内运营的企业开放源代码。

（二）对接 CPTPP 规则的基本思路

1. 推进数据安全自由流动

第一，促进跨境数据流动。随着数字技术的快速发展与应用，跨境数据流动已经成为经济全球化的重要内容，跨境数据流动对经济增长的贡献日益显著。根据布鲁金斯学会的研究，2009—2018 年的 10 年间，全球数据跨境流动对全球经济增长贡献度高达 10.1%，预计 2025 年有望突破 11 万亿美元。当今各经济体虽然对跨境数据流动的主张和规制不同，但总体上都向逐步放松和鼓励跨境流动的方向发展。近年来，加入高标准的自贸协定成为多国放松跨境数据流动的重要方式。2020 年推出的《中共中央　国务院关于构建更加完善的要素市场化配置体制机制的意见》、“十四五”规划和 2035 年远景目标纲要提出，加快培育数据要素市场，开展数据交易，加快推动数字产业化，明确了数据作为重要生产要素的地位和市场化的基本方向，促进数据流动包括跨境流动是应有之义。我国应以加入 CPTPP 为契机，促进跨境数据流动加快迈进，刚出台的《数据安全法》也明确要促进数据跨境自由流动。

第二，守住公共安全底线。跨境数据流动必然带来安全隐患，可能造成国家政治安全、经济安全、个人信息泄露等危害，因此必须建立适当的防范、预警和处置机制，以预防为主，规范和限制相关数据出境。《网络安全法》《数据安全法》和《个人信息保护法》已对数据的收集、存储、使用、加工、传输、提供、公开等环节作出规范，《关键信息基础设施安全保护条例》（征求意见稿，2017 年 7 月 10 日发布）、《数据安全管理办法》（征求意见稿）、《儿童个人信息网络保护规定》（征求意见稿，2019 年 5 月 31 日发布）、《个人信息出境安全评估办法》（征求意见稿）、《网络安全审查办法》（国家网信办等 12 部门联合出台，2020 年 6 月 1 日起实施）等法规多以《网络安全法》

为主要依据，主要从安全角度，对具体做法进行详细规定，比较完善。对照 CPTPP 的约定，还需在管控的范围和程序上进行细化。

2. 提升个人信息保护水平

第一，加强个人信息保护。与发达国家相比，我国缺乏保护个人信息的理念、传统和社会氛围，应从促进经济社会发展的大局认识个人信息保护的重要性。只有实现个人信息的充分保护，才可能充分促进数据要素市场发育，促进数字经济发展。当前亟须解决两大突出问题：一是个人信息确权，即明确个人信息的所有权、收集权、处理权、存储权、使用权、收益权、处置权等系列权益；二是尽快完善个人信息保护的基础框架，明确个人信息保护的重点和战略目标，明确相关机构、企业和个人的权利、义务与责任，建立事前事中和事后的风险防控体系。

第二，充分借鉴国际经验。个人信息保护是老问题，数字经济中的个人信息保护是新问题，新问题比老问题更为复杂。立足我国实际，借鉴行之有效的经验做法，是解决全球性问题的有效途径。可考虑借鉴的国际经验至少有三条：一是注重保护个人隐私包括健康、财务信息；二是明确责任主体、政府和法律保障底线；三是加大个人信息保护力度，谁侵权谁受罚，处罚力度要有足够的威慑力。

3. 尊重保护源代码

知识产权保护是促进创新发展的重要动力，但对发展中国家来说，过度的知识产权保护制度也会成为发展的阻碍，保持适当平衡可能是可行做法。我国的知识产权数量和创新能力已跃居世界前列，加大知识产权保护总体对我国有利。2020 年我国申请专利数量超过美国，跃居世界第一位，在世界知识产权组织（WIPO）发布的《2020 年全球创新指数报告》中，我国的创新指数已排在全球第 14 位。加强创新驱动，我国知识产权保护体系尚需加强，要形成保护知识产权的社会共识和社会氛围。对接 CPTPP 规则，在大众软件领域，我国应通过适当的法律法规明确不要求公布源代码，同时在关键信息基础设施等涉及国家安全的领域要求公开源代码，并与成员国保持基本一致。

四、对接 CPTPP 的改革举措

（一）改革思路

我国加入 CPTPP，是以此为抓手，进一步扩大对外开放，构建更高水平的开放型经济新体制，实现与全球经济的互利共赢。因此，应从战略全局的高度统筹应对电子商务领域的问题。

1. 统筹发展与安全

促进跨境数据流动、数据本地化、个人信息保护等问题，涉及一个问题的两个方面，即发展与安全。两者既对立又统一，数据的开发利用和产业发展可以促进数据安全，数据安全可以保障数据的开发利用；没有数据的开发利用则没有数据安全问题，没有数据安全则数字经济难以健康发展。应在发展中发现安全问题、解决安全问题，以数据安全促进数字经济更好发展。

2. 积极参与制定国际数字治理规则

积极与世界各国在数字经济治理方面加强分享交流，加强与其他国家和国际组织间的协同合作，通过加强数据法制建设交流合作、数据开发与利用交流合作、数据风险防范交流合作、数据治理交流合作等多种途径共同探讨数字经济治理规则，努力寻求全球数字治理的最大公约数，推动构建多元化和协同化的全球数字经济治理体系。充分利用我国信息通信技术和数据大国的优势，为发展中国家发展数字经济提供支持，加大对发展中国家信息基础设施的投资力度，帮助发展中国家发展工业互联网、农业互联网和数字贸易等应用，与更多的国家形成网络利益共同体，充分发挥数字经济的规模优势，提升我国数字经济领域的影响力。

3. 尽快完善中国主张

适应全球经济数字化的发展趋势，基于我国的发展阶段和发展目标，编制和实施国家数字经济发展规划，制定开放发展的路线图，推动经济社会数字化转型工程，建设包容开放的数字基础设施生态圈。考虑适当借鉴欧盟的做法，以公共安全为优先，统筹发展与安全，以“国家认证”为手段，逐步扩大跨境数据流动朋友圈。推动中国规则与国际规则良性互动，以参与构建和积极加入高标准自贸协定等方式，逐步推进区域性数字治理规则的一体化。

（二）对接 CPTPP 的具体举措

1. 建立高规格领导机制

数字治理涉及多个领域，各管理机构“守土有责”，我国数字治理呈碎片化特点，缺乏高效协调机制。应考虑在国家层面设立涵盖有关部门的协调领导机制，明确工作责任，建立工作机制，对数据治理中的重大问题进行协调、研究、决定。领导机制统筹协调发展与安全问题，涵盖发展改革委、商务部、工信部、网信办、国家安全部等相关管理部门，发展问题由发展改革委、商务部、工信部等部门协调，安全问题由网信办、国家安全部等部门协调。

2. 建立数据分类分级管理制度

首先，对所有数据进行分类，对涉及国家政治安全、经济安全、个人信息保护等公共安全的数据进行分级管理，对不涉及公共安全的一般商业信息等不加干预，交由市场和法律解决。其次，对涉及公共安全的数据进行分级，实行负面清单管理制度，分为禁止、限制等多个等级，不同等级实行不同的管理措施。设立国家敏感数据清单目录，负面清单可以根据实际需要进行修订。

3. 扩大互联网有序开放

为促进数字经济发展和科技交流，各国一般对出境的数据进行不同程度的限制，但对入境的数据持鼓励态度。应根据实际需要，制定推行访问境外网站的个人和机构“白名单”制度，逐步放宽科研机构、外事单位等特定人群、特定机构、特定区域的访问权限，稳步扩大“白名单”范围。在保障网络信息安全的前提下，运用电子身份证、人脸识别等先进技术，允许个人在实名认证下查阅国际互联网信息。逐步提升互联网资讯开放水平，探索通过公共 WIFI 网络平台提供上网通道，允许部分合格企业经登记后，更开放地接入域外网站。

4. 完善数据治理法律框架

一是加快建设全覆盖的数字治理法律法规。出台儿童个人信息保护、个人信息出境管理和知识产权保护的有关法律法规，实现数字治理各领域均有法可依。二是完善现有法规内容。主要是结合我国实际，尽可能对接国际高标准规则，如加大对个人隐私、儿童个人信息和相关知识产权的保护等。三是加大违法惩戒力度，推进严格执法，推动形成全社会对加强数字治理的共识。

5. 争取部分领域的过渡期

形成社会共识、完善法律框架和补齐部分短板，都需要一定的准备和时间。根据我国现实需要和已有案例，可以考虑在跨境数据流动方面争取两年过渡期，以完善数据安全管理制度。考虑在个人信息保护方面争取完善法律框架的过渡期，至少争取一定年限的过渡期。

6. 加强网络数据安全国际合作

加强国际合作与协调，积极参加 WTO、二十国集团等重要国际合作框架下有关数字治理的议题，体现大国担当，推介中国主张，凝聚国际共识。逐步建立与日本、新加坡、新西兰等关键缔约方的跨境数据流动白名单制度。

执笔人：夏友仁

专题八　我国投资对接 CPTPP 规则的改革举措研究

投资规则是缔约方就投资便利、投资安全、投资者利益保护等议题达成的一系列条款，是自贸协定的重要组成部分。我国 2002 年与东盟签署第一个自贸协定以来，已经达成了 19 个自贸协定，2022 年 1 月 1 日顺利生效实施的 RCEP 中，我国首次采取负面清单模式安排“投资”章节。但从目前情况来看，我国与 CPTPP“投资”章节规则还存在一定差距。

一、CPTPP“投资”章节的主要内容和规则特点

20 世纪 80 年代开始，美国积极推动提高投资规则标准，1992 年签署的北美自由贸易协定（NAFTA）就包含了准入前国民待遇、高水平投资者保护等条款。2008 年国际金融危机之后，美国投资规则标准进一步提高，跨太平洋伙伴关系协定（TPP）是典型代表，后续的 CPTPP 继承了 TPP 投资规则的高标准。CPTPP 投资规则主要集中在协定第 9 章“投资”，与 TPP“投资”章节相比，CPTPP 继承了绝大部分条款，仅修改了 5 款，删除了 1 个附件和 10 个脚注，总体上充分保持了 TPP“投资”章节规则的原有特点。具体来看，CPTPP“投资”章节大体上可以分为四个部分：

第一部分是“投资”章节正文主体。CPTPP 第 9 章 A 节是投资规则的主体部分，共 17 条 54 款，主要包括定义范围、国民待遇、最惠国待遇、最低标准待遇、征收和补偿、转移、业绩要求、不符措施、代位、拒绝给予利益等条款。在美国的引领和推动下，目前全球范围内自贸协定的投资条款大体遵循统一模板，范本为美国双边投资协定 2012 年的模板（2012 U. S. Model

Bilateral Investment Treaty），在此基础上根据需要进行了修改。

第二部分是投资者—国家争端解决。投资者—国家争端解决机制改革是当前国际投资规则的竞争焦点，美国双边投资协定 2012 年模板专门为此设置一节，TPP 协定延续了这一模式，将其作为第 9 章 B 节，共包括 13 条 67 款。CPTPP 对 TPP 的修改主要集中于此，共修改了 5 款、1 个附件、3 个脚注，但总体上仍然保留了 TPP 大部分原有内容。目前 CPTPP 第 9 章 B 节共有 13 条 64 款，具体包括磋商和谈判、提交仲裁请求、仲裁员选择、仲裁程序透明度、准据法、裁决等。CPTPP 投资者—国家争端解决条款主要体现了美国一直主张的仲裁模式和双边原则，强调加强对投资者的保护。

第三部分是“投资”章节附件。CPTPP 第 9 章“投资”共有 11 个附件，其中 7 个附件是国别例外，3 个附件是现有投资规则模板中通常包括的“习惯国际法”“征收”“文件送达”。较为特别的是附件 9 - G“公债”，它明确了缔约方发行的债务（也就是政府债务）的违约行为在投资者—国家争端解决仲裁中具有一定豁免权。

第四部分是各缔约方减让表。CPTPP 第 9 章第 12 条是“不符措施”条款，该条款涉及 CPTPP 文本的 2 个附件，即附件Ⅰ不可变不符措施和附件Ⅱ可变不符措施，列出了各国投资领域不符措施承诺表，也就是通常所说的“负面清单”。负面清单用于列出缔约方的例外条款，是“准入前国民待遇 + 负面清单”外资管理模式的核心，是缔约方争取权益的主要渠道，也是谈判博弈的焦点和各方分歧最大、最难达成一致的条款。

CPTPP 是目前投资领域高标准国际规则的典型代表，其高标准主要体现在以下几个方面：一是覆盖领域广。CPTPP 不仅包括传统自贸协定投资规则涉及的领域，还在投资者—国家争端解决等新议题上有大幅进展。CPTPP 对投资的定义，其覆盖范围不仅包括传统的企业、股权、建设项目，还包括金融资产、特许权、租赁、抵押、知识产权等。二是投资自由程度高。CPTPP 全部缔约国都采用了投资与跨境服务贸易一张负面清单形式，我国在 RCEP 中仅非服务业投资采用负面清单，服务业投资和跨境服务贸易都为正面清单。CPTPP“禁止业绩要求”条款涉及内容更多，特别是将传统禁止业绩要求项目推广至服务、技术等新领域，还强调东道国不仅不得对外资施加或强制执行相关要求，也不得强制要求外资作出相关承诺或保证。三是投资者保护程度高。CPTPP 成功将投资者—国家争端解决程序引入多国协议，推行争端解决程序标准化，确保投资者利益。支持投资者可以先在本国发起起诉，不满意后再申请国际仲裁，对仲裁机构和规则也有更多选择。

二、我国现有规则与 CPTPP 的差距

近年来，我国外商投资管理体制改革不断走向深入。2013 年，我国同意以负面清单模式为基础与美国进行双边投资协定谈判，并在自由贸易试验区率先试点外商投资负面清单管理模式。随后，负面清单管理模式逐步推广到全国，并逐年压缩清单范围，外商投资行业限制不断放宽。与此同时，我国还推动外商企业管理和外商投资项目管理减少审批和核准、扩大备案，2019 年我国出台了《外商投资法》和《外商投资法实施条例》，与负面清单管理模式相适应的外资管理体制不断完善。我国已有改革为未来参与 CPTPP 谈判创造了有利条件。“投资”章节是自贸协定的传统章节，CPTPP“投资”章节正文条款与我国已签署的 RCEP 等差别不大。目前，我国与 CPTPP 投资规则的差距主要体现在以负面清单为代表的行业开放力度和以投资者—国家争端解决为代表的投资者保护。

（一）我国负面清单项目偏多、限制措施偏严

“投资”章节的“准入负面清单”类似于货物贸易章节的“关税承诺表”，是缔约方争取权益的主要渠道，也是谈判博弈的焦点和各方分歧最大、最难达成一致的文本。近年来，高标准自贸协议在积极推动各缔约国压缩负面清单长度、放松措施限制程度，加大缔约国行业开放力度，这已经成为投资规则高标准的重要体现。我国负面清单与美、日等国存在较大差距，目前还无法达到 CPTPP 成员国的要求，这是我国未来参与 CPTPP 谈判的最主要难点之一。

从清单长度来看，我国 2021 年全国版负面清单共有 31 项，包括农业 4 项，第二产业 4 项，服务业 23 项。我国对外进行自贸协定谈判时，会以这张国内法层面负面清单为基础，再添加必要项目。与美、日等国相比，我国负面清单在农业、法律、医疗、社会调查、互联网信息服务、文化新闻出版等领域差距较大，这些都是外资迫切希望进入我国市场的领域，在未来 CPTPP 谈判中将成为对手要价的重点。

从措施限制程度看，我国限制措施均为禁止准入或合资要求，在负面清单 31 项措施中，前者 21 项，后者 10 项，这类限制措施属于硬约束，政策回旋余地较小，谈判对手的接受度不高。对比来看，美、日等国的表述更加灵活，包括针对外资的特别许可、要求外资母国对等开放、要求外资注册为特定类型的企业等。我国负面清单限制措施偏严的原因是，我国行业主管部门法律制度不是特别强调外资管理，普遍做法是在文件“附则”章节加入类似“外商投资行为，法律、行政法规另有规定的，从其规定”等托底条款，将外资准入管理权限更多交给外资主管部门。这种处理方式不仅影响对外自贸协定谈判，也造成我国目前外资准入进一步放开难以推进，更导致某些行业强制放开后缺少后续开放安全保障的跟进。

（二）我国尚未实现投资与跨境服务贸易一张清单

CPTPP 所有 11 个缔约方都采用了投资与服务贸易一张负面清单的形式，与之相比，我国在 RCEP 中仅对非服务业投资以负面清单形式作出承诺，中欧 CAI 的标准有所提高，但也仅对服务业和非服务业投资以负面清单形式作出承诺，其余服务贸易模式仍然通过正面清单作出承诺。从国内改革来看，2018 年，上海市人民政府出台了上海自贸试验区《跨境服务贸易负面清单管理模式实施办法》及负面清单，但此后没有再更新。2021 年 7 月 23 日，《海南自由贸易港跨境服务贸易特别管理措施（负面清单）（2021 年版）》由商务部正式发布，这是我国国家层面跨境服务贸易的第一张负面清单。未来，跨境服务负面清单还计划向自贸试验区和全国进行推广。

实现投资与跨境服务贸易一张清单，并非投资负面清单与跨境服务贸易负面清单的简单加总，还将面临外资管理制度的改革。我国目前的外资管理模式是以外资管理部门的外资准入管理为主，行业主管部门的作用还没能得到充分发挥。当我国实现投资与跨境服务贸易一张清单后，禁止准入、股比限制、高管要求等硬约束将减少，“当地存在”要求也将受到限制，非商业存在类不符措施将增加。此时，行业主管部门的重要性将会提升，外资监管职能将会增加，而传统上负责外资准入管理的外资管理部门，具体监管职能将会弱化，需要更多转向部门协调、信息收集、外资服务等职能。

（三）投资者—国家争端解决机制改革方向存在分歧

投资者—国家争端解决机制赋予投资者单项启动、直接对东道国提起仲裁的权力，是保护投资者利益的有力武器。1965 年，《华盛顿公约》签署，随后世界银行下属国际投资争端解决中心（ICSID）成立，投资仲裁方式成为被广泛接受的投资者—国家争端解决机制。目前，运行了 50 多年的投资仲裁方式已经无法适应跨境投资的发展和国际经贸规则的变化，承受着越来越多的质疑和批评，投资者—国家争端解决机制改革迫在眉睫，但改革方向存在较大争议，我国、美国、欧盟各有主张。欧盟主张多边投资法院方式；美国主张保持是当前国际投资仲裁双边特点，加强投资者权利保障；我国等国家主张延续投资仲裁方式，建立类似 WTO 的上述机制，解决仲裁庭一裁终局问题。对比来看，我国和欧盟主张多边主义和避免仲裁庭一裁终局，而美国坚持双边和传统仲裁模式，我国和美国主张保留和改革投资仲裁方式，欧盟主张废除投资仲裁方式，改为司法方式。

当前，投资者—国家争端解决机制改革已经成为国际投资规则的竞争焦点，我国、美国、欧盟各有主张，正处于胶着状态，我国在 RCEP 和中欧 CAI 等协定上都暂时搁置相关谈判。在跨大西洋贸易与投资伙伴协议（TTIP）谈判时，欧盟就明确拒绝引入投资者—国家争端解决机制。在 TPP 谈判时，澳大利亚等国也曾明确反对引入投资者—国家争端解决机制。因此，成功将投资者—国家争端解决机制引入多国协议本身就是 TPP 的巨大成功，增强了美国在投资者—国家争端解决机制改革领域的话语权。未来，我国如果全盘接受 CPTPP 投资者—国家争端解决机制条款，那么在后续投资者—国家争端解决机制改革问题上将很被动。

CPTPP 投资者—国家争端解决机制主基调是向投资者倾斜，具体来看，比较重要的是如下几点：一是对仲裁庭一裁终局问题完全没有涉及。“一裁终局”被认为是目前投资者—国家争端解决机制的主要缺陷，包括我国在内的广大发展中国家希望建立上诉机制。二是投资者实施东道国国内起诉后，仍可以申请国际投资仲裁（CPTPP 第 9. 20 条）。这对东道国司法权威构成严重挑战，使外资获得了超国民待遇。三是仲裁机构和规则有多种选择。CPTPP 第 9. 19 条第 4 款规定除了 ICSID 公约、ICSID 仲裁程序规则、ICSID 附加便利规则、联合国国际贸易法委员会仲裁规则之外，还可以利用任何其他仲裁机构和仲裁规则。投资者不再完全依赖国际投资争端解决中心（ICSID），拥有更多选择权。四是将投资者—国家争端解决与国家间争端解决挂钩。CPTPP 第 9. 29 条第 11 款规定，如果被申请人没有履行国际投资仲裁裁决，申请人所属缔约方可以根据 CPTPP 第 28 章“争端解决”寻求设立专家组和起草初步报告。

从我国的实践来看，在 1993 年加入《华盛顿公约》时，仅就征收和国有化补偿引发的争议接受 ICISD 仲裁管辖；随后，2000 年左右签署的双边投资协定才逐渐承认更多的 ICISD 仲裁管辖权。虽然，随着对外投资规模的不断扩大，我国面临着资本输出和资本输入双重身份，出现了有效维护我国海外投资者利益需求，但是，总体上看，我国与美、欧、日等发达国家相比还存在明显不同，尤其是近年来投资者—国家争端解决的关注领域从征收或国有化扩展到包括人权、环境、法治等议题的公共政策，我国需要在国家利益和海外投资利益之间做好平衡。CPTPP 具有明显投资者保护倾向的投资者—国家争端解决条款对我国是一个明显挑战。外资有权在国际层面对我国法律法规提出挑战，形成了超国民待遇；国际投资仲裁机构根植于发达国家法律文化，我国应诉面临明显弱势，同时国际投资仲裁还存在固有的缺乏透明度和程序公正性等问题；目前的国际投资仲裁坚持仲裁庭一裁终局，我国面临着缺少进一步救济渠道问题。

（四）我国还在土地征收、国有企业、投资定义等条款与 CPTPP 投资规则存在差距

虽然 CPTPP、RCEP、中欧 CAI 等的“投资”章节正文主体部分条款都基于同一模板，但在具体表述上还是体现出缔约方的意图。对照我国已经签署的自贸协定，CPTPP 如下一些条款需要引起重视。

一是土地征收补偿市场化定价。CPTPP 第 9.8 条“征收和补偿”第 2 款明确，补偿应等同于被征收投资的公平市场价值。这一表述是投资规则模板常用表述，本身并无不可，但对于我国则存在土地征收补偿中市场化定价问题。我国土地归国家或农民集体所有，企业仅有使用权，土地征收补偿价格由地方政府确定补偿标准决定，而非市场化定价。在我国已经签署的 RCEP 等协定中都强调，任何与土地相关的征收措施应当由实行征收的缔约方现行的法律和法规界定，我国加入 CPTPP 时也需要在土地征收问题上寻求例外。

二是国有企业行为的更多限制。传统自贸协定“投资”章节的义务仅针对政府部门，CPTPP 进行了扩充。CPTPP 第 9.2 条第 2 款规定缔约方履行义务的部门，不仅包括“缔约方的中央、地区或地方政府或主管机关”，还增加了“授权行使任何政府权力的任何人，包括国有企业或任何其他机构”。同时，该条款下还包括一个脚注：“根据缔约方法律授予的政府职权包括通过立法授权或通过政府命令、指令或其他方式转移或授权行使的政府职权。”整体来看，这一条款指向国有企业意图明显，并通过托底表述将政府转授权的形式和范围过度放大，据此国有企业的采购、联合投资项目、工程委托等都可能受“投资”章节条款约束。

三是关于投资涵盖范围的扩大。CPTPP 第 9.1 条“定义”给出的“投资”定义非常宽泛，不仅包括企业、股权、建设项目，还包括金融资产、特许权、租赁、抵押、知识产权等。2019 年 3 月，我国出台《外商投资法》，这是我国外商投资领域的基础性法律，其对“投资”的定义为：外国自然人、企业等直接或者间接在中国境内进行的投资活动，包括设立企业、取得股权或财产份额等权益、投资新建项目等情形，以及“其他投资”的兜底条款。

具体来看，我国采用列举加兜底的定义模式，列举的 3 项分别为单独投资、合资、再投资 3 种形式，均为外商直接投资，是我国目前外资管理服务实践中广泛认可的形式，比较明显地体现出对“外资三法”的传承。虽然条文中提到了间接投资，但没有具体列举，2019 年 12 月出台的《外商投资法实施条例》也没有具体细化。与 CPTPP 相比，我国国内法体系中“投资”定义范围明显偏窄。

目前，我国外资法律体系覆盖范围明显小于对外签署的经贸协议，需要引起重视。在过去，我国外资主要以绿地投资、利润再投资等方式为主，目前国内法中“投资”定义能够覆盖住。随着我国开放水平不断扩大，来华外资形式更加多样化，会面临越来越多符合我国对外承诺的外资，面临国内无法可依的尴尬。一方面，不利于外资权利的保护。“投资”定义是我国外资法律法规适用性的先决条件，是确定在华外商投资身份的基础。无法确定身份的外资，包括外商投资企业投诉工作机制等将难以发挥作用，随之而来可能引起国际层面投资争议解决上管辖权的问题。另一方面，无法确定外资身份也不利于我国外资管理工作，包括外资准入、投资项目核准、外资信息报送、外资统计等。

三、我国外资开放安全方面存在的不足之处

扩大对外开放要以开放安全为前提。对接 CPTPP 投资规则，不仅要对接如何放的问题，也要对接如何管的问题。在外商投资领域的国内安全保障方面，与具有几十年相关经验的发达国家相比，我国的经验还不足。

（一）我国外资安全审查经验不足

根本安全（Essential Security）是一个托底条款，是美国双边投资协定 2012 年模板的标配，TPP 将其写入了第 29 章“例外和总则”的第 29.2 条“安全例外”，CPTPP 得以继承。该条款明确规定，东道国为了基本安全利益，可以采取与其他条款相冲突的行为，也就是此种情况下可以不遵守其他条款。

美国充分利用根本安全条款，建立了严密的外商投资监管与审查体系，保证外商投资既要服务本国经济又不能对国家安全构成威胁。2018 年美国出台了《外国投资风险评估现代化法》，给予美国外国投资委员会（CFIUS）更大的管辖范围，这是 CFIUS 自 1988 年成立以来的第 3 次重大改革。我国 2019 年出台的《外商投资法》明确建立外商投资安全审查制度，对影响或者可能影响国家安全的外商投资进行安全审查，2020 年末国家发展改革委和商务部联合发布了《外商投资安全审查办法》。我国外商投资安全审查制度虽然在不断完善，但实施时间不长，还需要一个经验积累过程，与美国几十年的经验相比还存在较大差距。

（二）我国部分重点行业安全保障不足

世界各国都或多或少存在保护本国特定行业的需要，外资准入负面清单就是各国争取利益的主要方式。从中、美、日三国外资准入负面清单主要领域对比来看，制造业等资金技术密集型行业限制较少，农业、采矿业等资源投入型行业以及与社会生活和公共安全关系密切行业限制较多。我国虽然在文化、法律、社会调查、互联网信息服务、基因技术等领域限制较多，但在制造业、农业、采矿、能源、运输等领域与美日差距并不大，特别是采矿、运输等领域比美日的限制更少。以采矿业为例，我国负面清单的限制主要集中在稀土矿、放射性矿产和钨矿，范围偏窄。与我国不同，美国和日本负面清单针对所有采矿权，限制范围很宽，美国要求当地存在和对等开放，日本要求当地存在和特殊审批。另外，日本负面清单中明确要求航天、军工、炸药制造、药品生产、电力、燃气等领域需要特殊审批，而我国负面清单没有包括这些领域。

（三）我国外资市场准入的行业法规还不完善

发达国家很多行业和领域有透明度高、精心设计的法律法规，表面上开放水平较高，实际上会受到很多限制。以美国电信行业为例，《美国通信法》第 214 节规定，在美国新建通信线路需要申请许可，被称为“214 牌照”。美国联邦通信委员会（FCC）是审核机构，如果外资直接持股超过 5%，或间接持股超过 25%，FCC 将移交电信小组（Team Telecom）提出意见。电信小组由美国联邦调查局、司法部、国防部、国土安全部组成，具有实质上的决定权，但其并非一个法律机构，没有审批权，履行职责不受任何法律约束，也没有制定正式法规和公开流程。因此，美国电信行业审批具有非常大的自由裁量权。例如，2021 年 10 月 26 日，美国联邦通信委员会以国家安全考虑为由，投票决定吊销中国电信美洲子公司在美国的 214 牌照。再如，中国移动 2011 年 9 月 1 日申请 214 牌照，FCC 将申请转至电信小组后拖延至今，电信小组没有给出审查期限，也没有就审查未完成给出原因。在此期间，依然有其他国家企业获批 214 牌照。与之相比，我国外资市场准入的行业法规还不完善，外资准入管理更多依赖外资主管部门的行业准入限制，行业主管部门的作用没有得到充分发挥。

四、政策建议

2021 年 9 月 16 日，我国正式提出申请加入 CPTPP，接下来便进入具体对外谈判阶段，需要国内改革及时跟进和密切配合。未来，我国要以申请加入 CPTPP 为契机，通过制度型开放对接国际高标准经贸规则，通过改革加强自身能力建设，提升谈判主动性。

（一）进一步开放市场准入

进一步压减外资准入负面清单，是我国参与 CPTPP 对外谈判的重要准备工作。我国未来的行业开放要坚持分类、分步原则，不能因为安全问题而拒绝开放，也不能为了开放而冒进。目前，我国外资准入负面清单主要集中在农业、采矿业、少量制造业、公共事业、交通邮政、信息调查、社科研究、金融、教育医疗、文化等领域。与美日负面清单比较来看，公共事业、公共服务、运输、通信等是各国限制普遍较多的领域；农业、法律、社会调查等领域，美国竞争力强，限制较少，但日本限制较多。美日限制较少的领域，可以作为我国进一步扩大开放的关注重点，例如互联网信息服务、金融、法律、医疗、文化等领域。我国外资准入负面清单的分类太粗放，每一条措施对应一个很大的行业，一次性完全放开难度较大。下一步，要对行业进行细分，列出每个细分领域的风险等级，推动风险等级较低的领域在自由贸易试验区和自由贸易港先行开放试点，再逐步推广。具体到外资准入负面清单的措施表述上，现在已经有一些类似尝试，例如“增值电信业务的外资股比不超过50%（电子商务、国内多方通信、存储转发类、呼叫中心除外）”，这就是在增值电信行业整体限制的情况下，对括号内的4个细分行业进行单独开放。未来，可以采用这种模式继续推动更多细分行业扩大开放。

针对外资准入负面清单中敏感度较高、压减难度较大的项目，需要开拓新思路，探索实施更加灵活、多样的管理措施，提升外资准入管理精细化水平。可以改变目前或者完全放开、或者严格禁止的做法，探索外资特定条件下准入模式。例如，变“禁止准入”为设置特别筛选程序，挑选技术先进、运行效率高、环保意识强的企业；或者，允许外资设立特定的企业形式，通过专门法规进行特殊监管；再或者，先行向法律制度健全、监管体系成熟、对我国友好的国家的外资开放；又或者，将我国的行业开放作为谈判筹码，与对手国家作交换。无论采取哪种灵活措施，重点是规则的制度化、精细化、透明化，既能保证措施的顺利实施，又能够在对外谈判中争取例外处理。

（二）建立对标CPTPP的负面清单体系

CPTPP各协约国都采用了投资和跨境服务贸易一体化负面清单，我国在RCEP中仍采用投资负面清单和服务贸易正面清单形式，与CPTPP要求还存在差距。目前，我国已经在海南自贸港启动了跨境服务贸易负面清单制度，未来，要朝着投资和跨境服务贸易一体化负面清单方向努力。我国在服务类跨境投资负面清单方面已经有一定基础，下一步可以在压减清单方面下功夫。目前来看，我国跨境交付、境外消费、自然人流动等跨境服务贸易模式的开放难度较大，负面清单比较长，涉及法律、会计、专利、咨询、调查、测绘、统计、建筑设计、教育、医疗、公证、出版、广播、电视、互联网信息服务等很多方面。对此，可以从开放商业存在模式做起，在实践中提升监管能力，再逐步向开放其他模式过渡。CPTPP 美日等国负面清单的每一项措施，都详细列明了法律来源和限制内容，而我国在 RCEP 投资准入负面清单中，部分措施的法律依据还是《外商投资准入特别管理措施（负面清单）》，不仅法律位阶低，对限制措施的内容描述也比较笼统。建议比照国际上通行的投资和跨境服务贸易负面清单格式，在我国外资准入负面清单和跨境服务贸易负面清单的每项措施后列明法律来源，没有法律依据的措施，尽快制定新法规或修订现有法规。

（三）处理好投资者—国家争端解决机制条款

我国如果全盘接受 CPTPP 投资者—国家争端解决机制条款，那么在未来投资者—国家争端解决机制改革问题上就将面临非常被动的局面。因此，我国首先要做好与 CPTPP 成员的沟通协调。在 CPTPP 搁置的 TPP 部分条款中，投资者—国家争端解决机制条款占据较大比例，表明 CPTPP 成员与美国在此领域存在较大分歧。未来，在与 CPTPP 成员国接触和谈判过程中，要充分利用成员国与美国在条款上的分歧，引导相关规则向对我国有利的方向转变。另外，我国也要加强自身能力建设。加强国内外商投资保护工作，完善外商投资企业投诉工作机制，及时处理外资企业反映的问题，完善我国行政复议和行政诉讼制度，发挥好行业协会的作用，及时回应外资企业关切，努力将矛盾和问题化解在国内。加强我国仲裁机构建设，提升我国仲裁机构的国际影响力。

（四）积极参与国际经贸规则合作

积极参与国际投资领域的高标准经贸规则谈判，通过增加接触及时了解各国关切和要价，准确把握国际投资规则发展趋势。升级重点双边投资协定，提升我国双边投资协定覆盖面。妥善处理好当前中欧之间分歧，推动中欧 CAI 尽早批准。积极推动中日韩自贸协定谈判，选择适当时机率先推进中日自贸协定谈判。投资者—国家争端解决是当前国际投资规则竞争焦点。我国主张的“延续投资仲裁方式，建立上述机制”可以获得很多特别是广大发展中国家的支持，要积极与各国沟通，寻求共识。积极参与联合国国际贸易法委员会（UNCITRAL）ISDS 改革，寻求更多共识和话语权。目前，RCEP 和中欧 CAI 都搁置了 ISDS 条款，限定了未来启动谈判的期限。我国要以此为契机，通过谈判，寻求各方共识，引领 ISDS 改革朝着对我国有利的方向前进。

（五）完善事中事后监管体系

安全问题是我国行业开放推进困难的核心所在。从发达国家的经验来看，事中事后监管能力是实施宽松的外资准入的强大后盾。发达国家的事中事后监管能力来源于完备的法律制度体系、强大的信息收集能力、高效的行政执法，同时每个环节都体现出公平和透明，从而保证强监管不以损害营商环境为代价。下一步，我国要特别加强外资信息采集能力建设，确保准确识别外商投资行为。在商务、市场监管、外汇管理等部门现有信息共享制度基础上，重点加强各部门之间的监管协调，加强商务部门外资信息与外汇部门外商资金流的比对，联合出台外资统计标准，在制度层面明确外资、实际控制人、协议控制等概念的界定标准。要特别利用好反垄断、反不正当竞争、外资安全审查、信用体系建设等手段，在公平和透明的前提下，对公共服务、信息、通信、交通、金融等重点领域实行内外资一致原则下的强监管，保障人民生活健康有序，维护公共安全和社会稳定。

本章参考文献

1. 白洁，苏庆义：《CPTPP 的规则、影响及中国对策：基于和 TPP 对比的分析》，《国际经济评论》2019 年第 1 期。

2. 郭成龙：《美国负面清单管理模式下的投资准入障碍研究——以中国企业对美投资为视角》，《现代法治研究》2017 年第 1 期。

3. 刘政：《美国双边投资协定研究——以美国经济战略为视角》，博士学位论文，东北财经大学，2019 年。

4. 聂平香，戴丽华：《美国负面清单管理模式探析及对我国的借鉴》，《国际贸易》2014 年第 4 期。

5. 聂平香：《国际投资规则的演变及趋势》，《国际经济合作》2014 年第 7 期。

6. 孙晓涛：《对接 CPTPP 外资准入负面清单制度研究》，《中国经贸导刊》。

7. 孙晓涛：《海南跨境服务贸易负面清单助推我国制度型开放新突破》，《中国外汇》2021 年第 17 期。

8. 王芳：《CPTPP 投资规则对中国外资政策的启示》，《区域与全球发展》2018 年第 2 期。

9. 张晓楠，李振宁：《投资准入“负面清单”制度辨析》，《商业研究》2019 年第 3 期。

附录 8 -1　CPTPP 与 RCEP 投资规则的主要不同点

条款	CPTPP 投资规则	RCEP 投资规则
定义	投资定义的范围宽泛。	投资定义的范围相对较窄。
范围	义务范围包括行使政府权力的所有机构，特别提到国有企业。	明确不包括政府采购、补贴、行使政府职权时提供的服务等。
国民待遇	无明显差异。	无明显差异。
最惠国待遇	无明显差异。	无明显差异。
最低标准待遇	无明显差异。	无明显差异。
武装冲突或内乱情况下的待遇	无明显差异。	无明显差异。
征收和补偿	特别强调补贴和赠款决定的变更不构成征收。	特别强调土地相关征收按征收方的法律法规界定。
转移	强调允许实物回报转移。	特别强调外籍员工收入的自由转移； 特别强调对于税收、退休福利、雇员遣散费、为保护雇员权利等，可以阻止或延迟转移； 强调本条款不得影响协约方作为国际货币基金组织成员的权力和义务。

续表

条款	CPTPP 投资规则	RCEP 投资规则
禁止业绩要求	特别强调除了不得“施加或强制执行”外，也不得“强制要求作出承诺或保证”； 特别强调禁止事项包括要求出口一定水平服务、限制服务的领土内销售、要求服务仅通过本地出口、要求本地购买技术、组织本地购买技术等； 强调出于保护环境和公共福利的目的，可以放松限制； 强调可以要求外资雇用或培训本地工人； 强调不阻止私人之间的任何承诺。	
高级管理人员和董事会	无明显差异。	无明显差异。
不符措施	不符措施的修正实行棘轮机制，越南有 3 年宽限期； 一缔约方如果认为另一缔约方地区级政府存在实质阻碍投资措施，可要求进行磋商； 强调政府采购、补贴、赠款属于不符措施； 各国不符措施清单存在很大差别，详见本专题第三部分。	中国等 10 国 5 年内不符措施的修正实行棘轮机制； 各国不符措施清单存在很大差别。
代位		强调权利或诉请的代位安排应该进行披露。
特殊手续和信息要求	无明显差异。	无明显差异。
拒绝给予利益		强调如果无外交关系国借用条约绕道投资，投资目的国可以拒绝授惠； 如果投资者违反了实施《金融行动特别工作组建议》相关的法律法规，投资目的国可以拒绝授惠； 保留泰国和菲律宾的特殊利益诉求。

续表

条款	CPTPP 投资规则	RCEP 投资规则
安全例外	体现在 CPTPP 第 29 章“例外和总则”，无明显差异。	无明显差异。
投资与环境、卫生和其他监管目标		没有涉及此条款内容。
企业社会责任		没有涉及此条款内容。
投资促进	没有涉及此条款内容。	
投资便利化	没有涉及此条款内容。	
投资者—国家间争端解决		协定生效后 2 年内讨论，设定 3 年讨论期。

执笔人：孙晓涛

专题九　我国知识产权对接 CPTPP 规则的改革举措研究

CPTPP 作为高水平经贸协定，脱胎于跨太平洋伙伴关系协议（TPP）。TPP 协议是一个美国主导的区域自由贸易协议，在劳工权利、知识产权和环境等方面提出了远超 WTO 设定的标准，被认为是一个高水平的自贸区协议，体现了“高标准、高质量、高层次、面向 21 世纪”的特征。在中央政策层面，提出了要积极主动地在知识产权领域推动国际规则发展变化的要求。2020 年 11 月 30 日，中共中央政治局就加强我国知识产权保护工作举行第二十五次集体学习，习近平总书记在主持学习时明确强调，“推动完善知识产权及相关国际贸易、国际投资等国际规则和标准，推动全球知识产权治理体制向着更加公正合理的方向发展”。为了满足成为全球知识产权治理体系推动者的这一更高层次要求，迫切需要全面论证 CPTPP 知识产权条款的相关内容与我们目前知识产权制度之间的相适关系，准确分析对标 CPTPP 知识产权条款我国现行知识产权制度的差距。

一、CPTPP 知识产权规则的特点

（一）CPTPP 脱胎于 TPP，代表了全球领先的知识产权水平

CPTPP 保留了原来 TPP 协定的核心规则框架体系，为了更快地达成协定，条款内容也“瘦身”不少，与之前的 TPP 条款相比，搁置了 22 项条款，这 22 项条款更多地体现了美国意愿，是 TPP 谈判时成员国博弈的重点所在，也是争议、分歧的集中点。在 CPTPP 搁置的条款中，知识产权是重头戏，其中

第 18 章即知识产权部分就搁置了 11 条，涉及国民待遇条款、专利保护条款、未披露数据条款、版权与相关权期限条款、技术保护措施条款、卫星和有线电视信号条款、互联网提供商安全港条款等。条款的搁置为发展中国家国内知识产权保护相关法律法规的完善赢得了过渡期，但搁置不等于不处理，如果未来美国重新加入 CPTPP，恢复暂停的条款将需要现有各方重新达成意见。

CPTPP 虽然较 TPP 已经精简，但知识产权规则仍然覆盖了 TPP 中绝大部分条款，并且知识产权条款的目的是，旨在竭尽所能地为成员国的知识产权保护提供规则支撑，最大限度地保护权利人（作者）利益，并对不利于知识产权保护的行为进行严厉的惩罚，可以说 CPTPP 知识产权条款代表了知识产权的强保护、大保护，是全球领先的知识产权保护高标准。

（二）总体框架未突破 TRIPs，但保护水平更高

CPTPP 规定了一些现有国际条约并未统一规范的知识产权保护高标准，特别是在《与贸易有关的知识产权协定》（TRIPs）协议基础上进一步扩张，其保护水平远超 TRIPs 条款。CPTPP 第 18 章关于“知识产权”的规定有 11 节，总体上尚未突破 TRIPs 的框架，只是在原则、保护客体范围、立法、执法等方面提出了更高的要求。

促进创新和便利知识的传播作为 TRIPs 知识产权保护的目标，而 CPTPP 则提出通过知识产权制度促进培育竞争、开放和有效率的市场，如规定政府机构侵权行为不适用豁免，限制了成员国基于国情而设置知识产权保护豁免或例外条款的权力，反映了 CPTPP 的市场主导观念。[①]

相比 TRIPs，CPTPP 对缔约国加入知识产权领域国际公约要求更广泛。进一步扩大知识产权保护国民待遇的范围，如首次纳入模拟通信和免费无线广播对录音制品的二次使用的情况；要求更高程度的透明度，在公布方式、内容等方面提出了更加细致的要求；提倡成员国之间开展合作，如为分享和使用其他成员国的专利检索审查结果提供便利。

---

① 参见 CPTPP 第 18.4 条。

对保护客体进行扩展，降低保护起点，将 TRIPs 协议未规定的域名、国名、气味商标和声音商标纳入保护范围，为农用化学物质未披露的实验或其他数据提供保护等。

为权利人发现侵权行为、收集侵权证据提供便利和充分的救济，如规定药品专利链接制度，允许药品专利权人能够及时发现潜在的侵权主体，并及时获得救济；重视数字环境下的商标、版权侵权执法、将商标混淆或近似的商品纳入执法对象，规定海关可依职权启动边境措施，并适用于过境货物，降低知识产权侵权入罪的“商业规模”的认定标准，增加关于商业秘密刑事保护的规定。①

可见，与 TRIPs 相比，CPTPP 呈现出全面、高标准的知识产权保护特点。CPTPP 知识产权条款仍旧延续了 TRIPs 的不平衡态势，主要体现出发达国家的利益，对于传统文化、遗传资源、民间文艺等保护，尚未展开有益的尝试；也没有反映出发展中国家维护公众健康、保护生物多样性、促进技术转移和知识传播等合理诉求。这也意味着 CPTPP 仍具有很大的完善空间以促进贸易公平。②

（三）与 RCEP 协议目标不同，知识产权条款涉及领域相当，但保护标准更高

RCEP 最突出的特点是以“发展”为协议的核心目标，集中体现了发展中国家在全球经贸治理中的利益诉求。无论是 RCEP 参与国类型，还是协议达成的最终内容，都比 CPTPP 体现出更多的包容性、灵活性和发展性。③RCEP 更加强调遵循以 WTO 为核心的多边贸易体制规则，侧重发展中国家的

---

① 易继明、初萌：《后 TRIPs 时代知识产权国际保护的新发展及我国的应对》，《知识产权》2020 年第 2 期。

② 同上。

③ RCEP 15 个成员国，既包括日本、澳大利亚等经济发达国家，也包括柬埔寨、老挝等欠发达国家。RCEP 在第 11 章第 1 条明确了知识产权目标，通过有效和充分的创造、运用、保护和实施知识产权权利来深化经济一体化和合作，以减少对贸易和投资的扭曲和阻碍；CPTPP 的目标是知识产权的保护和实施应有助于促进技术创新，有助于技术转让和传播。

利益，注重“灵活性”和“高标准”之间的权衡。CPTPP 是一个全方位严格的贸易协定，CPTPP 相比 RCEP 具有更高的知识产权标准，从条款内容上，CPTPP 知识产权条款涉及领域与 RCEP 相当，并且详细规定了知识产权各个客体类型的保护标准，还考虑了数字环境下的知识产权问题，包括知识产权的民事、刑事和行政执法内容。在保护标准上，RCEP 要低于 CPTPP，但 RCEP 关于数字版权的规则超出了 CPTPP 中的相关内容。

二者的差异体现在具体条款上，如对商标的保护，RCEP 增加了打击“恶意注册申请商标”的规定等，CPTPP 则是进一步扩大商标保护范围，要求缔约方对未注册的驰名商标给予跨类保护以及明确通用名称的认定规则等。关于专利权保护规定，RCEP 相对于 CPTPP 标准较低，如专利宽限期、专利电子申请制度等条款为宣誓性规定，没有明确具体要求。CPTPP 中关于专利领域农用化工品的相关数据的独占保护、药品专利链接等规定，在 RCEP 中都没有涉及。与 RCEP 相比，CPTPP 关于著作权及相关权利部分规定更详细、全面，CPTPP 相对于 RCEP 执法力度更大，RCEP 中关于损害赔偿规定，以填平为主，未规定惩罚性赔偿，CPTPP 则规定在有关侵犯保护作品、录音制品或表演的版权或相关权和有关假冒商标的民事司法程序中，每一缔约方应建立或设立规定下列一项或多项的制度：法定赔偿或额外赔偿；CPTPP 对进出口、过境货物启动边境措施，RCEP 仅对进口涉嫌盗版货物或假冒商标货物的依职权中止放行作出强制规定，对于“出口”此类货物，缔约方则可以自主选择是否设立相关程序采取边境措施；CPTPP 与 RCEP 相比较在刑事处罚的规定更为细致，CPTPP 对“具有商业规模”作出具体认定规定，而 RCEP 则未对商业规模进行界定；但是 RCEP 更强调对数字环境下侵权行为的重视，这是较 CPTPP 更进一步的地方。

二、知识产权仍是我国加入 CPTPP 遇到的主要挑战之一

由于美国的退出，我国目前面临一个加入 CPTPP 的窗口时期。我国如果加入 CPTPP，将成为目前亚太地区最大的自贸区成员国，获得其余 11 国的市

场准入，为我国进一步深化改革、扩大开放提供更多外部机遇和空间，能在当下多边自贸区谈判中获得更高的站位。CPTPP 搁置了 11 条 TPP 的知识产权条款，这使我国知识产权保护标准具备了与 CPTPP 标准对接的可行性。但 CPTPP 依然是最高标准的自贸协定，无论是在立法还是执法层面，我国与知识产权国际最高标准对接仍会面临巨大的改革压力和挑战。

（一）我国知识产权制度不断完善，为接轨国际规则打下基础

《专利法》第四次修订于 2021 年 6 月 1 日正式实施，新《专利法》在加强对专利权人合法权益的保护、促进专利实施和运用、完善专利授权制度等方面进行了一系列的修改，既适应经济发展和创新的需求，又结合国际发展趋势，也从以下方面体现出与 CPTPP 国际高标准知识产权保护水平逐步接轨的趋势。

1. 完善外观设计保护制度，给予局部外观设计专利保护

新《专利法》将第二条第四款修改为："外观设计，是指对产品的整体或者局部的形状、图案或者其结合以及色彩与形状、图案的结合所作出的富有美感并适于工业应用的新设计。"从而达到 CPTPP 要求对局部外观设计授予专利权保护的标准。同时，还延长外观设计的保护期限到 15 年，增加外观设计专利申请享有六个月的国内优先权，进一步完善外观设计保护制度。

2. 建立专利权期限补偿制度，补偿审查专利延误和药品上市审批中耽搁的时间

新《专利法》第四十二条第二款规定，由于国家知识产权局审查延误可以给予一定的专利有效期补偿。该条款不仅针对药品专利，其他技术领域的发明专利也适用该条款。第三款规定为补偿新药上市审评审批占用的时间，可以给予专利权期限补偿，补偿期限不超过五年。此项规定与 CPTPP 中要求调整专利期限以补偿不合理的授权延迟规定相一致，甚至还额外规定对于新药上市审评审批占用时间给予专利权期限补偿。

3. 建立药品专利链接制度和药品专利纠纷早期解决机制

新《专利法》还增加了第七十六条药品专利纠纷早期解决机制，即药品

专利链接制度，以在相关药品上市前，尽早解决潜在的专利纠纷。2021 年 7 月 4 日，国家药监局、国家知识产权局联合发布并实施《药品专利纠纷早期解决机制实施办法（试行）》，7 月 5 日国家知识产权局发布《药品专利纠纷早期解决机制行政裁决办法》。CPTPP 第 18 章第 53 条要求缔约方有相关制度对专利所有人在涉嫌侵权产品销售前寻求可获得的救济。我国通过不断完善专利及相关制度，已经与 CPTPP 的高标准逐渐接轨。

我国《著作权法》也完成第三次修订，并于 2021 年 6 月 1 日实施，对于著作权的保护与 CPTPP 相关规定的衔接性也得到极大提高。国内《商标法》与 CPTPP 相关条款进行对比，也已基本达到其保护水平。另外，我国还在积极加入《工业品外观设计国际注册海牙协定日内瓦文本》的进程中，在国际规则上与 CPTPP 的要求日益接近。

（二）CPTPP 知识产权条款与我国现行知识产权制度的比较与分析

随着我国知识产权法律制度的不断完善，总体来看，在保护客体、保护期限、侵权救济途径、权利限制规定等诸多方面，已基本符合 TRIPs 规定的保护标准，并逐渐向国际高标准知识产权规则靠近，本文进一步对比我国知识产权相关法律法规与 CPTPP 知识产权条款（第 18 章）的异同，寻找目前我国加入 CPTPP 在知识产权上的差距。

1. 总则与合作：加入新的国际条约要求和国民待遇领域扩大

在 CPTPP 知识产权总则中，第 18.7 条国际协定对国际知识产权公约进行了广泛纳入，要求缔约国应批准或加入 UPOV 1991，即《国际植物新品种保护公约》（1991 年文本）。目前我国尚未加入该公约。[①] CPTPP 对国民待遇的

① 《国际植物新品种保护公约》于 1961 年 12 月 2 日制定，经 1972 年、1978 年、1991 年日内瓦修订。第九届全国人民代表大会常务委员会第四次会议决定，加入《国际植物新品种保护公约（1978 年文本）》，1998 年 8 月 29 日通过。1991 年文本相比 1978 年文本，保护标准提高，对植物新品种保护期延长，保护权力范围扩大，侵权不将“以商业销售为目的”作为前提条件等。

范围扩大到本协定相关条款之外，如扩大版权及相关权的国民待遇范围。①

2. 商标：基本一致的保护水平，个别条款扩大保护范围

CPTPP 中关于商标的条款从第 18.18 条到第 18.28 条共 11 条，涉及可注册商标类型，审查、异议注销程序，商标保护期，电子系统，集体商标和证明商标，驰名商标以及域名等。

将国内商标法与其进行对比，已基本达到 CPTPP 相关条款规定，存在主要差异的条款如表 9－1 所示。

表 9－1　CPTPP 中关于商标的条款与国内商标法等条款比较

CPTPP 条款	国内商标法
第 18.18 条	商标法第八条、第九条至第十二条
第 18.22 条	商标法第十三条、第十四条、第五十八条
第 18.25 条	商标法中无明确规定，但公告书中有标明商品或服务名称类别

CPTPP 第 18.18 条：可注册商标客体范围扩大到气味。

在 CPTPP 有关商标的规定条款中，保护客体范围更加具体和宽泛。CPTPP 提出“任何缔约方不得作为注册的条件而要求标记可被视觉感知，也不得仅以该标记由声音组成为由拒绝注册一商标。此外，每一缔约方应尽最大努力注册气味商标”②，而 TRIPs 中允许缔约国要求所注册的商标是可感知的。我国商标法中，已将除气味之外的其他客体纳入注册范围，气味目前尚未纳入。

CPTPP 第 18.22 条：未注册驰名商标的跨类保护。

CPTPP 第 18.22 条第 2 款驰名商标规定③，与以一驰名商标标识的货物或服务不相同或不相似的货物或服务，无论是否注册，只要对这些货物或服务

---

① CPTPP 第 18.8 条国民待遇第 1 款及脚注规定，对于 H 节（版权和相关权）未涵盖的版权和相关权，本协定中任何条款不限制一缔约方对这些权利采取在其他情况下允许的对国民待遇的减损。

② CPTPP Article 18.18：“Additionally, each Party shall make best efforts to register scent marks.”“make best efforts to” 表达了并非成员国必须执行。

③ CPTPP Article 18.22：“Article 6bis of the Paris Convention shall apply, mutatis mutandis, to goods or services that are not identical or similar to those identified by a wellknown trademark, 13 whether registered or not...” 如对“香槟”气泡酒的商标保护，“香槟”没有在我国注册驰名商标，发现在非酒类商品，如香水等产品上使用“香槟”作为商标的行为，在中国这种未注册驰名商标的跨类使用，是不受《商标法》保护的，但按照 CPTPP 第 18.22 款规定应给予保护。

使用该商标，会表明这些货物或服务与商标所有权人之间存在联系，且该商标所有权人的利益有可能因此种使用而受到损害。将各缔约方对驰名商标的特殊保护跨类至不相同或不相类似的商品或服务，并且认定商标是否驰名不得要求驰名商标必须注册。我国《商标法》就不相同或不类似的商品或服务申请注册的商标与驰名商标相同或类似的，仅对在中国注册的驰名商标进行保护，对未注册的驰名商标跨类保护仍然不足。

CPTPP 第 18.25 条：货物和服务的名称及分类。

CPTPP 第 18.25 条规定，要求每一缔约方应规定，在注册和申请公告中标明货物和服务的名称，并根据尼斯分类所确定的类别进行分组。[①]我国《商标法》及《商标法实施条例》目前无有关条款规定，但实践中，商标公告文书有相关信息披露，如核定使用商品或服务项目中，包括类别分组及名称。

3. 地理标志：集中于程序上的差异和具体概念上的界定

CPTPP 知识产权章节中关于地理标志的条款从第 18.30 条到第 18.36 条，一共 7 条，涵盖了地理标志的认定、异议、注销及程序规定，通用名称和复合名称的规定，保护日期及国际协定例外条款等。

国内关于地理标志的保护，除《商标法》《集体商标、证明商标注册和管理办法》规定外，还有《地理标志产品保护规定》《国外地理标志产品保护办法》《农产品地理标志管理办法》等相关规定。比较 CPTPP 与国内有关地理标志规定条款如表 9－2 所示。

表 9－2　CPTPP 与国内有关地理标志法律法规比较

CPTPP 条款	国内相关地理标志保护规定
第 18.31 条	《地理标志产品保护规定》第八条、第十条，《国外地理标志产品保护办法》第七条、第十条，《农产品地理标志管理办法》第八条，《集体商标、证明商标注册和管理办法》第六条

① CPTPP Article 18.25: " Each Party shall provide that: (a) registrations and the publications of applications indicate the goods and services by their names, grouped according to the classes established by the Nice Classification..."

续表

CPTPP 条款	国内相关地理标志保护规定
第 18. 32 条	《地理标志产品保护规定》第二十三条，《国外地理标志产品保护办法》第十五条、第三十三条
第 18. 32 条 1 款（c）注释，2 款注释	《集体商标、证明商标注册和管理办法》第十二条规定、第十六条，《商标法》第十六条
第 18. 33 条	国内法规没有明确界定通用名称
第 18. 34 条	国内法律法规没有复合名称部分为通用名称的规定

CPTPP 第 18. 31 条：保护和认定地理标志的行政程序差异。

CPTPP 第 18. 31 条保护或承认地理标志的行政程序规定，如一缔约方规定保护或承认地理标志的行政程序，无论通过商标还是通过专门制度，则对于该保护的申请或承认的请求，该缔约方应：（a）接受申请或请求而不要求一缔约方代表其国民介入。①

我国《地理标志产品保护规定》第八条，地理标志产品保护申请，由当地县级以上人民政府指定的地理标志产品保护申请机构或人民政府认定的协会和企业（以下简称申请人）提出，并征求相关部门意见。

我国《国外地理标志产品保护办法》第七条，国外地理标志产品在华保护，由该产品所在原产国或地区地理标志保护的原申请人申请，经原产国或地区地理标志主管部门推荐，向国家知识产权局提出。

我国《集体商标、证明商标注册和管理办法》第六条，申请以地理标志作为集体商标、证明商标注册的，还应当附送管辖该地理标志所标示地区的人民政府或者行业主管部门的批准文件。

与 CPTPP 关于保护和认定地理标志的行政程序相比，国内相关规定更强调政府参与申请，因此，国内相关规定需做出一定调整。

CPTPP 中关于地理标志异议和注销的规定十分详细，明确了对地理标志

① CPTPP Article 18. 31："... that Party shall with respect to applications for that protection or petitions for that recognition:（a）accept those applications or petitions without requiring intercession by a Party on behalf of its nationals..."

保护或承认提出异议程序或撤销的理由。国内相关规定，如《地理标志产品保护规定》第二十三条、《国外地理标志产品保护办法》第十五条等对异议作了规定，但相比 CPTPP 过于简单，缺乏对异议理由的具体规定；《国外地理标志产品保护办法》第三十三条对撤销理由作了规定，包括在中国境内属于通用名称或演变为通用名称、地理标志产品在原产国被撤销保护的及违反中国法律法规等。

CPTPP 第 18. 32 条：对葡萄酒和烈酒的地理标志提出异议或撤销。

CPTPP 第 18. 32 条异议和注销的理由第 1 款（C）脚注内容规定，以通用名称为理由提出异议或撤销，一缔约方无须将本条适用于葡萄酒和烈酒的地理标志或这些地理标志的申请或请求。我国国内法律法规没有对葡萄酒、烈酒地理标志与通用名称的冲突提出异议或撤销做出特殊的不适用规定。

CPTPP 第 18. 33、34 条：通用名称和复合名称的规定。

CPTPP 在 TRIPs 之上，具体说明了如何确定一名称属通用语言中惯用名称，提出缔约方主管机关应有权考虑在该缔约方领土内消费者如何理解该名称，并补充了与消费者理解相关的要素。对于地理标志复合名称中部分组成属于通用名称的情况也作了异议和撤销的程序规定。

我国《商标法》及其《实施条例》等国内法律法规没有对通用名称作详细的界定，一般认为通用名称为国家标准、行业标准所规范或者约定俗成的商品名称。而 CPTPP 关于通用名称的规定更加详细，《中美第一阶段经贸协定》中对相关内容也有相同的要求。

4. 专利和未披露实验数据或其他数据：有限差异

CPTPP 知识产权章节中将专利和未披露实验数据或其他数据作为一节进行规定，该节中分别对普通专利、与农用化学品相关的措施、与药品相关的措施进行了规定。国内《专利法》仅对普通专利以及部分药品相关的措施作出了规定，且国内《专利法》所称的发明创造是指发明、实用新型和外观设计，即国内专利法包含了 CPTPP 中普通专利、部分与药品相关的措施以及工业品外观设计的内容，部分 CPTPP 中条款相关内容由国内其他相关法规作出规定。与我国《专利法》不同的是，CPTPP 将工业品外观设计单独作为一节进行规定。

将 CPTPP 中与国内专利法及其他法规存在差异的条款展开分析，条款内容对应情况如表 9－3 所示。

表 9－3 CPTPP 有关专利和未披露实验数据条款与国内法相关条款对比

CPTPP 条款	国内专利法
第 18.37 条	《专利法》第五条、第二十五条
第 18.38 条	《专利法》第二十四条
第 18.45 条	《专利法》第二十一条、《专利法实施细则》第九十条
CPTPP 条款	其他法规
第 18.47 条	《农药管理条例》第十五条
第 18.52 条	《关于改革药品医疗器械审批制度的意见》（国发〔2015〕44 号）
第 18.54 条	《药品试验数据保护实施办法（暂行）》
第 18.56 条	拟加入《工业品外观设计国际注册海牙协定日内瓦文本》

CPTPP 第 18.37 条：可授予专利的对象

根据 CPTPP 第 18.37 条，国内《专利法》和 CPTPP 条款中对于可授予专利的相关规定基本一致，但 CPTPP 条款中规定拒绝授予专利的范围较国内《专利法》更小，意味着其可授予专利的范围更大。如国内《专利法》规定对动植物品种的生产方法不授予专利权，而 CPTPP 规定可以拒绝对除非生物和微生物学方法外的生产植物或动物的主要生物方法授予专利权。①

CPTPP 第 18.38 条：宽限期

根据 CPTPP 第 18.38 条，在判断发明的新颖性或包含创造性步骤时至少应忽略公开披露中由专利申请人所为或自专利申请处直接或间接获得信息的

① CPTPP Article 18.37 : 3A Party may also exclude from patentability (a) diagnostic, therapeutic and surgical methods for the treatment of humans or animals; (b) animals other than microorganisms, and essentially biological processes for the production of plants or animals, other than nonbiological and microbiological processes. 4. A Party may also exclude from patentability plants other than microorganisms. However, consistent with paragraph 1 and subject to paragraph 3, each Party confirms that patents are available at least for inventions that are derived from plants.

人所为；以及发生在该缔约国领土内提交申请之日前 12 个月内。[①] 12 个月的时限较国内专利法的 6 个月时间更久，并且宽限期对创造性的审核也有效，而国内并没有对创造性的宽限期。

CPTPP 第 18.45 条：与已公布专利申请和已授予专利相关的信息

根据 CPTPP 第 18.45 条，对于已公布的专利申请和已授予的专利应向公众公开具体的信息内容。[②] 国内《专利法》第二十一条规定，需要提供专利基础数据并定期出版专利公报，并且在《专利法实施细则》第九十条中对专利公报内容作出了详细规定。对比二者，基本一致，只是我国国内法没有明确规定 CPTPP 中要求的要对来自申请人的非保密通信（如适当）、申请人和相关第三方提交的与专利和非专利相关的文献引文两项内容进行公开，但有一项规定为“其他有关事项”，必要时可进一步解释为涵盖以上两项内容。

CPTPP 第 18.47 条：对农用化学品未披露试验数据或其他数据的保护

根据 CPTPP 第 18.47 条[③]，如一缔约方，作为授予一新农用化学品上市许可的条件，要求提交有关该产品安全性和有效性的未披露试验数据或其他数据，或允许提交该产品在另一领土内先前上市许可的证据，则该缔约方在自该新农用化学品在该缔约方领土内获得上市许可之日起至少 10 年内，不得允许第三人未经以往提交此信息的人同意，即根据该信息或根据授予提交该试验数据或其他数据的人的上市许可销售相同或相似产品，即对农用化学品未披露实验数据或其他数据的保护期为 10 年，而国内《农药管理条例》第十五条对相关内容的保护期为 6 年。

CPTPP 第 18.52 条：新药品的定义

根据 CPTPP 第 18.52 条，新药品指不包含以往已在该缔约方获得批准的

① CPTPP Article 18.38: Each Party shall disregard at least information contained in public disclosures used to determine if an invention is novel or has an inventive step, if the public disclosure: (a) was made by the patent applicant or by a person that obtained the information directly or indirectly from the patent applicant; and (b) occurred within 12 months prior to the date of the filing of the application in the territory of the Party.

② CPTPP Article 18.45: "For published patent applications and granted patents, and in accordance with the Party's requirements for prosecution of such applications and patents, each Party shall make available to the public at least the following information..."

③ CPTPP Article 18.47: "...that Party shall not permit..."

化学成分的药品。根据国务院发布的《关于改革药品医疗器械审批制度的意见》（国发〔2015〕44 号）规定，新药品为“未在中国境内外上市销售的药品”。CPTPP 规定的新药品为国内未上市的药品，而我国规定的是国内外未上市的药品，即国内对新药品定义的范围更小。

CPTPP 第 18.54 条：保护期的变更

根据 CPTPP 第 18.54 条①，新农用化学品未披露试验数据不少于 10 年保护期，新药未披露试验数据及其他数据不少于 5 年保护期，涵盖新适应症、新配方或新给药途径的不少于 3 年保护期，包含以往在该缔约方未获批准的一化学成分的一新药不少于 5 年保护期，属于或含有生物成分的新药在细节上做必要修改的不少于 8 年保护期。国内《药品试验数据保护实施办法（暂行）》对相关药品给予一定数据保护期限，创新药（6 年）、创新治疗用生物制品（12 年）、罕见病治疗药品（6 年）、儿童专用药（6 年）、专利挑战成功的药品等。

CPTPP 第 18.56 条：工业品外观设计——改善工业品外观设计制度

根据 CPTPP 第 18.56 条，要求缔约方认识到提高各自工业品外观设计注册制度的质量和效率，以及在各自工业品外观设计制度中便利跨境获得权利过程的重要性。并适当考虑批准或加入 1999 年 7 月 2 日订于日内瓦的《工业品外观设计国际注册海牙协定日内瓦文本》。

目前我国尚未加入《工业品外观设计国际注册海牙协定日内瓦文本》。

5. 版权和相关权：扩大保护内容

我国在完成《著作权法》第三次修改后，二者的衔接性得到极大提高。但在复制权方面尚存差距，具体分析如表 9－4 所示。

表 9－4　CPTPP 有关版权和相关权条款与国内《著作权法》条款对比

CPTPP 条款	《著作权法》
第 18.58 条	第九条第五项

① CPTPP Article 18.54："... the Party shall not alter the period of protection..."

CPTPP 第 18.58 条：扩大复制权权利内容

CPTPP 第 18.58 条，对其成员国新增了网络或电子版权的保护义务，即以电子方式的复制权，包括任何形式或方式的复制，永久的、临时的以及缓存复制，该条款扩大了版权人对于复制权的控制范围，打破了传统复制权“固定载体”的要求，逾越了 TRIPs 和国际条约中关于复制权的权利内容。我国新的《著作权法》明确将数字化复制方式作为复制的一种方式。但是关于临时复制，还存在不同意见。

6. 执法：更加详细、更加严格的规定

CPTPP 中对于执法的规定从第 18.71 条到第 18.80 条，一共 10 条，包括执行程序的一般义务、权利归属的推定、民事程序与救济、临时措施、边境措施、刑事程序和处罚、商业秘密和载有加密节目的卫星和有线信号的保护、政府使用软件等。CPTPP 的知识产权执法、司法保护力度较 TRIPs 加大，执法方面的相关规定涉及国内除知识产权相关法律法规外的法律法规，如《刑法》《海关保护条例》等，先比较相关条款如表 9－5 所示。

表 9－5　CPTPP 中与国内相关法律法规涉及执法条款比较

CPTPP 条款	国内法律法规
第 18.71 条第 2 款	缺乏相关国内法律规定
第 18.75 条第 1 款	《最高人民法院关于审查知识产权侵权纠纷行为保全案件适用法律若干问题的规定》第五条
第 18.76 条第 5 款	《中华人民共和国知识产权海关保护条例》第三条
第 18.77 条第 1 款	《刑法》第二百一十七条

CPTPP 第 18.71 条：数字环境下的侵权保护的相关规定

CPTPP 第 18.71 条“一般义务”第 2 款规定，每一缔约方确认，第 18.74 条（民事和行政程序及救济）、第 18.75 条（临时措施）和第 18.77 条（刑事程序和处罚）中所列执行程序应能在同等程度上适用于数字环境中的商标侵权以及版权或相关权侵权。

我国商标立法已日渐成熟，商标权的保护和解决纠纷的法律依据已经比较完善，专门解决网络环境下商标侵权法律法规还非常少，网络环境下的商标侵权具有形式复杂多样化、隐蔽性强、地域性特征淡化的新特点，相关的法律体系建设还相对落后。

CPTPP 第 18.75 条：临时措施

CPTPP 第 18.75 条第 1 款，每一缔约方的主管机关，对于涉及知识产权的救济请求，应不预先听取对方当事人的陈述即依照该缔约方的司法规则快速采取行动。

与国内《最高人民法院关于审查知识产权侵权纠纷行为保全案件适用法律若干问题的规定》第五条规定，取消人民法院在裁定采取行为保全措施前，应询问申请人与被申请人的规定是否不一致。

CPTPP 第 18.76 条：边境措施

与 TRIPs 相比较，CPTPP 和我国国内边境保护措施都具有较高的保护水平，如 CPTPP 第 18.76 条第 5 款规定，每一缔约方应规定其主管机关可依职权对于在海关监管的下列货物启动边境措施范围包括进口、准备出口或过境货物且被怀疑属假冒商标货物或盗版货物。我国《知识产权海关保护条例》只包括了进口和出口的边境措施，未对“过境”作明确的规定。

CPTPP 第 18.77 条：刑事程序及处罚

CPTPP 第 18.77 条第 1 款关于“具有商业规模”的界定，没有明确的数量、规模和金额，但是从两个方面考量，一是商业利益和经济收入为目的，二是非商业利益和经济收入为目的，对权利人产生重大不利影响。我国相关法律中没有“具有商业规模”的表述，但《刑法》中第二百一十七条规定“以营利为目的”的侵权行为相关处罚，因此缺少 CPTPP 中非商业利益和经济收入为目的的相关刑事处罚规定。

7. 互联网服务提供商：国内缺乏体系化的相关立法

随着互联网技术的发展，CPTPP 顺应时代潮流，在 TRIPs 有关网络规定基础之上，又专门增设互联网服务提供商一节，旨在明确缔约国之间相关定义，保证权利持有人可获得法律救济以处理本协定中所规定的版权侵权，为属互联网服务提供商的在线服务建立或设立适当的安全港。

（三）我国加入 CPTPP，仍然存在法律制度上的差距

尽管有些条款 CPTPP 只是提出，并未对所有成员国做强制要求，或者已经被搁置，但我国加入 CPTPP 仍存在知识产权差距。

1. 权利保护范围差距

第一，在纳入的国际公约方面，我国加入的并非《保护植物新品种国际公约》1991 年版本，而是 1978 年版本。与 1978 年版本相比，1991 年版本赋予了育种者更大的保护范围，具体体现在废除了植物品种双重保护禁止条款，扩大了受保护植物品种范围和权利范围、保护期延长等，如加入该版本，将可能导致我国种业面临竞争压力增大、商业种子成本提高、某些植物领域为外国品种控制等风险。第二，在保护客体方面，我国尚未将气味商标纳入保护范围，这主要与气味商标权利范围难以确定、留存样本困难、相同与近似的判断不易等因素有关；对未注册驰名商标提供跨类保护，扩大了商标保护客体范围；新药品定义的范围差异等。第三，在权利保护期方面，我国著作权权利保护期仍以 50 年而非 70 年为分界点。第四，在程序方面，我国对地理标志的异议、撤销、无效等程序性规定尚有所欠缺，在侵权执法的信息统计制度方面，也有待完善。第五，我国专利申请的新颖性宽限期时间较短、涵盖面较窄等。第六，加强在互联网领域的知识产权保护规定，为互联网服务提供商的在线服务提供保护，我国需要加快完善在互联网领域的知识产权保护立法。

2. 权利救济途径差距

在权利救济途径上，我国与 CPTPP 的主要差距体现在边境措施、刑事制裁方面。

第一，从适用范围来看，我国边境保护仅针对进出口货物展开，尚未囊括过境货物，影响我国出口货物在国外通关的便利度，同时也意味着在国际供应链的每一个环节，我国出口货物都面临边境执法风险。[①] 第二，在刑事入

① 朱秋沅：《中国视角下对 TPP/CPTPP 知识产权边境保护条款的考量及相应建议》，《电子知识产权》2018 年第 3 期。

罪条件上，CPTPP 要求成员国将任何具有商业目的、或者对版权人商业利益产生重大损害的盗版行为规定为犯罪行为，而我国仍然坚持将“违法所得数额较大”作为入罪标准之一（《刑法》第二百一十七条）。这种坚持以量定罪的做法与 CPTPP 对行为定性的强调相去甚远，不足以对侵权行为产生足够威慑。第三，至于我国在临时措施方面的规定是否满足 CPTPP 规定的标准，尚不明确，有待实践检验。

三、我国对接 CPTPP 知识产权规则的建议

根据对国内现行知识产权制度及与 CPTPP 高标准的知识产权规则比较分析，我国加入 CPTPP，应对国内现行知识产权制度进一步完善。

（一）以 CPTPP 为标准完善相关知识产权制度与执法

我国《专利法》《商标法》《著作权法》等经过新一轮的修订，已经相对完善，既符合当前创新发展的需求，又与国际规则接轨。但与当前最高标准的 CPTPP 规则相比，还有进一步完善的空间，如著作权保护期限、专利申请新颖性宽限期限、新药品的定义等。另外，我国要加强对地理标志保护方面的法律完善，以及互联网领域、数据资源等的知识产权保护立法。

（二）立足国内发展需求探索知识产权保护高标准

知识产权保护的水平应该与一国经济发展和创新能力相匹配，过高的保护会挫伤大众创新的积极性，形成市场的垄断或不正当竞争。尽管有 11 条高标准知识产权条款被搁置，CPTPP 知识产权规则很大程度上也体现了美国利益，我国作为发展中国家，是否全盘接受 CPTPP 知识产权条款，我国应该根据本国的实情以及未来发展的需要，对国内现有知识产权保护制度进行适当的调整和完善，分析研究各条款实施对我国创新发展的影响，如边境措施中“过境货物”执法对我国出口货物贸易的影响、我国对商标保护客体中纳入气味商标的需求等。

（三）以建设知识产权强国为目标，大力提升知识产权软硬实力

我国在知识产权事业领域取得了相当丰硕的成果，极大地提高了我国的科研水平和实力，但是与发达国家相比，还有很大的差距，知识产权大国向知识产权强国发展，需要大力提升我国知识产权软硬实力，提高专利质量、打击恶意商标注册、创造更丰富的文化影视作品等，提高知识产权保护意识。加入 CPTPP 实行高标准知识产权保护，要求较高的知识产权管理水平、治理能力，大力发展知识产权强国战略，实现知识产权软硬实力的全面提升。

（四）有效利用双边及多边机制，构建知识产权国际保护新秩序

从 TRIPs 到 RCEP，再到 CPTPP，从双边经贸协定到多边经贸协定，从中日韩到中国欧盟，再到“一带一路”，我国要有效利用各种国际平台，积极参与国际知识产权规则制定，保护发展中国家具有比较优势的知识产权资源，有效推动知识产权国际保护的均衡发展。

执笔人：徐　慧

本章参考文献

1. 易继明，初萌：《后 TRIPs 时代知识产权国际保护的新发展及我国的应对》，《知识产权》2020 年第 2 期。

2. 张丽霞：《CPTPP 知识产权规则与我国的应对研究》，江西财经大学硕士论文，2018 年。

3. 石超：《从 TPP 到 CPTPP：知识产权条款的梳理、分析与启示》，《石河子大学学报》（哲学社会科学版）2019 年 8 月。

4. 张乃根：《非多边经贸协定下的知识产权新规则》，《武大国际法评论》2020 年第 1 期。

5. 朱秋沅：《中国视角下对 TPP/CPTPP 知识产权边境保护条款的考量及相应建议》，《电子知识产权》2018 年第 3 期。

6. 韩秀丽，翟羽萌：《CPTPP 下边境货物知识产权的执法规则——法理解读及中国应对》，《厦门大学学报》（哲学社会科学版）2020 年第 2 期。

7. 刘宇：《CPTPP 下著作权最大化保护规则及启示》，《电子知识产权》2019 年第 5 期。

专题十 我国竞争政策对接 CPTPP 规则的改革举措研究

竞争政策已成为国际通行规则，是市场经济依赖的基础性、根本性的制度。WTO 中许多规则都涉及竞争政策，很多贸易协定已把竞争政策列入协定内容并制定相应通用标准，体现了竞争政策已突破国境限制而更加适应经济全球化发展的需要。已有研究分析了贸易协定中竞争政策议题（OECD，2006；François - Charles Laprévote，Sven Frisch 和 Burcu Can，2015；钟立国，2017），提出竞争政策已成为自贸协定规则体系的重要组成。其中，跨太平洋伙伴关系协定（TPP）中把竞争政策议题摆在更突出位置，设置了较高标准的规则及成员义务。国内外对 TPP 中竞争政策的文本条款分析并不算少，而且 TPP 还设置国有企业和指定垄断条款，其强调的“竞争中立”宗旨也是竞争政策不能回避的核心议题之一。国内已有不少研究重点介绍 TPP 及 CPTPP 竞争政策的相关条款、核心问题、潜在影响及其局限性（王先林，2015；葛顺奇、刘晨，2015；王晨竹，2016；李玫，2018；蒋奋、周威，2021），而且 TPP 中的国企条款对我国经济及国企改革影响也备受关注（顾敏康、孟琪，2014；沈铭辉，2015；韩立余，2016；熊月圆，2016；邓亚辉，2016；蒋奋、周威，2021；秦佳萌、李红，2021）。从已有研究成果看，作为一项基础性经济制度，关于竞争政策的研究成果相当多，但对 TPP/CPTPP 竞争政策国际规制方面的研究并不多，相关研究大都停留在规则的文本探析上，结合我国市场化改革和国企改革进展的研究分析还不够充分，有待进一步分析我国竞争政策实施与 CPTPP 竞争相关规则的现实差距。从目前看，我国已提出考虑加入 CPTPP，并强调要强化竞争政策基础性地位，迫切需要深入研究 CPTPP 的竞争政策相关条款，为我国全面深化市场化改革提供相关借鉴和启示。该项研究重点从这一角度出发，详细分析 CPTPP 竞争政策和国有企业指定垄断条款，以便找准我国营造公平竞争市场中的标准或制度差距，提出今后通过深化改革接轨高标准竞争规则的具体举措。

一、CPTPP 竞争政策规则核心内容及主要特点

脱胎于 TPP 的 CPTPP 继承了 TPP 的竞争政策规则，保留了 30 个章节中第 16 章竞争政策、第 17 章国有企业和指定垄断[①]的完整条款内容。前者从竞争立法和设置主管机构、确保竞争执法中的程序公正、私人诉权、国际协调与技术合作、消费者保护政策和执法、透明度等方面做出约束规定（见附表 10－1）。后者则从国有企业、商业考虑等定义、非歧视待遇与商业考虑、民事诉讼管辖权、非商业援助及其不利影响和产业损害、透明度、技术合作、国有企业和指定垄断委员会及例外条款作出明确约定（见附表 10－2）。

CPTPP 竞争规则的核心是强调确保所有市场主体商业行为的公平竞争，既要求所有缔约方都要围绕公平竞争议题进行国内立法，并确保竞争执法的程序公正，特别要求保证国有企业遵循“竞争中立”原则[②]，确保其从事商业活动时遵循非歧视待遇与商业考虑原则，对其受到各种非商业援助情况做出明确约束规定，防止其商业行为扭曲市场，禁止其利用获得的优势地位对其他市场主体造成实质性损害。2017 年以来，美、欧、日三方就共同关注的非市场导向政策与做法、国有企业和补贴规则、强制技术转让与知识产权保护、数字贸易电子商务和数据安全及 WTO 改革等问题进行了多轮磋商，其中就关于处理公共机构和国有企业扭曲市场行为进行了界定，重点界定了公共

① 在国有企业和指定垄断章节，对国有企业和指定垄断的概念范围做了全面的规定，认为政府对国有企业的支持和补贴是重点规制对象。特别是在对国有企业和指定垄断的定义上，也比 WTO 更加具体化。将“指定垄断”分为“私有指定垄断”和“政府指定垄断”。国有企业的定义是从事商业行为的成员方拥有 50% 以上的股份资本或 50% 以上投票权或拥有任命大多数董事会或其他同等管理机构成员的权利的企业，即扩大了“国有企业”的定义，使之涵盖股权、投票权、任命权。

② 按照经合组织（OECD）定义，竞争中立是指市场上所有商业经营者公平竞争，竞争中立原则就是公平竞争原则，即对所有商业企业都一视同仁，采取的政策不会对特定企业形成竞争优势。

机构和国有企业的额外义务和规则，包括补贴透明度、企业决策不受政府干预等具体规则。

相比于 WTO、RCEP 等多边和区域贸易协定，CPTPP 竞争规则有其高标准的特点，主要体现在以下方面：

第一，强调任何缔约方进行竞争立法并且设立相应主管机关以确保竞争执法的程序公正。CPTPP 要求所有缔约方务必制定竞争法律法规和采取完备的反垄断措施，确保国内竞争法及相关政策措施适用于其领土内的所有商业活动，使其禁止限制竞争商业行为发生，从制度上保证市场公平竞争行为；同时还要求严格地执行国内竞争法，禁止欺诈性和欺骗性的商业活动。还规定保障私人诉权，允许私人发起对其竞争主管机关或其他政府机构启动调查的权利。

一是强化竞争政策的国内法规制度建设。首先，CPTPP 要求所有缔约方的成员在确保国内市场公平竞争方面有法可依，使其以禁止限制竞争商业行为、提高经济效率和消费者福利为目标，从中长期制度建设上保证所有市场主体公平地参与市场竞争。CPTPP 现有成员国中只有文莱目前尚无有效的国内竞争法且未设立竞争主管机关，所以在附件给予其 10 年的宽限期。其次，要求严格地执行国内竞争法，禁止对消费者产生潜在的伤害，禁止欺诈性和欺骗性的商业活动。CPTPP 的竞争政策章节只是强调消费者保护政策和执法的重要性，而关于禁止限制竞争商业行为的执行机制基本没有具体说明，而是在国有企业和指定垄断章节对国有企业限制竞争行为进行了具体且明确的规定，即将禁止国有企业限制竞争行为规定为“非歧视待遇原则”和“禁止提供非商业援助原则”。

二是强化执法机构及其程序公正。为确保程序公平和执法公正，CPTPP 的竞争政策还要求设立一个或多个负责实施其国内竞争法的主管机关，负责处理出现的限制公平竞争的行为。

三是明确竞争执法中的私人诉权。CPTPP 允许私人对涉嫌的不公平竞争裁决可以提起诉讼和抗辩，即允许有申诉和抗辩的机会。明确私人诉权的合理要求，即一旦发现违反竞争法后，应允许为违反一方竞争法所造成的损害提供独立赔偿的请求权，或允许个人发起对其竞争机构启动调查的权利。

第二，强调竞争政策制定和执行中遵循透明度原则并开展必要的信息沟通共享。竞争政策相关法律法规制定后，CPTPP 要求及时向公众或缔约方公布竞争法律法规和政策措施，且竞争执法中要做到监管中立，即竞争执法行动要基于客观公正的标准，符合 CPTPP 的程序公正准则。在保证商业机密信息受到保护前提下，CPTPP 要求各方对竞争政策制定和竞争执法开展合作，包括利用通知、通告、磋商和信息交流方式，对外公布裁定违反竞争法的最后决定，也支持彼此分享各自竞争法规政策在建立、发展、实施、执行阶段的实践经验。

一是明确有法可依和执法必严。CPTPP 竞争政策明确了依法实施竞争政策的程序公正内容，既要求保证向社会公开颁布竞争法与竞争政策，也要求竞争机构执法过程符合透明度原则，同时确保监管中立，确保受强制执行的当事人，有由法院为其指定律师代理人的合理机会，可以根据所提供的证据为其辩护，支持各成员国建立有效和透明的竞争政策体系，确保监管行动基于客观和透明的标准，不歧视其他任何一个外国企业，提倡基于市场的竞争，并保护消费者不受垄断策略的影响。

二是明确合作责任和通告义务。CPTPP 竞争政策条款的“合作和透明度原则”部分提出，各成员国在保证商业机密信息受到保护的前提下，对各自的竞争政策和竞争法在执行领域开展合作，用通知、通告、磋商和信息交流的方式，确保公布裁定违反竞争法的最后决定。

三是明确纠纷解决的方式方法。CPTPP 的争端解决机制处理范围从 WTO 只接受政府之间的诉讼，扩大到同样接受企业诉政府的案件。考虑到国有企业特殊性问题，CPTPP 协议文本在附录中对新加坡、越南、马来西亚国有企业的具体问题单独列明，提高制度公正性和可行性。

第三，对国有企业和指定垄断进行专章约定。为严格规范国有企业和指定垄断的商业行为，CPTPP 主要基于“竞争中立”的理念（见附表 10 - 3），确保国有企业商业活动公司化和市场化，重点就商业考虑和非歧视待遇、豁免和公正规则、非商业援助、透明度原则、例外条款、争端解决机制等做出详细规定，特别是明确国有企业和指定垄断的商业行为限制，包括遵循“非歧视待遇原则”和“禁止提供非商业援助原则”。可以说，国有企业章节的引入意味着以“竞争中立”原则对成员国的国有企业行为进行明确的约束限定，禁止使用国有企业特权（如获得政府融资、担保或其他优惠待遇），也禁止国有企业向其他企业提供优惠待遇（如国有企业采购）。总的来看，CPTPP 对国有企业做出的约定，是要求成员国对所有类型企业在从事商业活动时使用资源、监管待遇等方面都要保持一致，即通过可执行公平竞争规则，确保任何市场主体依据产品、服务质量和价格开展竞争，而不是基于歧视性的管制、补贴或袒护。就非歧视待遇和商业考虑条款来说，CPTPP 要求缔约方国有企业必须根据商业考虑进行采购和销售，必须保证不歧视他国企业、产品和服务。竞争主管机关及其他行政机关必须公平对待国有企业和私营企业，不滥用监管权力向其国有企业提供各种类型的优惠待遇。

一是确保遵照“竞争中立”原则开展任何形式的商业活动。CPTPP 要求完全符合“竞争中立”的原则要求，确保国有企业、民营企业等所有类型的企业在使用资源、税收待遇等问题上要保持一致，国有企业不能有补贴或者特殊待遇，即保证不论是企业所有权属于谁，都要依靠公平竞争原则进行商业活动，不能有任何的歧视性的监管、补贴或袒护。CPTPP 专设国有企业和指定垄断一章的目的是预防和减少政府对国有企业的过分支持，制止政府扶持政策延伸至国际市场，打破公平的竞争环境，损害其他经济主体和国家的利益。比如，“商业考虑和非歧视待遇”章节，要求成员国国有企业除提供公共服务外，必须根据商业考虑进行采购和销售，必须保证其国有企业或指定垄断企业不歧视他国企业、产品和服务。本国国有企业通过对外投资进入他国市场时，其享受的优惠不能高于任一成员国的私营企业。“豁免和公正规则”要求 CPTPP 的成员国规定其本国法院，对外国国有企业商业活动具有管辖权，以便在成员国之间从事经营的国有企业，不能主张以主权豁免为由，从而逃避对其的法律诉讼。成员国国内的行政机构要公平对待国有企业、民营企业和外资企业，不滥用监管权力向其国企提供优惠待遇。与 CPTPP 类似，《中欧全面投资协定》要求“规范国有企业行为，包括要求国有企业依据商业考虑采取行动，在购买和销售产品或服务时不得歧视”，同时规定不得给予国有企业歧视待遇，以确保国有企业既不处于竞争优势地位，也不处于竞争劣势地位。

二是政府及其他机构不能对国有企业实施“非商业援助”。CPTPP 的“非商业援助”条款要求，各国政府不得对国有企业进行任何形式的“非商业援助”，即减少政府及其支持机构的市场干预行为，以免其对其他成员方利益造成不良影响。“国有企业与指定垄断”章节的透明度原则要求，各成员国必须提供本国国有企业信息及其相关内容，提供国有企业清单、有关政府所有权或控制权以及向国有企业提供的非商业援助的额外信息。比如，在对国企产品和服务的出口和在境外的经营提供补贴方面，制定了详细规则。CPTPP 国企相关非商业援助的范围更加宽泛，政府和国企都可能成为提供非商业援助的主体，超越了 WTO《补贴与反补贴协议》对补贴主体的规定，而且因果（不利影响）认定关系比较宽松，将对国企提供的、主要由国企使用的、通过裁量向国企倾斜的所有援助都列入非商业援助认定范畴，并以此相关条款规范成员国政府及其支持企业提供的非商业援助行为。

三是涉及国有企业的争端解决机制适用非歧视原则。在国有企业争端解决机制中，CPTPP 扩大并加强了“非歧视”原则，适用于所有在区域内国有企业经营的商业活动，对因违反非歧视待遇义务、商业考虑义务及非商业援助义务而产生的争议，可通过本协定的争端解决机制处理，即通过国家之间争端解决方式，而不适用投资者与国家之间的争端解决方式来处理。

二、我国竞争政策实践与 CPTPP 竞争规则仍有些许差距

与多数发达国家相比，我国在竞争立法方面起步较晚，对竞争政策的基础性地位认识不足，竞争执法能力与 CPTPP 要求尚有差距。我国已签署生效的 RCEP 协定中也设有竞争一章，与 CPTPP 竞争政策规定有相似之处，但在竞争执法中的程序公正、私人诉权、透明度等方面标准仍有不小差异（见附表 10 - 4）。近年来，我国加快公平竞争领域的建章立制、审查执法等“放管服”改革工作，推进以公平竞争原则为核心的市场制度改革，深入实施反垄

断和公平竞争审查。2019 年《政府工作报告》明确提出，“按照竞争中性原则，在要素获取、准入许可、经营运行、政府采购和招投标等方面，对各类所有制企业平等对待”。2021 年 8 月，中央全面深化改革委员会审议通过了《关于强化反垄断深入推进公平竞争政策实施的意见》，11 月成立国家反垄断局并启动实施《反垄断法》修订。2021 年 12 月，中央经济工作会议提出，“深入推进公平竞争政策实施，加强反垄断和反不正当竞争，以公正监管保障公平竞争”。同时，我国连续五年缩减全国和自贸试验区外资准入负面清单，尤其在自贸试验区内实现制造业条目清零，进一步明确境内外投资者统一适用《市场准入负面清单》。这些承诺和举措预示着我国强化竞争政策基础地位的方向是非常明确的，并在不断完善公平竞争政策法规体系。但对照 CPTPP 竞争政策和国有企业条款，我国仍需进一步深化体制机制改革和推进规则、规制等制度型开放。国有企业方面，RCEP 协定虽强调“所有制中立”，没有单列国有企业和指定垄断，此方面尚不能确保国有企业在获得信贷以及其他形式政府资助上存在不公平竞争优势，与 CPTPP 竞争政策条款要求有较大差距。今后，我国尚需深化国有企业改革、加强反垄断合规性审查及公平竞争审查，使我国国有企业的商业行为与 CPTPP 竞争规则要求逐步趋于一致。

第一，《反垄断法》等竞争法体系有待完善。我国已制定《反垄断法》（2007 年颁布，2008 年实施）和《反不正当竞争法》（2017 年修订，2018 年实施），其中《反垄断法》没有完全实现表面上的竞争中立，存在规定过于笼统抽象、处罚力度难界定等问题，在反垄断和反不正当竞争执法方面也有一些漏洞，未能真正做到对所有企业一视同仁。例如，CPTPP 竞争规则要求对所有企业一视同仁，且竞争主管机关不能有国籍等方面歧视性行为。我国《反垄断法》也未对国有经营者提出豁免，缺失对中央企业重组反垄断审查机制，即中央企业并购重组并未向反垄断执法机构申报经营者集中审查，如南车和北车合并、南船和北船合并等案例都未考虑对市场竞争和消费者福利的负面影响，即反垄断合规性审查并不充分。反垄断立法体系仍有待进一步完善，至少确保实现制度表层的“竞争中立”。

第二，竞争执法中尚未做到完全落实非歧视待遇和公平竞争审查。美欧等发达国家纷纷指责我国竞争审查仍存在对外资的歧视行为，既有在铁路、电信、电力、石油、航空等部分领域仍存在限制市场准入和不公平竞争行为现象，也有公平竞争审查执法中不能真正落实非歧视待遇等问题。现实操作运行中，我国尚未完全实现监管、债务、税收、财政补贴、政府采购等方面的竞争中性，特别是国有企业在行政垄断、信贷融资方面仍拥有潜在的“超额竞争优势”（东艳等，2021）。我国竞争主管机关或其他执法机构往往针对外资企业或国外反垄断执法机构已经裁决的案件进行追罚，鲜有对电信、电力、石油、铁路等行业垄断国企采取实质性的反对滥用市场支配地位的举措，也难以有效地禁止变相起价垄断协议的行为，特别是地方淘汰过剩产能时面临纠结，时常因税收、就业等压力而对“僵尸企业”行使地方保护。有不少外企反映，在国家重大项目招标过程中，中标者多为国有企业，而鲜有外资企业，给外资企业的印象就是存在着“暗箱操作”的不公平竞争。近年来，我国对平台类具有市场支配地位的经营者滥用市场支配地位行为作出重要惩罚，但无论是从排除竞争者排他性行为出发还是从损害消费者福利的压榨性行为入手，即便反垄断执法部门能切实做到表面“竞争中立”，但因存在结构性市场准入限制和竞争执法不力或不透明等问题，也难以做到深层次的“竞争中立”。

第三，国有企业改革方向与竞争中立原则要求仍有较大差距。美欧等国家指责我国对国有企业赋予太多“特权”，使其享有不对等的竞争优势，而让很多外国企业长期处于劣势地位，同时持续关注非市场导向的做法、国有企业和补贴规则及处理公共机构和国有企业扭曲市场行为（张久琴，2019）。近年来，我国在加快推动国有企业公司制改革、混合所有制改革和国有资本运营体制改革，进一步完善企业法人治理结构，推动国有企业公平参与市场竞争等，消除政府赋予国有企业的某些“特权”，但国有企业在某些地方和领域享受各级政府的显性或隐性优惠政策，与CPTPP的禁止非商业援助原则①仍

① CPTPP认定的商业考虑原则是以私营企业为参照的，即相关行业或产业的私营企业在决策中通常考虑的价格、质量、运输、销售的条款或条件及其他因素，不仅要求在国内市场运营时遵照这一原则，在国际贸易或海外投资中也要遵循该项原则，同时这意味着政府不能对企业经营行为进行干预或施加任何政治任务要求。

有相抵触的地方。国有企业享受非商业援助不一定来自政府，可能来自国有企业之间、金融机构或者上下游企业之间的股权转换、融资优待和联合担保等援助行为。一些国有企业仍在接受政府及其支持的相关机构的担保、贷款优待，甚至补贴等特殊优惠待遇，而且并不被要求同民营企业相同的投资回报率（Lardy，2019）。国际规则对国有企业界定的范围呈逐步扩大趋势，不仅在股权结构上进行认定，还拓展到其决策行为。持续深化“放管服”改革和释放市场主体活力是我国全面深化改革开放的重要经验之一。2018 年，国家部委负责人相继提出我国将考虑以“竞争中性”原则对待国有企业，即采取竞争中立政策，对内外资、国有企业和民营企业、大企业和小企业一视同仁，主要解决我国经济发展中存在的所有制结构性歧视问题。在此改革方向指引下，我国有待进一步深化国企改革和分类治理，明确界定国有企业商业活动范围，使其与非商业活动有清晰的分离，不断减少政府对国有企业的直接干预，使其遵照商业考虑进行决策行动，完全符合“竞争中立”原则要求，确保国企和外资企业、民营企业实现实质性的公平竞争。

第四，履行 CPTPP 的透明度或国有企业信息披露承诺要求难度较大。CPTPP 对透明度提出明确要求，既要履行竞争政策措施、国有企业名录等常规透明度要求，还规定只要其他缔约方提出请求，就需要对所请求的信息披露做出回应。RCEP 规则中提出信息披露的承诺义务，但更强调了信息保密的重要性，并把内部操作程序排除在外。按照 CPTPP 对国有企业透明度的要求，原则适用于货物贸易、服务贸易、投资等多个议题，可采取主动披露和应请求披露相结合的方式，即每年要披露所有国有企业名录及指定垄断信息，还要应请求披露国有企业或指定垄断公司股权结构、投标权比例、在董事会中任职政府官员职务、年收入信息，以及所获得非商业援助的详细信息。目前，我国满足 CPTPP 对国有企业透明度要求尚存在一定困难，国资监管部门和国有企业当前对外信息披露具体内容和披露方式都未做出明确详细规定。除上市公司外，很多国有企业对外信息发布仍是采取定向报告方式而不是强制性的公开披露制。我国面向公众的信息通报义务制度还不健全，不少企业“报喜不报忧”的现象广泛存在，即便在履行通报义务时往往也是有选择通报，并未完全按照协定约定事项对外通报。鉴于我国现有国有企业数量较多，已进行公益类和商业类划分，但很多国有企业在从事涉及重大国防和社会民生业务，在实施军民融合发展中并未做到“军民分线”业务隔离，容易在补贴、政府采购等方面受到外界诘难。目前看，CPTPP 在减让表中未列入涉及透明度要求的不符措施，除门槛金额外，例外条款中未列出豁免透明度要求。我国要完全遵循 CPTPP 透明度要求，当前条件下，强化国有企业信息披露义务仍有较大困难。

三、对标 CPTPP 竞争规则完善我国竞争政策体系

CPTPP 竞争政策和国有企业章节条款虽提出了更高的标准要求，在强化公平竞争方面设置很多限制性约束，但并非只针对中国，而是所有缔约国都必须遵守的责任义务。越南、马来西亚、文莱等 CPTPP 的缔约国均有国有企业存在，也都需遵循国有企业相关高标准规则，可见拥有国有企业和履行 CPTPP 的规则并不冲突。我国既已提出申请加入 CPTPP，表明我国愿以更加开放的建设性心态，在竞争政策和国有企业领域加快推进与高标准规则对接。维护公平竞争已成为我国全面深化改革开放和推动经济高质量发展的战略必需。“十四五”规划及后续政策制定和执行过程中，更加突出强调竞争政策的基础地位，即以竞争政策为主导，减少政府对生产要素等各类资源配置的干预，减少在竞争性领域以实施产业政策为名的直接投入，抑制政府对企业经营行为的直接干预，更不能对企业施加政治任务要求，保证土地、资金、技术、数据等生产要素资源配置有公开透明的标准、竞争性获取的程序以及商业化配置规则，尽量把政策性资源配置领域缩小在具有公共品属性的局部环节或领域，为不同所有制行业企业健康发展营造更加公平的竞争环境（徐林，2021）。把竞争政策置于更为基础性的位置，意味着要打破行政垄断，防止市场垄断，鼓励扩大竞争，强化公平竞争审查，加强竞争执法，强化知识产权保护，维护公平公正透明的市场秩序，营造各类所有制企业竞相发展的良好环境。我国考虑申请加入 CPTPP 就要做好相应准备，充分借鉴 CPTPP 竞争政

策和国有企业条款，加快实现国内“竞争中立”和国际“所有制中立”[①]（陈德铭等，2014），鼓励和支持扩大竞争，促进全要素生产率提高，更加关注和维护公平竞争，确保市场竞争的有效性。

第一，加快完善竞争政策体系，强化竞争政策基础地位。与 CPTPP 的规则接轨，要以社会公共利益和社会福利为基本出发点，以公平竞争理念为指导，加快建立与国际接轨的“竞争中立”政策体系。鼓励和扩大竞争意味着反垄断。打破行政垄断，主要是限制政府支持的企业或国有企业滥用行政权力排除和限制竞争。要逐步构建公平竞争投诉机制，建立对行政垄断行为的特别诉讼制度，谨防“竞争中立”规则被滥用。进一步鼓励和支持扩大竞争，要求政府及其支持企业均能遵循《反垄断法》等法规约束，在市场经济发展中做公平竞争市场的参与者和国内竞争规范的实践者。对照 CPTPP 竞争政策规则要求，要进一步完善《反垄断法》，尽快公布垄断协议豁免、宽大制度，滥用知识产权的反垄断规章制度及对经营者垄断行为处罚指南，进一步明确对垄断行为的判罚及执行标准。健全产权执法司法保护制度，深入推进公平竞争审查和反不正当竞争制度建设，对妨碍公平竞争的规章制度进行修订，提高市场经济规则的透明度并规范执行。加快推动完善平台企业垄断认定，加强平台经济、共享经济等新业态领域反垄断和反不正当竞争规制等行动，及时出台平台经济领域反垄断指南、网络交易监督管理办法，完善反垄断执法实施细则和反垄断调查程序。调整《禁止垄断协议暂行规定》中有关作为调查对象的当事人协助开展调查时必须提交书面确认并提交相关材料的规定，完全认可口头报告。CPTPP 严格约束国有企业非商业援助行为的规则，打破了 WTO《补贴与反补贴措施协议》（SCM 协议）关于国有企业必须符合“公共机构”定义的前提条件，而我国现有法律制度缺乏对国有企业的明确界定（国资委对国有企业的认定仅从出资身份上做出认定，并未从其商业行为上做出认定），给我国企业开展国际业务将带来身份认定风险。我国应加快完善国

① 在一国国内，国有企业商业化运营部分与其他企业平等竞争，国有企业成为真正的市场竞争主体；国际上有关贸易、投资规则不以所有制作为区分标准，不歧视国有资本（参见陈德铭等：《经济危及与规则重构》，商务印书馆 2014 年 5 月版，第 503－504 页）。

有企业垄断认定、非商业援助界定、消费者权益保护等方面规则，健全海外合规支持服务体系，加强我国企业特别是国有企业海外反垄断合规制度建设，使其在走出去时及时预见和管控合规风险。

第二，严格落实公平竞争审查，营造公平竞争市场环境。强化公平竞争意味着反不正当竞争，强化竞争执法机构并实现执法常态化。健全外资准入负面清单管理制度，全面实施市场准入负面清单制度，加快改革生产许可制度，健全破产清算制度，确保在市场准入、市场竞争和产权保护等领域对所有企业平等对待，减少基于国籍或所有制性质的歧视行为。深入推进“放管服”改革，持续优化改善营商环境，特别是营造公平有序的市场竞争环境，加快推进要素市场化配置体制机制改革，创造各种所有制主体依法平等使用资源要素、公开公平公正参与竞争、同等受到法律保护的市场环境。健全以公平为原则的产权保护制度，建立知识产权侵权惩罚性赔偿制度，加强企业商业秘密保护等。深入推动事前公平竞争审查，制止政府对市场竞争的不良干扰，对各级政府出台的政策文件开展实质性竞争审查。着力加大行政垄断的审查力度，查处滥用行政权力排除限制竞争的案件。加强企业并购审查、垄断协议、滥用市场支配地位等执法力度，保障竞争政策有效实施（郑文通、王雪佳，2020）。明确经营者集中免除申报义务的条件和范围，提高经营者集中审查透明度。加快修改相应法律或出台具体可预见性操作指南，进一步明确审批依据、附条件批准时依据规定、市场范围划定方法等经营者集中审查标准，尤其是“保持业务或资产独立性”这一限制条件的附加与解除的相关标准（中国日本商会，2021）。对欺诈或欺骗等商业活动严格依法执法，在竞争执法中做到程序公正。加强消费者权益保护，强化竞争立法及执法对消费者权益保障作用，探索建立集体诉讼制度，避免侵害消费者利益和形成新的市场不公平。强化市场主体契约精神，完善失信约束机制和信用修复管理制度，加强信用监管和联合惩戒对象名单管理，依法采取对合同违约惩戒措施，有效治理恶意拖欠账款和逃废债行为。

第三，深化国有企业分类改革，进一步鼓励扩大市场竞争。CPTPP 直接将国有企业非商业援助与财政补贴纪律结合起来，并且扩大和加强非商业援助的范围和监管力度，借此可对他国国有企业发起反补贴调查等国内贸易救济措施。为了对接并符合这一规定要求，我国国有企业分类改革要以存量改革为主，综合考虑资源配置效率、战略重要敏感性、社会资本进入意愿、公共社会属性、自然垄断属性、公平竞争的充分性、国际规则约束等多方面因素，进一步制定详细可操作性强的国有经济和国有企业布局调整标准，深化垄断行业竞争性环节改革，进一步放宽垄断行业市场准入限制，或分拆垄断行业内现有国有企业，把国有企业竞争性环节和竞争性业务推向市场，鼓励更多民营企业、外资企业和其他市场主体进入竞争性行业，对民营企业实施非歧视的市场准入开放，在垄断行业内创造“新”的竞争，即实施结构性改革“创造”新的市场竞争结构。在垄断行业外“创造”新的市场竞争，并以增量改革为主，尽量减少国有企业在竞争市场的商业存在，保持国有资本的有效参与，培育发展新兴行业的新势力，在新兴行业内强化并实施符合 CPTPP 的高标准竞争政策，严格公平竞争执法，鼓励新行业新势力对传统行业的渗透，适度开展混合所有制改革，在此基础上导入所有制“竞争中立”规则，逐步打破垄断行业的路径依赖。具体做法是，在把国有企业划分商业一类、商业二类和公益类的基础上，对国有企业开展分类治理，进一步放宽在电网、电信、铁路、石油、天然气等重点行业和领域市场准入限制，全面放开竞争性业务或分拆垄断行业，只保留网络环节自然垄断性业务，使其逐步从商业竞争二类转为公益类企业。对公益类国有企业，明确其提供公共服务中的特殊保障义务，遵照 CPTPP 透明度义务处理其接受非商业援助的例外豁免。对具有双重任务属性特定功能性企业，将其承担的公共属性和商业行为进行责任分离，分别进行预算和核算，仅对满足公共需求的非商业活动成本给予补偿，使其符合 CPTPP 商业考虑和非商业援助要求。鼓励国有企业不断完善企业治理结构，参照国际通行的现代企业治理结构，完善并明晰出资人、董事会、管理层之间关系，党委与董事会、管理层之间领导和被领导关系，协调国有资产管理监督和企业独立自主经营关系，增强企业内部激励机制的完备性和有效性，使其真正地公平公正非歧视地参与市场竞争。

第四，强化竞争执法透明度义务，保障申诉人的合法权益。对标 CPTPP

要求，推动竞争政策制定和执行的透明公开，使产业政策经得起公平竞争合规性审查，建立更加透明和更高质量的国有企业信息披露机制，对中央企业或地方国有企业重组进行实质意义上的反垄断审查。可由国家反垄断局等部委牵头，成立专门的公平竞争委员会，主持公平竞争审查、投诉及惩罚程序及机制建设等。增强竞争执法中的程序公正，并为当事人提供合理的机会进行抗辩。在执法过程中，适当延长陈述、申辩时限，以便给外资企业对辩词翻译后充分了解的机会，真正保护当事人陈述与申辩的权利。鉴于竞争法规属于国内法律，如出现涉外公平竞争监管执法问题，尚需参照缔约磋商确立的争端磋商解决机制，开展相关反垄断和反不正当竞争纠纷冲裁等处理工作。

第五，多策并举开展竞争政策国际协调，争取具体规则议定主动权。近年来，世界上已发生多起高科技信息通信技术（ICT）企业滥用其市场主导地位的案件，面临跨国公司兼并涉及多个司法管辖区同时审查问题，也涉及知识产权机构及施政范围对市场竞争影响和国有企业的市场作用等争议。为应对贸易和保护主义、规制跨国垄断行为、处理好鼓励创新和保护竞争的关系，需要加强有关竞争政策国际协调合作，尤其解决反垄断执法的管辖权问题（吴振国，2017）。在我国反垄断实践中已发生许多跨国并购、垄断协议或滥用行为以及行政垄断等案件。例如，跨国企业考虑国际并购重组时，尚需获得多个国家反垄断审查，如拜耳收购孟山都案、高通公司收购恩智浦半导体公司股权案、陶氏化学与杜邦合并案等既需要美国和欧盟的反垄断审查，也需中国等重要市场的反垄断审查（李青等，2020）。涉及跨国企业的竞争执法监督更要加强国际合作，否则国内竞争政策也难以得到有效实施。当国内竞争政策与国际规则约束有一定分歧时，需依靠先期约定的规则开展国际协调。深化竞争政策领域的国际合作，既要积极反映我国国内发展诉求，也要引导国内相关规则改进，使其与 CPTPP 有关竞争政策规则要求相协调。CPTPP 竞争政策规定，在适用国内竞争政策情况下，需共同商定国内竞争政策适用范围及发挥的效能，也包括进一步就具体事项再行磋商（第 16.8 条）。我国可充分利用这一条款，积极推进竞争政策相关国际合作协商，以争取更多具体规则议定权。例如，借用 CPTPP 中竞争执法的争端解决机制尚未定型，可就此开展国际规则制定和修订方面的合作，就防范商业贿赂、国家安全审查等议题制定更加明确的实施细则，推动完善更符合发展中国家利益特别是中国竞争政策诉求的国际规则。在推进所有制中立、监管中立等方面，鼓励相关部门着实提升国际谈判能力，围绕竞争政策开展双边、区域、多边磋商协调，促使竞争政策和国有企业规则符合国际普适性，使其既能照顾发达经济体竞争规则诉求，还能反映发展中国家规则规制诉求，通过不同层面规则协商，使其更能体现包容、公平和基于发展权的国际通行竞争政策以及规范国有企业行为的规则制度。

附录 10 –1　CPTPP 竞争政策基本条款

序号	条款规则	核心内容
1	竞争立法和设置主管机构（第 16.1 条）	• 国家竞争法适用于领土内的所有商业活动，例外需说明充分理由。 • 设立一个或多个负责执行国家竞争法的主管机关，依法行事不得有国籍歧视。
2	确保竞争执法中的程序公正（第 16.2 条）	• 依法实施处罚或救济时，允许当事人提交证据抗辩。 • 采取或设立书面程序开展调查。 • 采取或设立程序和证据规则，包括证据引入程序并平等适用程序中所有当事方。 • 允许当事人依靠法院或其他独立法庭对处罚或救济进行审查。 • 经国家竞争主管机关同意或法院或独立法庭批准，可自愿解决涉嫌违法行为。 • 国家竞争主管机关公告未决调查不暗示涉嫌违法当事人，在执法程序中所指控违法行为要明确法律和事实基础，保护调查过程中获得的商业机密等信息，并允许被调查人可及时获得抗辩必要信息并为其提供咨询。
3	私人诉权（第 16.3 条）	• 当事人可向法院或其他独立法庭寻求不公平竞争造成损害赔偿的权利。 • 作为国家竞争法公共执法的重要补充，需采用或维持规定独立的私人诉权的法律或其他措施，否则应立法规赋予其发起调查、寻求赔偿的权利。

续表

序号	条款规则	核心内容
4	国际协调与技术合作（第 16.4 条和第 16.5 条、第 16.8 条）	• 交流制定竞争政策信息，酌情互通交流政策执行问题，国家竞争主管机关可订立合作协议，在协商一致范围开展合作。 • 在可获得资源范围内开展技术合作，包括建议或培训、交流宣传信息和经验以及提供援助。 • 应一方请求就具体事项开展磋商，就双方关切做出充分并积极考虑。
5	消费者保护政策和执法（第 16.6 条）	• 采取或维持消费者保护法或其他法律法规，禁止欺诈或欺骗性商业行为。 • 协作应对跨境欺诈和欺骗性商业行为，酌情就涉嫌欺诈或欺骗性商业行为的共同利益问题协作，支持负责消费者保护的法律政策或执行机构或官员开展协作。
6	透明度（第 16.7 条）	• 共同维护和更新 APEC 竞争法律与政策数据库信息。 • 应请求提供竞争法的执法政策和实践、法律豁免例外情况。 • 依法判决结果以书面形式呈现，列出事实认定和论证过程；保证向公众提供的判决或命令不包括受法律保护的机密信息。
7	例外情况（附件 16 - A）	• 文莱实施国家竞争法且未设立国家竞争主管机关前，第 16.2 条、第 16.3 条和第 16.4 条不适用。 • 10 年期限内，文莱采取必要步骤，保证在 10 年过渡期满时遵循第 16.2 条、第 16.3 条和第 16.4 条。应一方请求，文莱应告知制定和实施国家竞争法和设立一个或多个国家竞争主管机关方面的进展。

资料来源：CPTPP 文本第 16 章。

附录 10 - 2　CPTPP 国有企业与指定垄断基本条款

序号	条款规则	核心内容
1	国有企业定义（第 17.1 条、第 17.2 条、第 17.3 条）	• 国有企业定义为：（1）国家直接拥有 50% 以上股份资本；（2）通过所有者权益控制 50% 以上投票权行使；（3）或拥有任命董事会或其他同等管理机构过半数成员的权力。 • 仅适用于国有企业和指定垄断对区域内贸易和投资产生影响的活动，不适用于主权财富基金、独立养老基金及其拥有或控制的企业，不适用于政府采购，不阻止国有企业为履行政府职能专门向该政府提供货物或服务。 • 保证国有企业、国家企业和指定垄断行使政府职权时不与本协定项下的义务相抵触。

续表

序号	条款规则	核心内容
2	非歧视待遇和商业考虑（第 17.4 条）	• 保证国有企业或指定垄断从事商业活动或在相关市场购买或销售垄断货物或服务时依照商业考虑行事，对另一缔约方企业给予同等待遇。 • 依照商业考虑原则，采取以不同条款或条件以及拒绝购买或销售货物或服务不阻止国有企业或指定垄断。
3	民事诉讼管辖权（第 16.3 条）	• 给予其法院受理外国政府拥有或控制企业提起的民事诉讼。 • 保证国有企业监管机构以公正方式对其所监管企业行使其监管自由裁量权。
4	非商业援助及其不利影响和损害（第 17.6 条和第 17.7 条、第 17.8 条）	• 政府不得通过使用直接或间接向其任何国有企业在国有企业所从事的货物生产和销售、直接或通过其境外投资企业向另一缔约方提供服务方面提供非商业援助，而对另一缔约方利益造成不利影响。 • 保证国家企业和国有企业不得通过使用该国家企业或国有企业向其任何国有企业提供非商业援助而对另一缔约方利益造成不利影响。 • 不得通过使用直接或间接影响向境外国有企业提供非商业援助对另一缔约方国内产业造成损害。 • 已获得非商业援助的国有企业造成的不利影响是取代或阻碍同类货物或同类服务的进口，或导致价格大幅降低，或相对市场份额显著变化。 • 非商业援助造成的实质性损害应据实调查或审查。 • 豁免例外是签署协议前或签署后 3 年内根据本协定签署前颁布的法律或承担的合同义务。
5	透明度（第 17.10 条）	• 向其他缔约方提供或官网公开提供国有企业名单且每年更新，提供对垄断指定或现有垄断范围扩大及其指定所含条件。 • 应实体活动影响贸易或投资的请求，迅速提供其国有企业或政府垄断的股比、投票权比例、特别股份或投票权或其他权利、董事会中任职政府官员头衔，3 年年收入和总资产，法律豁免获益的权利以及可公开获得书面请求的财报和第三方审计报告等额外信息。 • 应书面请求，书面提供非商业考虑援助的任何政策或计划信息，答复信息足够具体，包括赠款或贷款等非商业援助形式，提供者名称和接收者名称，法律依据和政策目标，非商业援助货物或服务的单位金额或总金额或年度预算金额，贷款担保金额利率和收取的规费，提供货物或服务方式的非商业援助所收取的价格，权益资本行使提供的投资金额、所获股份等，存续时间和统计数据。机密信息保证不披露。

续表

序号	条款规则	核心内容
6	技术合作（第 17.11 条）	• 双方同意并依据可获得资源，交流改进国有企业公司治理和经营的经验信息，分享政策最佳实践，确保国企和私企公平竞争，符合竞争中立相关政策；组织论坛和交流会分享国企公司治理和经营相关信息和专门知识。
7	国有企业和指定垄断委员会（第 17.12 条）	• 设立由各缔约方政府代表组成的国有企业和指定垄断委员会，审议本章条款的运用和实施情况，就具体事项合作磋商。
8	例外条款（第 17.13 条）	• 第 17.4 条和第 17.6 条不阻止应对国家或全球经济紧急状况而采取临时措施，不适用于紧急状况期间对其临时采取或实施措施的国有企业。 • 第 17.4.1 条不适用于国有企业根据政府授权提供的支持出口或进口或私人投资、无意取代商业融资以及市场条件下可比的金融服务。

资料来源：CPTPP 文本第 17 章。

附录 10－3　CPTPP 国有企业条款及“竞争中立”概念比较

	概念界定	基本内涵
CPTPP	政府直接拥有超过 50% 股份资本或通过所有者权益实际超过 50% 投票权和表决权而拥有对企业的实际控制权，或拥有对董事会（或其他同等管理机构）多数主要成员的任命权。	1. 遵循对国有企业和指定垄断划分分类监管原则和严格透明要求； 2. 保证国有企业不妨碍民营企业公平经营； 3. 确保国有企业在实施商业采购和销售等行为时均出于商业考虑； 4. 建立健全有效的争端解决机制和法律途径专门处理国有企业问题。
OECD	保证国有企业和民营企业之间的竞争条件平等。当经济市场中没有经营实体享有过度的竞争优势或竞争劣势时，就达到竞争中立的状态。	1. 在政府层面制定竞争中立政策规制； 2. 在竞争中立政策下，国有企业经营活动要遵循商业活动原则； 3. 从实际和潜在竞争对手两个角度运用竞争中立原则； 4. 进行竞争中立的成本效益分析。
澳大利亚	竞争中立是指政府的商业活动不得因其公共部门所有权地位而享有民营部门竞争者不能享有的竞争优势。	1. 税收中立； 2. 信贷中立； 3. 政策中立； 4. 合理的商业回报率； 5. 价格要真实地反映成本。

资料来源：文献资料整理。

附表 10－4　CPTPP 竞争政策与 RCEP 基本条款对比

序号	CPTPP 第 16 章（竞争政策）条款规则	RCEP 第 13 章（竞争）条款规则
1	竞争立法和设置主管机构（第 16.1 条）	• 第三条（针对反竞争行为的适当措施）要求，采取或维持禁止反竞争活动的竞争法规，设立主管机关有效执行竞争法规。与 CPTPP 保持一致。
2	确保竞争执法中的程序公正（第 16.2 条）	• 同上条款要求，主管机关执法决策独立性和非国籍歧视，对所有从事商业活动的实体适用所有制中立，例外情况应当透明且基于公共政策或公共利益的理由。 • 除内部操作程序外，法律法规及任何指南都公开获得，处罚或救济判决结果及相应上诉所需保护保密信息可公开获得。 • 书面形式提供受指控原因并提供公平机会听取意见和提交证据。
3	私人诉权（第 16.3 条）	• 同上条款要求，保证在竞争法律法规下受处罚或救济的任何人或实体可以获得对该处罚或该救济的独立审查或上诉。
4	国际协调与技术合作（第 16.4 条和第 16.5 条、第 16.8 条）	• 第四条（合作）要求，竞争主管机关可就竞争执法相关问题开展合作，包括实质性影响下的通报义务，应请求讨论解决竞争执法相关事项和交换信息，以及就相同或相关反竞争行为采取执法行动。 • 第六条（技术合作和能力建设）限定技术合作活动包括经验分享、专家交流、主管官员培训交流及参与倡议项目，以建设必要的能力。 • 第八条（磋商）提出，应请求开展磋商，双方要互表关切。
5	消费者保护政策和执法（第 16.6 条）	• 第七条（消费者保护）部分仅提出重视消费者保护相关法律及执行以及提高对消费投诉机制的认识利用的重要性，禁止在贸易中使用误导性做法、虚假或误导性描述的法律或法规。
6	透明度（第 16.7 条）	• 第五条（信息保密）要求，不共享与法律法规和重大利益相抵触的信息；应请求提供保密信息要明确请求目的和预期用途。 • 除遵守相应法律法规外，对共享的信息实施保密要求，仅用于特定目的，不能用于刑事诉讼中使用或未经授权提供他人。
7	例外情况（附件 16－A）	• 第三条和第四条对文莱、老挝、缅甸均为三年过渡期，对柬埔寨为五年过渡期。

资料来源：CPTPP 文本第 16 章（竞争政策）和 RCEP 第 13 章（竞争）。

执笔人：刘向东

专题十一　我国补贴对接 CPTPP 规则的改革举措研究

CPTPP 作为高水平自贸协定，体现了“高标准、高质量、高层次、面向 21 世纪”的特征。加入 CPTPP 是我国在百年未有之大变局下主动应变的重大战略。当今世界，虽然逆全球化、保护主义抬头，脱钩、断链、对抗常见诸报端，WTO 改革谈判停滞，但是这些都阻挡不了经济全球化与区域一体化的大趋势，国际经贸规则也在不断调整、改革、趋同。在 CPTPP 条款中，国有企业和指定垄断、货物贸易、跨境服务贸易等章节涵盖了大量补贴规范与反补贴措施。补贴改革实质是营商环境优化趋同的内在要求，与我国深化改革开放的基本方向是一致的，但改革难度也是较大的。回顾加入 WTO 20 年，我国的补贴改革已经取得重大进展，但是多种多样的不规范补贴仍然大量地存在，推进改革压力重重。然而，CPTPP 的相关补贴条款在 WTO 补贴规则的基础上，进一步扩大了适用范围，体现了全球范围内自贸协定的最高标准。以加入 CPTPP 为契机，全面梳理 CPTPP 中的补贴条款，确定补贴的方向，有利于激发国内市场活力，提升内循环效率，加快形成更加完善的社会主义市场经济体制，有利于形成国内国际双循环相互促进的良好局面。

一、CPTPP 中补贴的核心内容及主要特点

（一）CPTPP 补贴改革的主要内容

在 CPTPP 中涉及补贴的内容主要集中在货物贸易、跨境服务贸易、国有企业和指定垄断以及环境章节中。具体如下：

1. 农业出口补贴及出口国营贸易企业透明度问题

CPTPP 中的“农产品出口补贴”延续了《农业协定》第 1 条（e）款术语所指含义，即视出口实绩而给予的补贴。CPTPP 要求各缔约方多边取消农产品出口补贴，并阻止其以任何方式被重新采用；建议在 WTO 中共同努力，制定管辖出口信贷、出口信用担保和保险计划提供的多边纪律，以防止通过使用金融工具替代补贴促进出口；对于农业出口国营贸易企业，应秉承竞争中立原则，取消给予其在出口授权、出口份额等方面的特别优惠待遇，提高其在经营和维持方面的透明度。

2. 跨境服务贸易中的快递服务营收交叉补贴

“跨境服务贸易”中附件 10 - B“快递服务”中规定，任何缔约方不得允许邮政垄断所涵盖的服务提供者用其通过邮政垄断服务获得的营业收入交叉补贴自己的快递服务，或任何其他竞争提供者的快递服务提供。其中，越南申请了例外条款，协定对其生效之日后 3 年内不得对其适用。CPTPP 要求缔约国避免通过垄断邮政服务的收入来交叉补贴快递服务，需要确保其邮政垄断者在提供快递服务时不滥用其垄断地位。同时，还要求缔约方监管机构所作出的决定和实施的程序是公正、非歧视和透明的，允许企业向电信监管机构上诉或申诉，要求启动复议的程序，这使得企业在其利益因政府裁决受损时，可向政府要求重新审议决定，从而增强了对电信企业的保护力度。

3. 国有企业和指定垄断中的非商业援助

作为国际贸易规则规制的重点，国有企业补贴问题一直备受关注。但国际上一直欠缺针对国有企业的统一补贴规则，大多采取适用《补贴与反补贴协定》的方式。CPTPP 第 17 章“国有企业与指定垄断”侧重于对国有企业商业行为的监管，采取政府所有和控制主义界定国有企业，规定应当按照商业要素和非歧视性原则从事商业活动等。这是国际经贸规则中第一次尝试构建专门的、更具针对性的规则体系处理国有企业补贴问题。这里，“国有企业”认定需满足两个条件：一是主要从事商业活动。商业活动指以营利为目的，向消费者出售商品、提供服务的活动。二是由国家所有或控制，即国家直接拥有 50% 以上股权，或通过所有者权益控制 50% 以上的投票权，或拥有任命董事会或任何其他相同管理决策机构过半数成员的权利。因此，只要企业满足股权、控制权、任命权三个维度之一即可被认定为国有企业。“指定垄断”指 CPTPP 生效日之后指定的私营垄断者，以及成员国指定或者已经指定的政府垄断者。CPTPP 国有企业规则的主旨是成员国应公平对待国有企业及其他市场主体，国有企业不能因“国有”而获得不公平竞争优势。规则的核心内容可以概括为“3 +2”，即三类基本义务（非歧视待遇和商业考虑、非商业援助的规制、透明度要求）和两项豁免义务（例外条款和减让表）的途径。

其中，非商业援助是 CPTPP 国有企业规则的根本性变革，排除了之前 WTO《补贴与反补贴措施协定》（简称《SCM 协定》）中认定国有企业提供补贴、采取救济措施的困难。“非商业援助”中的“援助”包括资金的直接转移或潜在的资金或债务的直接转移，如赠款、债务减免、获得非商业可得的优惠贷款、担保或其他融资、权益资本、优惠条件的货物或服务等。这与《SCM 协议》第 1 部分第 1 款中政府给予的“财政资助”内容基本相同。但是，“非商业援助”的主体和客体都有所扩大，指根据政府对国有企业的所有权或控制对国有企业提供的援助，包括政府或国有企业对国有企业及其境外分支机构或子公司提供的援助。

4. 环境中的海洋捕捞渔业补贴

CPTPP 第 20 章“环境”中第 20. 16 条“海洋捕捞渔业”表明，为了防止过度捕捞和捕捞能力过剩，以及促进被过度捕捞物种恢复，缔约方必须包括控制、减少和最终消除所有造成过度捕捞和捕捞能力过剩的补贴，包括向对处于过度捕捞状况的鱼类种群造成消极影响的捕捞所提供的补贴，以及对 IUU 捕捞船只提供的补贴。这些补贴是指属《补贴与反补贴措施协定》第 1 条第 1 款范围内且具有该协定第 2 条范围内专向性的补贴，各缔约方应尽力避免新引入此类补贴，现行补贴只能削弱，不能强化。可见，渔业补贴的规制是为了保护渔业资源，而不是其他补贴所考察的对贸易和价格的影响。

（二）CPTPP 补贴规则的主要特点

CPTPP 补贴规则标准高、议题新、重点突出。在参考《SCM 协定》相关规定的前提下，CPTPP 更加强调“公平”、边境后措施和监管一致性，并将国有企业问题提到新高度。

1. 突出了国有企业问题

美国当年推出《跨太平洋伙伴关系协定》（TPP），其意图就在于在国有企业、知识产权等领域建立高标准的国际规则，并最终迫使中国接受这些规则，而不是让中国来制定规则。从 TPP 开始，国有企业规则从竞争政策章节中脱离出来，独立成章。CPTPP 延续了 TPP 的国有企业的突出地位及相关规则。除了“国有企业和指定垄断”章节，在“货物贸易”章节中的“农产品出口国营贸易企业”问题、“跨境服务贸易”章节中的“快递服务营收交叉补贴”问题都集中体现了“国有企业”规则的具体实施。

2. 扩充了补贴适用范围

CPTPP 虽然参考了 WTO 可诉性补贴的规则，但明显扩大了适用范围。与《SCM 协定》相比，“公共机构”的认定由政府扩大至国有企业、国有商业银行，将接受补贴的主体由国有企业扩大至在海外投资设立的国有企业的子企业。这样一来，被认定的“公共机构”向其下游企业提供货物或服务、向其他企业提供贷款或参股的行为，都将构成补贴，这无疑扩大了补贴的边界。而之前，按照 WTO 上诉机构的解释，只有国有企业行使政府职责时，才有将其行为定性为补贴的可能。

在 CPTPP 中，“公共机构”提供的非商业援助，与《SCM 协定》之间存在紧密的联系，但两者规则适用领域不同。非商业援助规则覆盖了国内市场与跨境贸易，以及境外投资企业的经营活动，覆盖领域包括货物交易、服务交易和投资领域，可谓全方位覆盖。此外，通过省略对“专向性”“获得利益”的判定过程，非商业援助具有认定过程简便化的特征，从而在操作上扩大了补贴规则在国有企业的适用范围。

3. 降低了损害认定门槛

在《SCM 协定》中，当判断“不利影响”与“损害”时，会涉及同类产品、同一市场、市场份额变化、价格削低等极其复杂的技术问题，《SCM 协定》以大量篇幅对相关问题进行了规定，但仍无法解决实践中的各类问题。而 CPTPP 补贴在扩大适用范围的情况下，只对技术问题作出了粗略的原则性规定。没有了明确的认定标准，就相当于降低了损害认定的门槛，一些国家可以根据政治角度考量随意指责、横加制裁。例如，欧美发达国家在对华出口产品反补贴调查中，以人民币贷款市场受到中国政府干预、扭曲为由，拒绝承认我国国内市场利率是可比的商业贷款利率，并基于其他国家利率拟定的基准为依据，将我国国有银行、股份制银行等列为补贴提供机构，予以施加反补贴措施。

4. 提高了透明度的要求

CPTPP 对国有企业信息披露的要求很高，我国在已加入的各类国际规则及贸易协定框架下尚未作出类似的信息披露承诺。CPTPP 要求公开的信息包括国有企业内部的重要信息，非商业援助的形式、提供和接受双方的名称、法律依据和政策目标，非商业援助货物或服务的单位金额、总金额或年度预算金额等诸多评估产业补贴所需数据。针对这些透明度要求，只要其他成员国提出书面请求，我国就需作出回应，并提供有关信息。此外，各成员国在减让表中均未列入涉及透明度要求的不符措施，例外条款中也仅有门槛金额这一项例外可豁免透明度要求，豁免透明度要求的难度较高。目前，仅有越南以条款脚注的形式将部分金融机构提供的融资排除在信息披露范围外。

当前，社会各界基本达成共识，加入 CPTPP 对我国是总体有利的。近期，美欧日三方已经连续达成多项联合声明，涉及 WTO 改革、工业补贴、市场导向和技术转让以及第三国非市场主导政策和做法等领域，这表明发达国家立场的逐步接近。如果不加入 CPTPP，我国不仅在国际经贸规则制定中的地位将受到削弱，随着 CPTPP 的签署及后期扩容，国有企业相关规则可能被更多国家采纳。国有企业是我国国民经济发展的支柱，其对外投资和并购的安全审查风险加大，对中国的国企改革进程和对外投资形成压力，对“一带一路”建设也将形成挑战。加入 CPTPP 会有利于进一步提高开放水平，提高我国在国际经贸规则制定中的主动地位，一定程度上弥合我国与发达国家之间的分歧，使我国与有关国家的经贸关系回归正轨，不断拓展“朋友圈”，把握国际经贸合作与全球经济治理的主动权。

二、我国产业补贴存在主要问题及与 CPTPP 的差距

新中国成立 70 年来，我国实施了一系列产业政策，加速工业化进程，实现了由农业国向门类齐全、体系完整的工业国的转变。特别是党的十八大以来，我国产业结构逐步从工业主导转向服务业引领，产业发展动能从要素驱动转向效率驱动和创新驱动，产业补贴在这些调整优化中均发挥了重要而积极的作用。但是，随着国内国际环境的发展变化，这些政策逐渐显现出一系列问题，一些经济体对我国的产业补贴政策多有诟病，认为我们扭曲了市场，给资源配置效率、公平竞争和参与全球经济治理带来了明显的负面影响。这也成为我国加入 CPTPP 的关键性障碍之一。

（一）产业补贴的基本情况

我国产业补贴规模到底有多大，补贴给了谁、怎么补的？没有清晰完整的明细账目，缺少公开可查的全口径补贴数据。上市公司是我国企业的代表，我们尝试使用 CSMAR 数据库中涉及的沪市和深市的 3988 个上市公司在 2003—2019 年披露的政府补助数据，对我国产业补贴情况进行大致介绍。但是，需要说明的是，在政府补贴的信息披露方面，我国《企业会计准则第 16 号——政府补助》规定了在财务报告的附注中需要披露补贴的相关事项，并指出政府补助是政府无偿给予公司的货币和非货币性资产，但资本性投入并不属于政府补贴。在准则的应用指南中也说明了补贴的几种

主要形式，包括政府的拨款、贴息、税收返还和无偿划拨非货币性资产。并且在税收返还一项中明确指出只有先征后返、即征即退向公司返还的税款才属于政府补贴，而其他的税收优惠包括直接减征、免征、抵免税款等均不属于准则定义的政府补贴。可以看出，我国准则定义的政府补贴比国际会计准则规定的范围小，比 CPTPP 中的非商业援助口径更小。因此，这里的政府补贴仅具有参考意义。

1. 补贴覆盖面宽、增长快

根据 CSMAR 数据，2020 年，沪市和深市共有上市公司 4675 家，其中 4220 家获政府补助，占比高达 90.3%。2020 年，这 4220 家上市公司共获得政府补助 2946.8 亿元，而 2003 年仅为 4.4 亿元，18 年来年均增幅 42.7%。18 年间，政府给上市公司的政府补助共计约 1.94 万亿元。

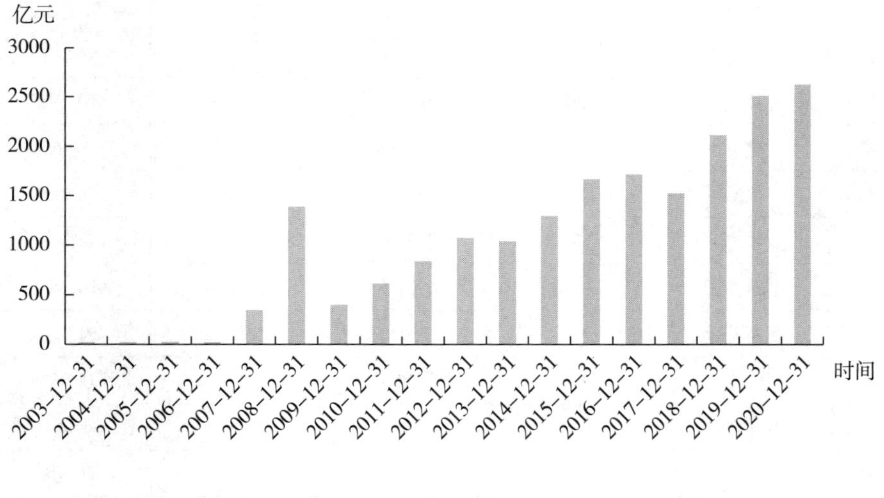

图 11-1　2003—2020 年上市公司政府补助情况

2. 补贴方式多种多样

2020 年，沪市和深市 A 股上市公司共计获得各类政府补贴 58336 项。从资金来源看，中央资金为 428.4 亿元，占比 14.54%；地方资金为 116.2 亿元，占比 3.94%；其他资金来源不清晰。

表 11－1　2020 年上市公司所获得产业补贴的资金来源

序号	名称	项数	项数占比	资金数（亿元）	资金占比
1	中央	7760		428. 4	14. 54%
2	地方	16441		116. 2	3. 94%
3	分不清	34135		2402. 2	81. 52%
合计		58336		2946. 8	100. 00%

从资金类型看，上市公司所获政府补贴的资金类型大致分为 12 类，分别是专项资金（3. 81%）、补贴（10. 87%）、奖励（3. 56%）、拨款（0. 91%）、贴息（0. 1%）、退返摊销（10. 82%）、政府补助（54. 21%）、优惠（0. 46%）、引导资金（0. 08%）、转化资金（0. 1%）、项目费（3. 91%）和其他（11. 16%）。

表 11－2　2020 年上市公司所获得产业补贴的资金类型

序号	名称	项数	项数占比	资金数（亿元）	资金占比
1	专项资金	6341	10. 87%	112. 30	3. 81%
2	补贴	9503	16. 29%	320. 40	10. 87%
3	奖励	7201	12. 34%	104. 80	3. 56%
4	拨款	296	0. 51%	26. 70	0. 91%
5	贴息	377	0. 65%	3. 00	0. 10%
6	退返摊销	3505	6. 01%	318. 70	10. 82%
7	政府补助	15792	27. 07%	1597. 60	54. 21%
8	优惠	202	0. 35%	13. 70	0. 46%
9	引导资金	232	0. 40%	2. 30	0. 08%
10	转化资金	242	0. 41%	3. 00	0. 10%
11	项目费	7529	12. 91%	115. 30	3. 91%
12	其他	7116	12. 20%	329. 00	11. 16%
合计		58336	100. 00%	2946. 80	100. 00%

从补贴涉及的行业领域看，社会保障类财政补助占比最高，达到 1758. 5 亿元，占比 59. 67%；其次为税费退返及摊销，达到 489. 1 亿元，占比 16. 6%。

表 11－3　2020 年上市公司所获产业补贴的行业领域

序号	名称	项数	项数占比	资金数（亿元）	资金占比
1	研发	3477		57.5	1.95%
2	技术改造	2381		44.8	1.52%
3	高技术培育、转化	7508		112.6	3.82%
4	技术创新引导	4805		81.4	2.76%
5	人才引进及培养	1347		4.6	0.16%
6	就业培训、稳岗补贴等	3994		63.4	2.15%
7	外贸及进出口促进	792		45	1.53%
8	土地税减免/返还/厂房租赁等	611		45.6	1.55%
9	社会保障类财政补助（电费、安全生产、生育津贴等）	12495		1758.5	59.67%
10	新兴产业扶持	2711		88.8	3.01%
11	税收返还/减免/加计递减	7369		489.1	16.60%
12	涉农项目补贴	457		3.7	0.13%
13	环境保护/环境专项整治	1124		10.5	0.36%
14	会展/参展补贴	142		0.3	0.01%
15	中小企业补助	431		2.3	0.08%
16	外商投资奖励	44		0.7	0.02%
17	防疫补贴	974		11.6	0.39%
18	金融（资本市场、保险、信贷等）	1746		74.9	2.54%
19	知识产权（专利、商标、版权等）	228		3.8	0.13%
20	市场营销拓展	978		23.3	0.79%
21	高质量发展（转型升级、产业升级、产业链提升、股改等）	2322		24.5	0.83%
合计		58336		2946.8	100.00%

3. 补贴规模、企业性质和行业分布的集中度较高

经过汇总分析，A 股上市公司获得政府补助的集中度相对较高。从补贴规模来看，在 4220 家获得补贴的公司中，前 20 名的公司所获金额占政府补贴总金额的比重为 27.6%，也就是 0.5% 的公司获得了 27.6% 的补贴量；前

100名的公司，即2.6%的公司获得了一半的政府补贴金额；前2000名的公司，即51.7%的公司获得了94%的政府补贴金额（见图11-2）。

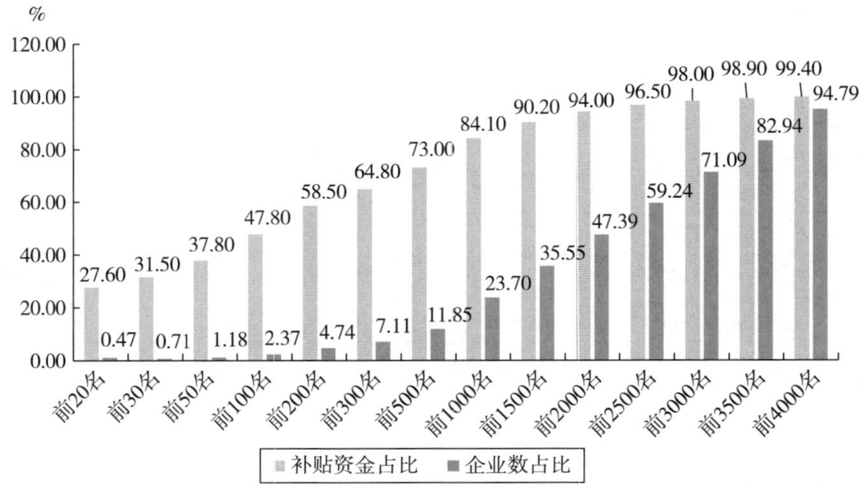

图11-2　自上市以来公司所获政府补助的排名及金额占比情况

从企业性质看，2020年获得补贴的4220家企业中，央企400家，占比9.5%；地方国企818家，占比19.4%；民营企业2566家，占比60.8%；公众企业229家，占比5.4%；外资企业148家，占比3.5%；集体企业24家，占比0.6%；其他企业35家，占比0.8%。

自上市以来所获政府补助的排名前50名的公司中，央企24家，占比48%；地方国企12家，占比24%；民营企业8家，占比16%；公众企业5家，占比10%；集体企业1家，占比2%（见表11-4）。

表11-4　自上市以来所获政府补助的排名前50名的公司情况

序号	股票代码	公司简称	公司性质	上市以来所获得补贴的数额（元）	占总补贴额的比例
1	600028. SH	中国石化	中央国有企业	118900000000. 00	6. 1226%
2	601857. SH	中国石油	中央国有企业	117847000000. 00	6. 0683%
3	600115. SH	中国东航	中央国有企业	38726211000. 00	1. 9941%
4	600029. SH	南方航空	中央国有企业	27765000000. 00	1. 4297%

续表

序号	股票代码	公司简称	公司性质	上市以来所获得补贴的数额（元）	占总补贴额的比例
5	600104. SH	上汽集团	地方国有企业	26470396817. 34	1. 3630%
6	600900. SH	长江电力	中央国有企业	19828440136. 94	1. 0210%
7	000725. SZ	京东方 A	地方国有企业	18517064504. 00	0. 9535%
8	601288. SH	农业银行	中央国有企业	16250000000. 00	0. 8368%
9	601766. SH	中国中车	中央国有企业	15626352355. 00	0. 8047%
10	601111. SH	中国国航	中央国有企业	14870560249. 00	0. 7657%
11	000100. SZ	TCL 科技	公众企业	14358250718. 00	0. 7394%
12	000063. SZ	中兴通讯	公众企业	14325847845. 47	0. 7377%
13	601919. SH	中远海控	中央国有企业	13326378806. 79	0. 6862%
14	000651. SZ	格力电器	公众企业	13191562662. 72	0. 6793%
15	002415. SZ	海康威视	中央国有企业	12731119857. 46	0. 6556%
16	600418. SH	江淮汽车	地方国有企业	11772592815. 72	0. 6062%
17	600585. SH	海螺水泥	地方国有企业	11692550220. 00	0. 6021%
18	002594. SZ	比亚迪	民营企业	10628722000. 00	0. 5473%
19	000333. SZ	美的集团	民营企业	9507754520. 00	0. 4896%
20	000625. SZ	长安汽车	中央国有企业	9372554112. 15	0. 4826%
21	601727. SH	上海电气	地方国有企业	8331577000. 00	0. 4290%
22	601985. SH	中国核电	中央国有企业	8228258875. 54	0. 4237%
23	600011. SH	华能国际	中央国有企业	8082210093. 00	0. 4162%
24	601992. SH	金隅集团	地方国有企业	7785897416. 95	0. 4009%
25	600221. SH	* ST 海航	民营企业	7641491789. 00	0. 3935%
26	600050. SH	中国联通	中央国有企业	7633433243. 00	0. 3931%
27	601021. SH	春秋航空	民营企业	7377521725. 00	0. 3799%
28	601618. SH	中国中冶	中央国有企业	7369281000. 00	0. 3795%
29	000037. SZ	深南电 A	公众企业	7360692319. 70	0. 3790%
30	000930. SZ	中粮科技	中央国有企业	7253212590. 39	0. 3735%
31	601390. SH	中国中铁	中央国有企业	7022024000. 00	0. 3616%
32	600887. SH	伊利股份	公众企业	6905052184. 82	0. 3556%
33	600690. SH	海尔智家	集体企业	6861371395. 67	0. 3533%
34	601238. SH	广汽集团	地方国有企业	6738498142. 00	0. 3470%

续表

序号	股票代码	公司简称	公司性质	上市以来所获得补贴的数额（元）	占总补贴额的比例
35	601989. SH	中国重工	中央国有企业	6657477625. 63	0. 3428%
36	600688. SH	上海石化	中央国有企业	6399216000. 00	0. 3295%
37	600166. SH	福田汽车	地方国有企业	6292209178. 47	0. 3240%
38	600018. SH	上港集团	地方国有企业	6259281684. 01	0. 3223%
39	601600. SH	中国铝业	中央国有企业	6256854000. 00	0. 3222%
40	600703. SH	三安光电	民营企业	6132475985. 97	0. 3158%
41	600019. SH	宝钢股份	中央国有企业	6109300971. 98	0. 3146%
42	002010. SZ	传化智联	民营企业	5987290674. 72	0. 3083%
43	601991. SH	大唐发电	中央国有企业	5827808000. 00	0. 3001%
44	601186. SH	中国铁建	中央国有企业	5756145000. 00	0. 2964%
45	600031. SH	三一重工	民营企业	5404822366. 03	0. 2783%
46	600600. SH	青岛啤酒	地方国有企业	5364879186. 00	0. 2763%
47	000027. SZ	深圳能源	地方国有企业	5351465803. 75	0. 2756%
48	002236. SZ	大华股份	民营企业	5318348954. 51	0. 2739%
49	600309. SH	万华化学	地方国有企业	5291733232. 45	0. 2725%
50	601088. SH	中国神华	中央国有企业	5208000000. 00	0. 2682%

（二）与 CPTPP 条款现实或潜在的冲突

1. 我国常用专向性补贴支持重点产业

从 WTO 补贴规则角度来看①，我国产业补贴政策广泛存在专向性问题。专向性补贴实质上是指那些仅提供给“有限范围的企业和/或产业”的补贴。普遍适用的补贴政策对正常经济秩序和国际贸易的扭曲作用很小，而针对特定企业、部门或行业的补贴则会干扰资源配置的合理分配，严重扭曲竞争和

① 按照《SCM 协议》的规定，补贴分为禁止性补贴（包括出口补贴和进口替代补贴）、可诉性补贴和不可诉补贴。禁止性补贴直接构成违反义务。可诉性补贴，是指那些具有专向性并对其他成员的利益造成不利影响的补贴。不可诉补贴条款已自 2000 年 1 月 1 日起丧失效力。因此，实质上只有前 2 类补贴构成违反义务。

市场导向以及正常的经济秩序，造成国际贸易中的不公平。当然专向性补贴并不违反义务，只有在专向性补贴对其他成员造成不利影响时才违反义务。具有专向性，就有违反义务的可能性或者说具有潜在的法律风险，反之则不可能违反义务。另外，需要特别说明的是，专向性是就各个单一的补贴政策而言的，而非就一国所有补贴政策而言的。就我国工业补贴政策来说，专向性补贴广泛存在，具有潜在的法律风险。专向性补贴又分为法律专向性和事实专向性。

其中，法律专项性补贴是指补贴授予机关所依据的立法将补贴的获得明确限于某些企业或行业。这类补贴措施都有一个共同的特点，即相关政策文件均规定该补贴仅提供给一定范围的企业或产业。例如，自 2010 年 10 月国务院发布《国务院关于加快培育和发展战略性新兴产业的决定》之后，2012 年 7 月，国务院发布了《“十二五”国家战略性新兴产业发展规划》，这两个文件规定了设立战略性新兴产业专项资金并采取一定的税收激励措施。不少省市的“十二五”规划及“十二五”战略性新兴产业规划中也都规定了对战略性新兴产业强化财税支持的内容，如设立专项资金或给予税收优惠。有些省的战略性新兴产业规划还规定了保障生产要素等方面的内容，甚至有些地级市也设立了新兴产业专项资金。受 WTO 规范，这种法律专向性补贴呈下降趋势。但是，事实专向性补贴还是大量存在的，例如虽然没有明文规定，但中国国有企业在资源、资金等多方面获得优惠，享受着事实上的专向性补贴。

2. 我国长期以来过于倾向于扶持国有企业

长期以来，由于国有企业在国民经济整体结构中处于特殊地位，政府长期对国有企业进行政策性补贴。根据上市公司数据，获取财政补贴（包括融资、准入等方面的优惠）的主要是国有企业，而民营、外资企业则较少。目前，我国上市公司中，央企 421 家，地方国企 857 家，民营企业 2909 家，公众企业 246 家，外资企业 160 家，集体企业 24 家，其他企业 38 家。自上市以来所获政府补助的排名前 200 名的公司所获得补贴占总补贴额的 58.7%，其中央企 76 家，占比 33.2%；地方国企 60 家，占比 12.8%；民营企业 35 家，占比 6.3%；公众企业 19 家，占比 5.12%；外资企业 4 家，占比 0.6%；集体企业 1 家，占比 0.4%；其他企业 3 家，占比 0.4%。

3. 仍然大量存在禁止性补贴

禁止性补贴包括出口补贴和进口替代补贴，前者指“在法律或事实上视出口实绩为唯一条件或多种其他条件之一而给予的补贴”，后者指“视使用国产货物而非进口货物的情况为唯一条件或多种其他条件之一而给予的补贴”。《中国加入议定书》第 10 条第 3 款明文规定中国应自加入时起取消所有禁止性补贴。但在实践中，我国还是大量存在一些禁止性补贴。2020 年，沪深 A 股企业所获政府补助 4.8 亿元，较 2003 年大幅上升，较 2013 年的 5.9 亿元下降 11.1%。2020 年的出口促进政策中依然存在涉及出口奖励、补贴以及相关补助等政策（见图 11－3）。这些政府补助都属于禁止性补贴，对他国、对本土生产的同类产品均产生了不当竞争。

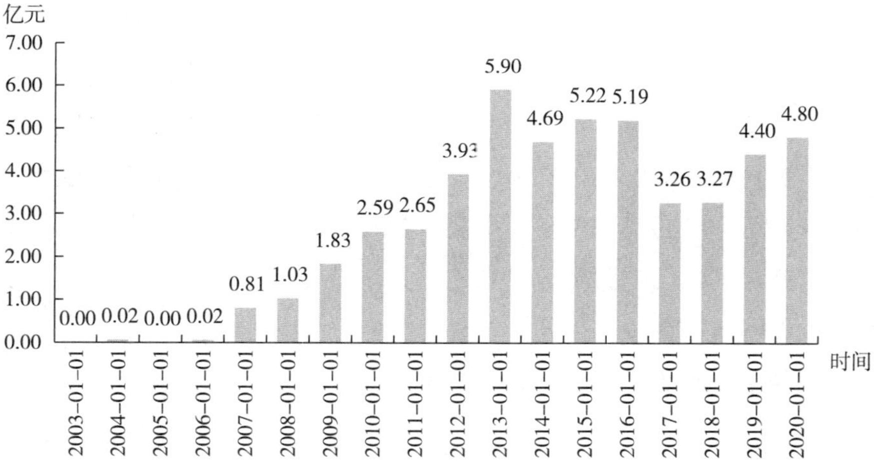

图 11－3　2003—2020 年上市公司所获政府出口促进补助的变化情况

4. 我国的信息披露和透明度还有待提高

根据 WTO 规定，中国应每年向 WTO 通知如下有关补贴：在中华人民共和国领土内给予或维持的、按专向产品编排的、属于《SCM 协议》第 1 条含义上的任何补贴，包括《SCM 协议》第 3 条界定的补贴。这就要求中国以产品类别为基础对所有专向性补贴（包括禁止性补贴）进行编制和提供信息，而且所提供的信息应尽可能具体详细，并遵循《SCM 协议》第 25 条规定，相关政策最迟应在此类措施生效后 90 天内公布。这项程序性义务体现了 WTO 多边贸易体制中的透明度原则的要求。CPTPP 中有更明确的信息披露条款，有些还涉及国有企业内部的重要信息。但是，迄今为止中国虽然已经按 WTO 规定通知了相当多的补贴计划，但在披露内容和及时性上仍能达到披露要求。我国在 WTO 的最后一次通知义务履行为 2019 年 7 月，向 WTO 提交了 2017—2018 年中央和地方补贴政策详情。通过 WTO 其他成员国对我国通知义务的审议认为，我国产业补贴披露的公开性、完备性、及时性都有待加强，所提供的补贴并不完整全面，没有体现某些种类的补贴。

（三）形成的原因

国际通行补贴规则是发达国家与发展中国家经济实力、综合实力、谈判能力的综合较量的结果，它对于发展中国家所普遍使用且急迫需要的补贴往往有严厉的规制，而对发达国家广泛使用的补贴（如研发补贴等）却约束较少。这显然有利于发达国家。中国在补贴政策上既具有发展中国家补贴政策的基本特点，又重视出口扶持、政府较多地介入企业经营并提供支持，研发补贴相对较少。然而，中国的补贴问题相当复杂，难以简单厘清，因为原计划经济体制下遗留的大量补贴问题并非一朝一夕能够彻底解决。专向性补贴所占比例很大，界定相当模糊，出现争议可能性极高，而对于研发、环保和落后地区支持等非专向性补贴则限于财力或制度等原因尚未能充分利用。

1. 政府管理经济方式的惯性

新中国成立以来，我国长期实行计划经济政策，政府在整个经济发展乃至于社会发展中都居于绝对的控制地位。改革开放以来，市场力量逐步得到释放，政府对于经济生活的控制和干预逐渐减少，但政府传统上管理经济方式的惯性是巨大的，政府仍在经济发展的众多领域积极“引导”，其具体表现之一就是补贴政策的广泛运用。补贴增强了收益企业竞争优势，但也易导致产能无效扩张，一些长期亏损甚至濒临破产的僵尸企业，仍能继续生存，扭曲了市场供求，降低了资源配置效率。同时，偏重利用财政补贴手段，而对留利于企业（包括减免税、减免国有资本收益金等）的做法重视不够，这种“先征后补”，既形成了较高的操作运行成本，又容易造成寻租等。

2. 传统补贴方式操作便利、见效快

对于政府而言，专向性补贴好用、操作方便，政府什么时候愿意向哪一产业提供补贴，现时就可制订一个相应的补贴计划。相反，制订非专向性的补贴计划则要事先全面考虑，统筹规划，并明确补贴条件，政府使用起来远不如专向性补贴那么方便。就禁止性补贴而言，无论是出口补贴还是进口替代补贴往往效果明显，容易达到政策目的，为政府所偏爱。

3. 地方发展冲动推动了补贴竞赛

从补贴措施的现状来看，中央政府提供的补贴已经不在少数，而地方政府提供的补贴更是种类多样、五花八门。地方政府向本地企业提供补贴，常见的动机是招商引资，或试图提高当地的 GDP 数值，或维持较高的就业率，或提高本地企业的竞争地位。这些动机本来无可厚非，但地方政府为了追求政绩，往往不计成本或在缺乏经济合理性的情况下使用补贴，有时对于那些连年亏损、明显没有竞争力、没有发展前途、应该淘汰的企业或产业（俗称“僵尸企业”）及产能依然过剩的产业仍然提供补贴。中央政府曾三令五申，禁止各地区、各部门违反国家法律法规给予税收优惠，并部署过几次专项清理，但效果并不明显。2014 年 11 月 27 日发布的《国务院关于清理规范税收等优惠政策的通知》（国发〔2014〕62 号），要求“坚决取消违反法律法规的优惠政策，做到符合世界贸易组织规则和我国对外承诺”。随后财政部发布了《关于贯彻落实国务院清理规范税收等优惠政策决策部署若干事项的通知》，明文要求违法违规的优惠政策自 2014 年 12 月 1 日起一律停止执行；没有法律法规障碍的优惠政策，若确需保留的，可在充分说明理由、提出政策期限建议的基础上暂时继续执行；今后新制定税收等优惠政策，需按照统一的政策制定权限执行，这是在中央政府层面发出的调整产业补贴政策的最有力信号。

然而，在清理工作尚未完成之时，相关政策很快发生了重大变化。2015 年 5 月 10 日发布了《国务院关于税收等优惠政策相关事项的通知》（国发〔2015〕25 号文），62 号文规定的清理工作被搁置，“待今后另行部署后再进行”，同时强调了各地区、各部门提供新优惠的权限要求。尽管这种做法有利于保护企业的信赖，但众多优惠政策在国内法和国际法上的合法性问题依然存在。

4. 部门利益至上、部门间沟通协调失效

中央层面和地方层面都有不同的补贴政策，而且缺少协调，许多项目往往既享受中央财政资助，又从地方政府获得补贴，相较于中央补贴，地方补贴更为散乱，缺乏必要的规范和章法，违背了市场化原则，造成公共资源浪费。在制定法律法规和政策时，有的部门把固化和扩大手中掌握的财政补贴规模作为优先考虑，认为自己管理的领域是短板，国家利益部门化、部门利益法制化的现象日趋严重。而且，部门制定政策时往往各自为政，缺乏沟通协调，政策“打架”、补贴“叠罗汉”现象常见。尤其需要指出的是，各级财政部门作为公共资金管理机构，直接决定和分配大量补贴，集“会计”与“出纳”于一身，既当“裁判员”又是“运动员”，非专业部门干专业活，是造成补贴不当的原因之一。

5. 补贴设计不科学，政策实施不规范

我国现行的对产业的补贴主要针对产业链中间的生产制造环节，对两端的设计研发和市场培育投入较低，政策外溢效应不强，对公共研发平台、社会组织、金融机构等第三方力量利用不够，部门包揽过多，一些补贴标准和条件设置不合理，不适应行业发展规律。在政策落实上，一些行业和企业把主要精力用在如何争取补贴上，补贴政策的实施操作不规范，不能严格依法实施。然而，我国地方政府在补贴的审批过程中又具有很强的自由裁量权，政府官员甚至可能故意把授予补贴的标准规定得很模糊，从而给地方政府官员“设租”和企业寻租提供了很大的自由空间。重补贴发放轻评估监管，忽视补贴对象是否具备资格、补贴资金使用是否合规等。近两年新能源汽车厂商大量增加、注册的机器人公司翻了一番，很多就是为了获取财政补贴，一些补贴政策长期固定不变，趋于僵化，与市场发展脱节。

6. 国际上相当多的国家不履行透明度原则

在 WTO 的实践中，透明度履行情况并不理想，补贴的自愿通知制度没有发挥作用，许多国家完全忽视或拖延提供所需的补贴通知。WTO 秘书处编写的一份背景说明指出，1995—2017 年，未提交通知的成员数量急剧上升。截至目前，仍有 77 个 WTO 成员未提交 2017 年补贴通知，62 个 WTO 成员未提交 2015 年补贴通知，55 个 WTO 成员未提交 2013 年补贴通知。

三、我国补贴改革的主要举措

我国政府大范围多种类的补贴，在一定程度上促进了我国产业发展，但同时也因政府过多干预竞争而损失了市场公平。中共十八届三中全会通过的《中共中央关于全面深化改革若干重大问题的决定》提出，“使市场在资源配置中起决定性作用”，要“大幅度减少政府对资源的直接配置”。因此，现行补贴政策，特别是工业领域补贴，亟须全方位改革，这是建设更加完善的社会主义市场经济体制和实现高质量发展的内在要求，也是与国际惯例衔接和有效参与经济全球化的现实选择。

（一）规范政策制定、加强信息披露

统筹财政补贴政策的制定和实施，尽快建立补贴“正面清单”，确定补贴领域、条件、内容、期限、方式等。在制定政策的过程中更应该加强监督，引入专家立法、公民听证等监督方式。财政补贴政策制定完成后，应当及时公开，并定期披露政策执行情况，接受党、人大、政府和社会的监督与反馈。在发放和使用过程中，对发放主体、发放对象、发放金额及调整、使用金额、使用方向、留存余额、生产效率等信息进行披露，并动态监督。应当通过财务会计报告、专项报告等，定期向政府、社会公众汇报财政补贴的使用情况，

减少不合理的地方财政补贴政策，据此促进统一、合理的财政补贴标准形成，推动全国范围内的市场竞争与资源流动。

（二）严格避免采用新的禁止性补贴

应严格禁止出口补贴和进口替代补贴措施出台。禁止性补贴一方面在《SCM 协议》中构成非法，另一方面也与我国产业结构调整的大战略明显不符，因此，在以后的实践中不排除一种可能，即各级政府违规出台禁止性补贴措施，而又将国家置于不得不保护企业信赖利益的无奈境地，中央政府应该严明纪律，严格各级政府相关负责人的行政责任。

（三）完善第三方评估体系

由财政部门牵头，建立健全财政补贴政策的第三方评估体系，包括对政策制定过程中的事前评估、实施过程中的中期评估和最终效果的事后评估。根据评估任务差异，选择适合的评估机构，保证评估工作的独立性。

（四）建立财政补贴退出机制

在政府补贴造成了社会资源的浪费和对市场的扭曲的情况下，应建立并实施政府补贴的退出机制。财政补贴推出要遵循一定的程序，在政府发放财政补贴之前，必须履行告知义务，即何种条件下启动财政补贴退出机制。政府在收到发起补贴退出机制的申请后，应当先判断该项“补贴”是否属于行政补贴，是否扭曲了市场竞争。这是企业返还财政补贴的前提条件。除此之外，在调查中，还应听取被调查企业的申辩，根据财政补贴对于市场扭曲的程度，判断财政补贴的返还比例，以保证实质公平。尤其要注意的是，财政补贴退出机制的目标不是完全取消财政补贴，而是消除不正当竞争优势，这是实质公平的要求。这也意味着，接受财政补贴的企业即使需要返还财政补贴，也不一定需要返还所有的补贴。返还的比例与类型应当结合具体个案，在正式调查后，由补贴发放者决定。

（五）加快国有企业改革步伐

统筹推进加入 CPTPP 磋商与深化国有企业改革，做好内外两方面工作。《国企改革三年行动方案（2020—2022 年）》明确了我国现阶段深化国有企业改革的重点任务，其中包括积极推动国有企业公平参与市场竞争，优化营商环境。首先，继续按照“坚持政企分开、政资分开、经营权与所有权分开”原则深化国有企业改革，按照市场地位或竞争程度分类推进国有企业分类管理，深化国企混合所有制改革，推进国有资本经营预算体制改革，调整政府实施产业政策等管理方式，建立健全符合国际惯例的补贴体系。其次，以加入 CPTPP 为契机，全面梳理国有企业现有各类补贴及支持措施，应退出的尽快退出，已承诺但尚未兑现的要列出退出时间表，逐步形成规范化体系。再次，完善补贴方式，减少国有资本收益上交财政比例，更多留存于国有资本投资或运营公司等机构；更多利用税收优惠政策，节省“先征后补”产生的操作运行成本；建立第三方补贴机制，通过支持公共技术研发平台，间接提升合作企业竞争力。

（六）多双边并举积极推进国际经贸规则体系改革

随着国际补贴规则的建设完善，国内规则与国际规则之间相互制约、相互影响和相互吸引，补贴与反补贴的规制正在找到一个平衡点。中国应与相关方加强合作，推动 WTO 规则体系在现有框架下的改善深化，同时将现有补贴政策与 WTO、CPTPP 规则进行对标。另外，中国也需要加快推进自贸协定、投资协定、经济合作协定等各类国际协定谈判，加强补贴规则议题的共同研究、讨论与合作，为在 CPTPP 谈判中获得更多理解支持奠定基础。

执笔人：张秀青

专题十二　我国劳工标准对接 CPTPP 规则的改革举措研究

劳工问题是我国加入 CPTPP 谈判过程中的一个敏感领域。在全球贸易新趋势下，我国借鉴国际劳工标准的有益经验，推动劳动法制建设，不断构建和完善劳工法律体系，劳工保护情况得到了很大程度的改善。然而，CPTPP 延续了美国主导的 TPP 协定中关于劳工问题的规定，采用可强制执行的劳工标准规则，适用强制性争端解决机制。虽然我国已经有了一些在自贸协定中纳入劳工条款的相关实践，但多为在劳动就业与社会保障领域开展国际合作的促进性和宣誓性条款。CPTPP 将劳工问题条款纳入主协议，以强制性惩罚措施为保障，给我国现行劳工制度带来了一定的挑战。如何积极对接 CPTPP 劳工标准规则，妥善应对其对我国可能产生的影响，是一个重要而迫切的现实课题。

一、区域经贸合作中劳工标准的发展趋势

随着经济全球化的进一步深入，贸易与劳工领域的联系愈加密切，在制定贸易政策时同步制定劳工标准已成大势所趋。国际贸易与劳工保护本是两个领域的问题，WTO 对劳工标准仅有原则性规定。在 2001 年多哈部长级会议上，劳工议题的谈判陷入僵局，以美欧为代表的成员方转而通过双边或区域谈判的路径打造规则模板。据 WTO 的统计数据，1995 年自贸协定中纳入劳工条款 4 个，2005 年达到 21 个，2011 年则升至 47 个。[①]

① 陈志阳，《多双边贸易协定中的国际核心劳工标准分析》，《国际贸易问题》2014 年第 4 期。

对于是否将劳工标准纳入贸易协定，发达国家与发展中国家之间存在较大争议。发达国家通常认为，劳工标准较低是发展中国家劳动密集型产品在发达国家市场上享有较大竞争优势的重要原因。发展中国家由于劳工标准宽松，工会力量薄弱，无法有效保护劳工的权利，产生了劳工低报酬的现象。进一步，劳动力价格的比较优势转化成出口竞争优势，产生了劳动力倾销。因此，一些发达国家执意在贸易协定中制定高标准劳工规则，以限制中国等发展中国家的劳动密集型产业发展。而发展中国家则多认为，统一的国际劳工标准是发达国家实施的一种贸易保护主义性质的“壁垒”，因此一般要求适用符合本国自身发展状况的标准水平，防止发达国家利用此途径削弱发展中国家的比较优势，阻碍国际自由贸易，影响本国发展机会。

尽管已有不少国际贸易协议中写入了劳工议题，关于劳工的标准问题仍然存在较大争议，特别是在发生劳工争议时是否具有可诉性、是否适用争端解决机制以及相应的惩罚性贸易制裁措施，主要形成了美国主导的“强制模式”与欧盟国家主导的“促进模式”两种类型。

美国作为将劳工标准与贸易措施相衔接的主导国家，在所签订的贸易协定中要求缔约国在其国内法律和实践中纳入可执行的劳工标准，主要有《美墨加协定》（USMCA）、CPTPP，以及美国与秘鲁、巴拿马、哥伦比亚、韩国签订的自贸协定。在美国模式中，劳工标准为必备条款，且以相应的制裁作为强制力来保障劳工标准的适用。自 1995 年《北美自由贸易协定》开始，美国对外经贸条约中的劳工条款就开始了争端解决的司法化和执行手段的强制化，到 2007 年之后，美国对外经贸条约无一例外使用仲裁程序来解决贸易争端并允许使用贸易制裁来强制执行劳工条款[①]。

虽然欧盟同样强调遵守国际劳工组织（International Labor Organization，后文简称 ILO）1998 年通过的《国际劳工组织关于工作中的基本原则和权力宣

① 实际上，美国并没有积极动用这些程序和执行手段。在北美自由贸易协定框架之外，美国直到 2020 年 5 月，仅启动了对于 6 个国家的国内劳工政策审查程序，这些审查程序止于美国政府内部，美国基本没有启动在对外经贸条约下的争端解决程序。

言及其后续措施》（下文简称《宣言》）① 的原则，强调适用于劳工的争端解决机制，但其倾向于采用更为柔和的方式来解决劳工争议问题。欧盟模式重视劳工标准提高和各国比较优势之间的平衡，不强制缔约方将劳工标准纳入其国内法，不以贸易制裁作为强制手段，而是通过较为温和的贸易鼓励来促进缔约方国内劳工标准的提升。例如，根据欧盟公布版本，在中欧投资协定中，我国明确表示"将致力于努力批准尚未批准的国际劳工组织核心公约，并对尚未批准的关于强迫劳动的两项公约做出具体承诺"。

二、CPTPP 劳工标准条款的内容与特征

CPTPP 源自由新西兰、新加坡、智利和文莱四国发起的 P4 谈判。其中，关于劳工问题，P4 协议要求以劳工合作谅解备忘录的形式进行。此后随着美国加入，P4 谈判进入 TPP 谈判新阶段，其中劳工条款延续了美国将国际劳工标准纳入贸易协定的一贯做法。历经 5 年谈判，最终 12 国对劳工章节的内容达成共识，签订并承诺强制力保证劳工标准实施义务，使得劳工标准在更大贸易范围内得以适用。相较美国此前所签贸易协定，该协议在劳工领域出现了一些新内容与功能，并保证协议对于劳工权利保护具备完全可执行性，以及通过贸易制裁措施支持缔约国遵守义务。尽管美国后来退出了 TPP 谈判，但其在确定劳工条款过程中起到了决定性作用，CPTPP 谈判过程虽将前者部分议题的规定中止适用，但劳工章节文本完全继承前者的内容，其规制的高标准和强执行力并没有受到美国退出的影响。

CPTPP 主协议文本中针对劳工问题以专门章节（第 19 章）的形式予以规定，总计 15 条内容，可分为实质性承诺与要求以及程序性实施机制两大类。CPTPP 以"4 + 1"的形式规定了所保护的劳工基本权利范围，即在国际劳工组织 4 项核心劳工标准的基础上，纳入了关于最低工资、工作时间以及职业

① 在国际劳工组织的发展史上，1998 年《宣言》具有里程碑意义，它是后冷战时代 ILO 确定的优先发展事项，其核心标准以基本劳工公约的形式得以体现和发展，无论是否批准这些基本劳工公约，所有成员国都有义务促进和实现宣言所载的核心标准。

安全与健康的可接受的工作条件。其中，4 项核心劳工标准是指国际劳工组织 1998 年《宣言》中对工人基本权利的概括，为：（1）结社自由和有效承认集体谈判权利；（2）消除一切形式的强迫或强制劳动；（3）有效废除童工；（4）消除就业与职业歧视。这 4 个方面的内容体现在了 8 个联合国公约之中（见表 12－1、表 12－2）。

对于 4 项劳工基本权利，虽然 CPTPP 强调了各缔约国以《宣言》中的核心劳工标准为权利范围，但并未要求实施统一的标准，为各缔约国留下了调整的空间，即允许各国根据其国家发展进程和有关劳工立法计划以公约规定的水平为底线进行调整；对于第 5 项权利，协议规定该项权利以缔约国自身可接受水平为限，因此实质上是以各缔约国法律为依据。

表 12－1　8 个联合国公约

1	《1930 年强迫劳动公约》	（第 29 号公约）
2	《1948 年结社自由与保护组织权公约》	（第 87 号公约）
3	《1949 年组织权与集体谈判权公约》	（第 98 号公约）
4	《1951 年男女工人同工同酬公约》	（第 100 号公约）
5	《1957 年废除强迫劳动公约》	（第 105 号公约）
6	《1958 年就业与职业歧视公约》	（第 111 号公约）
7	《1973 年最低就业年龄公约》	（第 138 号公约）
8	《1999 年禁止最恶劣形式童工劳动公约》	（第 182 号公约）

CPTPP 关于劳工问题的规定延续了美国主导的自贸协定中劳工相关条款的主要做法，也有一些新的特点。具体而言，其特征主要表现如下：

第一，突破四项核心标准的范围。CPTPP 确定保护的基本劳工权利范围采用“4＋1”的形式，超越了国际劳工大会 1998 年《宣言》所确定的 4 项核心标准的范围，首次将关于最低工资、工作时间以及职业安全与健康的可接受工作条件的规定纳入基本劳工权利范畴，也突破了美国所签订自贸协定的一贯做法。CPTPP 根据国际劳工组织的解释和规定将其区分为核心劳工标准和优先标准，并明确了两者在适用上的差异，并首次提出将其转化为国内法的要求。

值得注意的是，即使 CPTPP 缔约国尚未批准通过国际劳工组织的全部核心劳工公约，也不会对加入 CPTPP 产生实质影响。国际劳工组织《宣言》中仅明确了各成员国应当保护的核心劳工权利的范围，并未对成员国的义务做出要求。实际上，各成员国对于核心劳工标准公约的批准状况并不一致（见表 12 – 2）①，可仅依据协议的规定而实施《宣言》明确的核心劳工标准。因此，即使我国目前仅加入了 4 项核心公约，但并不会对加入 CPTPP 造成实质性障碍。

表 12 – 2　我国与 CPTPP 缔约国批准的核心劳工公约比较

基本权利	核心劳工公约	中国	美国	日本	加拿大	澳大利亚	文莱	新加坡	智利	马来西亚	墨西哥	新西兰	秘鲁	越南
结社自由和集体谈判	87 号			✓	✓	✓			✓		✓		✓	
	98 号			✓		✓		✓	✓	✓		✓	✓	
废除强迫或强制劳动	29 号			✓	✓	✓		✓	✓	✓	✓	✓	✓	✓
	105 号		✓		✓	✓		—	✓	—	✓	✓	✓	
有效废除童工	138 号	✓		✓			✓	✓	✓	✓			✓	✓
	182 号	✓	✓	✓	✓	✓	✓	✓	✓	✓	✓	✓	✓	✓
消除就业与职业歧视	100 号	✓		✓	✓	✓		✓	✓	✓	✓	✓	✓	✓
	111 号	✓			✓	✓			✓		✓	✓	✓	✓

注：✓表示已批准，—表示已失效。

资料来源：刘文、蔡智超：《TPP 谈判中的劳工标准及中国的对策研究》，《山东社会科学》2015 年第 2 期。

第二，限制进口强迫或强制劳动生产的货物。CPTPP 要求缔约国承担消除强制劳动的义务，并将阻碍商品进口措施作为消除强迫劳动的具体手段，协议强调缔约国需要采取相关举措限制进口强迫或强制劳动生产的货物。不

① 欧盟成员国均接受了 ILO 的 8 个公约，而美国只接受了 2 个公约。这是因为美国国内法和联邦法在许多细节处与其他几个公约存在冲突。比如关于结社谈判自由公约，根据美国现行法律，联邦及各州雇员是没有相关权利的；美国法律强调“个人”在谈判、罢工中的权利，而公约强调“工会”的权利；公约要求限制雇主的言论自由，但美国《劳资关系法》规定雇主有反对工会的权利等。之所以美国仅仅接受了 2 个公约，却可以承担 FTA 中高水平劳工条款所规定的义务，而且不需要修改国内法，原因或许在于，虽然在执行和落实的细节上，美国国内法与 6 个未接受的公约有冲突，但与 4 个基本原则并无根本性冲突。中国目前已经批准生效的 ILO 核心公约有 4 项，分别为《同工同酬公约》《最低年龄公约》《最恶劣形式童工公约》《（就业和职业）歧视公约》，而关于结社自由、集体谈判以及强迫劳动等方面的 4 项核心公约则尚未批准通过。

过，协议并没有限定强迫劳动生产的商品来源国范围，这意味着 CPTPP 不但督促缔约国消除国内强迫劳动现象，还将对非缔约国外贸造成直接影响，产生协议外溢效应。甚至可以说，CPTPP 在促进缔约方经济自由化和一体化的同时，却利用国际劳工标准形成贸易壁垒，阻碍非缔约方产品贸易。

第三，确立不减损规则在特殊贸易区适用。CPTPP 在协议中规定特殊贸易区域同样适用不减损规则，并且特殊贸易区域在不减损规则上涉及的所保护权利范围更广、要求更严格。对于特殊贸易或海关区域，CPTPP 在区分核心劳工标准和非核心标准的基础上，考虑其更高开放水平和更便利营商环境，不得减损的要求则覆盖了协议规定的全部基本劳工权利。第 19.4 条第 1 项规定的不减损要求限定于 4 项核心标准，而在第 2 项关于特殊贸易或海关区域规定时，则强调的权利范围为包括可接受的工作条件在内的 5 项劳工标准。

第四，合作与对话机制程序完备。关于劳工合作机制，CPTPP 对此虽多为原则性条款或者建议性规定，但其内容丰富了机制运行所遵循的原则、方针与活动展开的具体要求。并且协议还规定为利益相关者提供机会，鼓励多边参与和合作，扩大了可开展合作的议题范围，并允许缔约国可以共同决定适当的合作领域。关于劳工对话机制，CPTPP 将其作为化解劳工分歧、减少劳工纠纷的重要手段。相对合作机制的原则性与建议性条款，CPTPP 则从对话机制的具体程序和步骤进行规定，使得该机制尽可能具有可行性和可操作性。

第五，劳工章节中磋商程序具体化。CPTPP 大幅度细化了磋商程序在解决劳工问题的特殊性规定，体现了劳工纠纷解决的个性化安排，实现了一般性和特殊性的有效统一。相较于美国其他自贸协定中的劳工磋商程序，CPTPP 对于具体的操作和步骤进行极大程度的优化和细化，具体增加了答辩的期限、第三方请求参与磋商的期限、磋商正式启动以及理事会介入召集会议的期限，创造性纳入了有利害关系第三方请求参与磋商的规定，赋予认为与涉争劳工事项有重大利益影响的他方国家维护自身利益的机会，鼓励了公众对磋商当事国执行磋商结果进行有效监督，在特定的环节点上专门设置了有助于各方发表意见与调解的一系列安排。

第六，劳工争议适用硬性争端解决机制。CPTPP 允许缔约国将相应劳工事项同其他章节事项一致诉诸协议项下争端解决机制，通过强制性手段促进劳工纠纷解决。争端解决机制的适用范围扩张至整个劳工章节的内容。并且为推动最终报告有效执行促进争议顺利解决，CPTPP 在争端解决程序章节中规定违反协议义务的，将赔偿、中止福利待遇、货币评估等临时性制裁措施来保证协议的强制约束力。①

三、CPTPP 劳工标准对我国现行制度的挑战

（一）工会制度安排有所差异

我国宪法直接肯定了结社为公民的基本自由，《劳动法》《工会法》也明确了“劳动者有权依法参加和组织工会”。中华全国总工会作为我国唯一由工人构成的组织，起着维护工人利益、改善工人生活状况的重要作用。不过，当前我国的工会制度仍有不同于国际劳工组织公约所规定内容的地方：其一，中华全国总工会是我国唯一工会组织；其二，我国《工会法》规定，设置工会组织须由上一级批准。目前我国尚未批准国际劳工组织关于结社权和集体谈判权的两项核心公约。② 虽然工会多元化未必比统一的工会更有利于工人和雇主的利益，国际劳工组织核心公约也无意使工会多样化成为成员国的一项义务，但确实要求各国保证这种多样化是可能的，而美欧等发达国家也多就此对我国提出异议。

我国设立集体协商机制和集体合同制度，更多凸显工会的协商职能。根据国际劳工组织的解释，“结社自由保障的主要目标之一是使雇主和工人能够联合起来组成独立于政府当局，并且能够通过自由缔结的集体协议确定工资

① 值得注意的是，由于越南国内劳工标准确与 CPTPP 的所要求的水准相差甚远，越南同其他 CPTPP 缔约国另行签订了附属文件，规定了争端解决程序有关制裁性措施的例外，这也为我国未来加入 CPTPP 争取缓和期提供一种可借鉴的方式。

② 例如，墨西哥为了能够签署 USMCA，于2019 年4 月修改了国内法新法给予劳工结社自由等权利。目前，墨西哥已经接受 ILO 的 8 个公约。

以及获得其他就业条件”，其确定了作为工人集体组织，工会代表雇工与资方、政府谈判，形成三方制约的谈判机制。集体协商与集体谈判的目的均在于，通过集体行动的方式保护工人的权益，均符合参与民主的理念，但在表述强硬程度上有所差别。现实中，一些民营企业的工会组织存在“重合同、轻协商”的问题，工会在劳资谈判中的作用被弱化，集体合同的内容多依据现有法律规定形成而流于形式。此外，国外工会拥有罢工权，成为其在集体谈判中强势地位的保障。

（二）强迫劳动方面仍有一定争议

我国《刑法》《劳动法》《劳动合同法》以及《治安管理处罚法》都对强迫劳动的行为进行了规定，以特定方式被强迫劳动的劳动者拥有可以随时解除劳动合同的权利，并追究民事赔偿责任，对强迫劳动者的责任人员追究相应行政责任和刑事责任。2013 年劳教制度的废除，为我国批准国际劳工组织两项关于强迫劳动的公约破除了障碍。[①] 但目前我国一些法律文件中仍存在与劳动教养性质相关联的内容，如《全国人大常委会关于严禁卖淫嫖娼的决定》（第四点）、《卖淫嫖娼人员收容教育办法》（第二、第六、第十三条）以及《禁毒法》（第四十三条）[②]、《禁毒条例》（第四十二条）中所规定的“劳动”和“生产劳动”措施。

此外，在变相强迫、变相强制劳动等形式，以及自然人强迫劳动等方面在我国还存在一定程度的不完善。第一，关于变相强迫、变相强制劳动等形式难

① 2013 年全国人民代表大会通过《关于废止有关劳动教养法律规定的决定》，废止 1957 年 8 月 1 日第一届全国人民代表大会常务委员会第七十八次会议通过的《全国人民代表大会常务委员会批准国务院关于劳动教养问题的决定的决议》及《国务院关于劳动教养问题的决定》、1979 年 11 月 29 日第五届全国人民代表大会常务委员会第十二次会议通过的《全国人民代表大会常务委员会批准国务院关于劳动教养的补充规定的决议》及《国务院关于劳动教养的补充规定》，标志着中国实施接近 60 年的劳动教养制度彻底终结。

② 《中华人民共和国禁毒法》第四十三条规定，“强制隔离戒毒场所应当根据戒毒人员吸食、注射毒品的种类及曾因成都等，对戒毒人员进行有针对性的生理、心理治疗和身体康复训练。根据戒毒的需要，强制隔离戒毒场所可以组织戒毒人员参加必要的生产劳动，对戒毒人员进行职业技能培训。组织戒毒人员参加生产劳动的，应当支付劳动报酬”。

以得到限制。国际劳工组织核心公约将强迫或强制劳动定义为“非自愿地在任何惩罚的威胁下向任何人提供的所有工作或服务”，所要求废除的是“任何形式”强迫或强制劳动，强调任何劳动均需要建立在雇工本人的意愿基础之上而不存在任何惩罚的威胁。目前，我国《劳动法》所限制的强迫劳动是以列举的形式附加“暴力、威胁或者限制人身自由的方式”三种行为方式为认定的前提条件，这意味着不包括以欺骗、滥用权力等其他方式进行的强迫劳动。而随着现代劳工工作方式的多样化，变相强迫、变相强制劳动会出现新的行为表现形式，我国国内法律所规制事实关系的范围与国际劳工组织公约所规定范围的差距可能会随之逐渐拉大。第二，自然人强迫劳动此类形式缺少国内法律依据。我国劳动法所规制的法律关系主体为用人单位和劳动者，不涵盖个人与个人之间的雇佣关系，那么因自然人之间雇佣关系而产生的强迫用工在民事诉讼层面存在法律空白。相关工人个体缺乏救济途径和有效法律保护，被强迫劳动者只有在出现人身损害的情况下在侵权法范围内寻求赔偿。

（三）自贸协议正文未纳入劳工内容

签署备忘录是目前我国在自贸协定中处理劳工问题时采取的主要形式。我国早期签订的自贸协定并不涉及劳工标准，但随着国际贸易的进一步发展，我国也开始在劳工议题上进行尝试。中国与新西兰自贸协定是我国首次在自贸协定中对劳工标准进行规定。① 这开启了中国自贸规定劳工标准的先河，后续自贸协定均以中国与新西兰自贸协定劳工标准规定的内容为蓝本。截至目前，在我国已经缔结的 17 个自贸协定中有中国与新西兰、中国与智利、中国与冰岛、中国与秘鲁、中国与瑞士 5 个协定对劳工标准进行了规定。② 这些自贸协定对于劳工标准采取的多为“合作意向”模式，通过合作的形式促进劳工标准提升。

在目前生效的自贸协定中，劳工条款数量较少，大多只有两三条，且多

---

① 缔约方应当通过《劳动合作谅解备忘录》和《环境合作协定》，加强双方在劳动和环境问题上的交流与合作。

② 我国去年签署的《区域全面经济伙伴关系协定》（RCEP）则并不包含劳动章节。

为开展劳工合作的宣誓性条款，并未赋予双方实质性的权利义务，不具有强制执行力，缺乏可操作性，可以看作是一种“君子协定”或“无法律约束力的协议”。其一，未就基本劳工权利的范围进行明确，而是强调缔约方实施各自劳动法律法规方面的主权，依据缔约国各自批准的国际劳工组织公约等法律文件进行保护。其二，仅表明了对劳动领域展开合作的意愿，没有对劳动对话机制作进一步的制度安排和程序规定，没有涉及劳工争端解决机制，没有将劳工问题与贸易争端解决程序、贸易制裁措施相关联。其三，备忘录中的磋商程序所适用的问题仅限于对备忘录的解释与执行，因其具有独立性，不与自贸协议文本其他章节内容相关联。

（四）关于禁止歧视的立法方式缺乏弹性

我国《劳动法》对就业中的歧视因素以列举的方式进行了明确，其中仅列明 4 项且未附加任何兜底性表述。然而，目前社会上普遍存在的歧视缘由并非仅此 4 项，并且随着社会环境的不断变化，形成实质歧视的情形也在不断变化，现有立法方式难以有效保护那些受到实质性歧视但相关因素尚未立法明确的就业人员，也难以涵盖未来可能出现的新的歧视形式。

此外，对于违反就业歧视的行为，相关法律规定并没有明确给出相关用人单位所应当承担的法律责任。目前我国《劳动法》对就业歧视仅作出禁止的原则性表述，但并未明确违反相应规定的法律责任，相应民事责任、行政责任如何承担均未明确，执行和操作上存在诸多不确定性。例如，现实中有很大部分就业歧视现象出现在劳动关系尚未建立时期，劳工群体所能寻求的民事诉讼救济途径并不明确，而且诉讼当事人承担的责任形式、适用的诉讼程序以及诉讼中的义务均存在模糊情形。一是未明确赔偿标准，对于尚未建立劳动关系的，不存在薪酬基准进行计算。二是未明确企业和单位需承担何种形式的责任。若依据《劳动法》第八十九条进行警告、责令企业进行改正，因该条只针对企业规则制度，并不能有效规制未形成书面形式的歧视行为，并且对于已构成歧视而未进入就业单位的人员，并不能对其获得工作机会的状况有实质性改善或帮助。

（五）职业安全与卫生方面仍存在差距

我国已初步建立起关于可接受工作条件的法律法规体系。1928 年，《最低工资确认机制公约》已对我国生效，而且国内相关法律体系规定也比较全面。[①] 关于工作时间，我国虽未批准相关国际公约，但我国法律相关内容实质上并未低于所涉劳工标准。[②] 职工健康和卫生条件相关公约未对我国生效，但我国《劳动法》对此有专门规定，同时我国还颁布了《职业病防治法》以保护职工健康，《就业促进法》《基本医疗卫生和健康促进法》中也有一些相关规定。

在职业安全与卫生方面的制度安排与政策执行上，我国与相关国际公约的要求仍存在差距。目前我国相关规定多分散在不同的法律法规和规章之间，缺乏统一而分层次的法律体系，相关制度存在概念不清晰、覆盖范围不全面的问题。尽管立法层面加强了惩罚力度，但由于监管机制不健全、执法不完善，在实践中超时加班、无带薪年休假、工作场所未达到安全和卫生条件等违法现象仍未得到有效遏制。2019 年国际劳工组织就曾要求我国对总工会与政府关于第 155 号公约适用情况的报告提供进一步的资料和说明。

此外，在禁止雇用童工方面，我国劳工立法满足相关公约的要求，但在法律执行层面还需要进一步加强。与其他核心劳工标准比较，我国国内立法对于该领域的立法处理水平目前可谓最优。不过，在农村等经济不发达地区以及劳动密集型行业中还存在雇用未成年人以及童工的现象。

四、我国对接 CPTPP 劳工标准的主要思路

为对接 CPTPP 劳工标准，应立足我国政治制度与基本国情，完善国内劳

---

① 我国《劳动法》中也规定了最低工资保障制度，并确定了适当的调整机制以确保最低工资标准的合理性。《劳动合同法》中亦规定了用人单位违反上述标准支付工资的法律责任。《最低工资规定》重在维护劳动者有权获得可维持其基本生活的报酬的权利。

② 我国《劳动法》第 4 章中包括如 40 小时标准工时制度等在内的“有关工作时间和休息休假”的规定，与 ILO 相关公约的规定相契合。此外，《国务院关于职工工作时间的规定》《职工带薪年休假条例》等行政法规也保障了职工适当休息的权利。

工保护立法，提高我国劳工保护水平，借鉴CPTPP劳工标准的相关内容，在我国主导的自贸协议中积极对接、立足国情、分类施策。

（一）积极对接

虽然国际劳工标准被排除在正式的WTO多边协议之外，但是随着欧美等发达国家的推行和主导，劳工标准逐渐在WTO有关自贸协定的例外机制中发展，并在立法实践中形成不同形式。尽管欠发达国家对此多持否定态度，但劳工标准进入自贸协定已是大势所趋，不涉及具体劳工标准的经贸协议势必会面临越来越多的挑战。我国正在不断推进共建“一带一路”等对外发展举措，有必要将劳工权益的国内保护与国际保护相衔接，加强我国在自贸协定制定过程中的话语权和主导权。我国目前所签订的谅解备忘录和合作协议，其内容已与国际上典型的自贸协议相接近，劳工合作的相关制度安排也已经初步成形，接下来将劳工条款内容纳入自贸协议并不存在较大的立法技术困难。

（二）立足国情

各国的劳工标准是本国政治、经济、历史、文化等多方面因素的产物。受各国发展阶段、制度模式等现实因素的约束，在国际范围内广泛适用统一的劳工标准不现实，而且过早使得发展中国家适用与其经济水平不相适应的劳工标准，会过度增加劳工保护负担，导致国内用人成本过重，而企业可能会采取裁减企业员工、转移经营场所等措施，导致国内失业率上升、投资额减少等问题，反而降低了国内劳工保护水平。采用不适当的劳工标准，将使国内劳工资源协调失衡、破坏内部稳定发展。国内发展实际决定了我国在国际层面采取的立法态度和规则设置的根本立场，因此借鉴CPTPP等国际经验需要以我国发展实际为核心，拒绝完全照搬，有所取舍，在坚持根本立场与原则的基础上完善我国劳工标准。

（三）分类施策

随着我国经济社会不断发展，劳动力成本优势在逐步减弱，社会关于保障劳动群体权益、维护社会持续性发展的意识在不断提高，劳动立法逐渐完善，劳工标准也在逐步提高。因劳工问题而产生的所谓“社会倾销”以及“逐底竞争”国际纠纷也会随之大幅减少。强调“合作共赢”一直是我国对外贸易、投资的主要方针，采用强制性、惩罚性措施来迫使一国改变涉及其国内立法以及实践的行为方式并不符合我国一贯做法和对外形象，也不利于我国对外与广泛欠发达国家之间有关贸易与投资领域的谈判。综合而言，在劳工条款纳入我国自贸协定的模式选择应当坚持柔性的“合作”的方针，在我国主导的自贸协议中无须效仿美国采纳强硬的立法态度。

五、我国对接 CPTPP 劳工标准的主要举措

（一）积极推动劳工问题写入自贸协议

随着欧美发达国家的推动和主导，劳工问题写入自贸协定已成趋势，不涉及具体劳工标准的经贸协议势必会面临越来越多的挑战。我国正在不断推进共建“一带一路”等对外发展举措，亟须将劳工权益的国内保护与国际保护相衔接，加强我国在自贸协定制定过程中的话语权和主导权。目前我国所签订的谅解备忘录和合作协议，其内容已与国际上典型自贸协议相接近，劳工合作的相关制度安排也已经初步成型，这为接下来将劳工条款内容纳入自贸协议条款奠定了基础。

（二）立法明确可写入自贸协议的基本劳工权利范围

一是立法明确我国签订自贸协定可纳入的核心劳工标准内容。探索在我国主导的自贸协议中，明确提出缔约国适用统一的基本权利范围，促进各国在其国内立法和实践中维护国际劳工组织《宣言》的承诺。坚持根本立场与原则，考虑到我国的历史背景与政治立场，在对外谈判中应当持保留态度，争取国际上对我国工会单一形式的理解和认可，同时加强工会职能建设，提高工人权利保护水平。采取尊重各国实际情况的原则，纳入可接受的工作条

件。二是在具体实施中，对各国已批准公约和未批准公约所涉及的劳工权利分别进行考量。前者需要履行核心公约中规定的义务，其劳工标准水平不得低于公约规定的最低水平，而后者根据国内具体发展情况和发展需求予以制定符合目前社会经济水平的劳工标准。对于非核心劳工标准，由缔约国国内法律或者其签订的国际劳工组织公约选择相应的保护水平。

（三）逐步完善劳工问题的对话磋商及争端解决程序

一是在当前备忘录形式的基础上，借鉴 CPTPP 协议中相关内容，细化劳工合作机制中的相关安排，推动缔约国间劳工领域的合作和能力建设，完善劳工条款项下的对话机制，促进缔约国之间通过对话形式解决分歧。二是加强劳工条款的可诉性，逐步将劳工问题纳入自贸协议争端解决程序，凸显争端解决机制司法性，确保机构设置的独立性和中立性，健全缔约国分歧协商未果之后的最后解决手段。三是坚持谨慎立场，不通过强制性手段推动劳工标准发展，不采用中止福利待遇等强制性措施。

（四）不断提高我国劳工权益保护水平

一是不断完善国内立法。根据我国社会经济发展和劳工环境对法律制度进行动态调整提升，在全国范围内统一通过符合已签订国际劳工条约要求的法律体系，完善和加强实施相应的配套制度，减少立法层面的空白与矛盾。合理界定强迫劳动的范围，在民法范围内为追究自然人强迫劳动的责任提供法律依据。在立法层面补充就业歧视行为的具体民事责任和行政责任，明确责任的形式，确定赔偿和处罚的标准。二是加大劳工权益保护执法力度。以就业歧视、农民工、农村用工等领域为重点，加强惩戒力度、提高违法成本，破除监管不力的现象。

执笔人：刘小鸽

专题十三　我国加入 CPTPP 的谈判路径及策略

一、CPTPP 文本的特征和加入程序

（一）CPTPP 文本的特征

与现有的自贸协定文本相比，CPTPP 是最高水平、最高质量的 21 世纪贸易协定，代表着未来自贸协定发展的方向，将指引未来国际贸易协定的制定并成为新一代自贸协定的标杆。具体而言，CPTPP 文本具有以下特征：

首先，CPTPP 在议题广度上得到了扩展。美国一直在双边自贸协定规则制定中发挥引领作用。与美国版本的 FTA 相比，CPTPP 中有五分之一的议题为新增议题，主要包括合作和能力建设、竞争力和商务便利化、发展、中小企业、监管一致性、透明度和反腐败等。商务人员临时入境、国有企业和指定垄断也是美国版本的 FTA 中较新的议题。

其次，CPTPP 对议题进行了深化并力图树立新的规则。东艳（2021）认为，全球贸易规则经历了四个阶段。第一阶段是削减货物贸易关税及非关税壁垒；第二阶段是服务贸易和知识产权议题被纳入到贸易规则中；第三阶段是涉及国内政策的议题被引入区域贸易规则谈判中；而第四个阶段就是以 TPP 为代表、以边界内规则为主要特点的面向 21 世纪的高标准国际贸易规则阶段。[①] 从 CPTPP 文本具体来看，议题的深化表现为传统议题的深化、一体

① 《跨太平洋伙伴关系协定文本解读》，中国社会科学院经济与政治研究所国际贸易研究室著，中国社会科学出版社 2016 年 1 月版。

化的议题深化并提出了新的横向议题。

再次，CPTPP 的文本体现了全球价值链所代表的新理念。该协定最重要的特征之一是反映了在全球价值链分工背景下，国际社会对于国际经贸规则改变的诉求。传统的国际分工模式是产业间分工和产业内分工，而现在发展为产品内分工，形成全球价值链。全球价值链对于货物贸易关税、边境内规则和标准都有新的要求，而且跨国公司、中小企业和国有企业都有了更强烈的诉求在市场中寻求相对平等的地位和待遇。

最后，CPTPP 具有包容和开放的特征。CPTPP 和其他自贸协定的不同之处还在于，CPTPP 在吸纳新成员加入方面具有明显的包容性。CPTPP 对于亚太经合组织的任何成员加入都持开放的态度，而其他国家或者单独的关税区只要在各缔约方同意的基础上也可以遵循一定路径加入。

（二）CPTPP 加入程序

CPTPP 第五条详细规定了其他经济体申请加入的路径与程序。由于到目前为止，还没有任何一个经济体完成申请加入的整个程序，英国、中国等递交了正式书面加入申请，这些程序仍然停留在纸面上，需要在实践中加以实行和完善。我们有必要对于加入程序进行分析研究。根据 CPTPP 规定，程序具体分为五个阶段，分别如下：

1. 申请。在相关国家递交正式申请书之前，CPTPP 委员会鼓励其与所有成员国进行非正式接触。希望加入的国家必须通知新西兰，目前该国是 CPTPP 的受托国，由它来开启 CPTPP 的磋商。而新西兰应该在收到通知后迅速确认收到，并周知所有成员经济体。

2. 启动加入程序的要求。CPTPP 的委员会将根据协定第 27 条第 3 款和第 4 款来决定是否启动加入程序。委员会在申请方申请加入后一定时期将申请书公布于众。为了便于委员会和工作组后续推进工作，委员会鼓励申请加入的经济体与各成员经济体进行谈判磋商。委员会将决定是否组建专门的申请加入工作组。

3. 成立申请加入工作组。申请加入工作组包括成员国的政府代表，根据协商一致的原则来选举工作组主席，委员会决定是否要成立一个单独的工作组还是放在一个统一的工作组中处理，同时工作组向委员会寻求指导。在工作组第一次会议上，申请加入的经济体阐述其所做的努力，并且表明在国内法律和规章上将准备做出哪些改变，从而与 CPTPP 要求的义务相一致。在第一次会议后 30 天内，申请经济体提交市场准入/不符措施给工作组，包括货物、服务、金融服务、投资、商业人士的暂时进入、政府采购和国有企业的内容。如果提交的材料达到了标准，各成员经济体要确认和提交它们对申请方所做的市场准入承诺。

4. 委员会批准。委员会将批准工作组所提交的申请加入条款和条件。如果委员会同意这些条件并邀请加入，那么委员会将在指定的 6 个月内批准，或者在各方同意的情况下，延长审批的时间。在此期间托管国将托管加入的文书，申请经济体将接受加入的条款和条件递交给委员会。然后工作组主席正式书面答复委员会的决定。

在完成申请的法律程序后，申请加入的经济体将把加入文书托管在托管国处。申请方需要表明他已经完成了相关国内法律和规定的改变，以与 CPTPP 的义务一致。当 CPTPP 成员国在完成了其相应的法律程序来接受申请国作为 CPTPP 成员国后就可以通知托管国。在申请加入经济体将其申请加入文书交给托管国，表示他接受加入的条件和条款后或者所有各方已经用书面形式通知托管国完成了各自的法律程序后的 60 天，申请方就成为 CPTPP 成员。如果一个成员经济体或多个成员经济体的审批程序出现拖延，委员会就将会采取不同安排。

5. 达标。申请加入的经济体必须：（1）明示它采取哪些措施使其满足 CPTPP 现存的条件；（2）提出能够在货物、服务、投资、金融服务、政府采购、国有企业和商业人暂时进入等方面所能提供的市场准入的最高标准。这些必须通过非常平衡的方式向各个成员经济体提供商业意义的市场准入，从而加强申请加入经济体和成员经济体间互利的联系，同时增强贸易、投资和经济增长，提高效率、竞争和发展。

最后，所有 CPTPP 创始成员经济体所认同的全面市场准入承诺的关税减让和其他对货物或服务贸易和投资的关税壁垒的承诺将指导申请加入经济体在这些方面的承诺水平。

二、谈判的重点与难点

（一）对谈判形势的基本判断

经过研究，笔者对谈判形势的基本判断是：国际形势错综复杂，对我国总体有利，特别是近期全球经济急需复苏，为中国加入 CPTPP 创造了难得的窗口期。中国申请加入 CPTPP 利大于弊，应采取目标和问题导向，通过申请加入 CPTPP 将产生积极正面的外部效应。但同时也要充分认识到，申请加入是一个长期和艰苦的过程。

从现阶段来看，中国申请加入 CPTPP 利大于弊，谈判应采取目标和问题导向。如果中国不申请加入，负面影响十分明显，中国将不得不承受贸易转移、投资转移、原产地规则效应和规则竞争与溢出效应，使得我国因 CPTPP 的排外条款而被排除在外，而且从长期来看也无法有效参与新的高水平国际经贸规则的制定。

中国加入 CPTPP，对亚太区域经济一体化、地区贸易和投资的自由化、便利化产生积极影响，进而将有利于全球经济在疫情期间和疫情后的快速复苏。世界百年未有之大变局与世纪新冠肺炎疫情交织在一起，使得国际形势发生了深刻复杂变化。目前中国是 120 多个国家最大的贸易伙伴，并在 2020 年成为欧盟的最大货物贸易伙伴。根据彼得森国际经济研究所的报告，如果中国加入 CPTPP，到 2030 年，中国国民收入有望增加 2980 亿美元，CPTPP 其他成员经济体也有望增收 6320 亿美元。

同时，对于加入 CPTPP 谈判的长期性和艰巨性要有充分的心理准备，这绝不仅局限于条款规则的谈判。中国加入 WTO 的谈判进行了 15 年，RECP 谈判经历了 8 年。目前中国的外部环境趋于严峻复杂，更应有持久战的心理准备。

（二）规则方面的重点和难点

CPTPP 规定，中国加入 CPTPP，首先需要和 CPTPP 的每个成员加强接触和沟通，得到他们的支持和同意后再进入正式的申请加入程序。所以从谈判的重点和难点来看，主要分为地缘政治方面和规则条款方面。从目前分析看，地缘政治方面的问题是首要的重点和难点，现阶段需要重点关注主要矛盾，并抓住一切机会化挑战为机遇。

从规则来看，中国加入的难点主要集中在国有企业改革、劳工标准、数据跨境流动和知识产权保护四个方面，这也是 CPTPP 成员经济体最为关注的问题。从难度上来讲，这四个问题的解决也有难易之分。首先，相对好解决的是劳工标准的问题，主要需要修改国内相关的法律和规章，重点解决承认集体谈判权和结社自由的问题。其次，知识产权保护的问题。目前国际社会对于中国保护知识产权给予了很高的评价。在知识产权方面，中国加速出台了一系列加强知识产权保护的法规、政策和意见。中国修订了《著作权法》，并通过了《专利法》第四次修订。最高人民法院 2020 年 9 月公布的 6 份关于知识产权民事、刑事案件的司法文件中，对协议内容有比较明确的体现。所以知识产权保护的加强与中国自身进一步发展和开放的大方向是一致的，重点要解决中国在保护知识产权问题上与国际标准相比“窄、短、松”的问题和在具体执行中出现的问题。再次，数据跨境流动的问题。这个问题也是在电子商务近年来蓬勃发展后各国遇到的共同问题，但是美国、欧盟和中国对待数据跨境流动的态度是不同的，中国也在探讨有效途径实现数据的有序安全流动，并在自贸区进行试点，未来可以积极探讨各方都能接受的方案。最后，最难解决的是国有企业的问题，此问题涉及我国国有企业的功能定位、帮助国家实行相关战略等问题，但是这个问题实际上已经严重影响到了中国企业走出去，并在国际社会受到了很大的压力，所以国有企业问题是中国加入 CPTPP 和其他双边自贸协定中最为突出的问题，需要慎重积极解决应对。数字跨境流动和国有企业改革这两个问题是规则谈判中的重点和难点。

三、申请加入的路径与策略

（一）申请加入的路径

中国申请加入 CPTPP 的指导思想是化解主要矛盾，化不利因素为有利因素。加入的路径是与没有自贸协定的 CPTPP 成员国商签自贸协定，有自贸协定的升级现有的自贸协定，对已经升级的向 CPTPP 进行对标。

申请加入的路径对于中国是否能够成功加入具有重要的影响。从上述分析中已经可以清楚地看到，从目前的各方面情况来看，首先，中国申请加入虽然面临一定的困难和阻力，但是总体来看利大于弊，从长远来看机遇大于挑战。其次，在仔细分析 CPTPP 的文本后发现，虽然在个别领域仍然有一定的障碍和困难，但是总体而言，从规则、议题和市场开放来看，中国已经具备了申请加入的条件。

中国申请加入 CPTPP 的路径可以从五个方面进行规划和设计，主要如下：

1. 打破政治障碍，加强与 CPTPP 成员经济体的接触沟通，进行重点突破。根据调研发现，2020 年习近平主席宣布中国将适时考虑加入 CPTPP 之后，国际社会对于中国的这一表态表示欢迎的同时也有一些意料之外，没有想到中国推动改革和进一步开放的决心如此坚定。目前，主要的 CPTPP 成员经济体实际上已经在为与中国进行接触和谈判展开准备。它们已经指示使馆多与中国政府部门、智库等加强联系，了解中国考虑加入 CPTPP 的有关情况。所以中国可以通过 CPTPP 成员经济体在华的使领馆和中国驻 CPTPP 成员经济体的使领馆展开非正式的接触，了解相关国家的诉求，然后制定与不同国家未来谈判的方案，为下一步正式接触和谈判预做准备。

同时这种非正式的接触也为消除中国与相关国家政治关系障碍奠定基础。由于近期各种复杂因素的综合作用，导致中国先后与加拿大、澳大利亚、日本等国的双边关系出现了一定的问题，而使得双边关系的发展受到了影响。但通过 CPTPP 非正式的接触和谈判能够为推动双边政治关系的回暖发挥独特作用，通过经贸领域的接触和沟通来化解双方在一些问题上的分歧和误解，这样才能通过打破政治僵局为中国加入 CPTPP 提供必要的基础和条件。

2. 对标 CPTPP 文本找出差距，尽最大努力达标。CPTPP 是目前最高标准的自贸协定，中国目前与 CPTPP 的要求还有一定的差距。经过对标 CPTPP 案文中 2321 款的情况来看，绝大部分是中方可以接受，小部分是经过改革之后可以接受，绝小部分是不可接受条款。所以重点还是应该放在把需要通过改革之后可以接受的部分，从而为加入做好准备。为了达到加入 CPTPP 的目标，最重要的是要找到两者的差距，并推动国内相应的改革和相关法律规定的修订，特别是在难点问题上拿出一套切实可行的改革方法和路径。

同时 CPTPP 的文本虽然已经达成，但是在具体的理解和执行上，主要的发达国家和发展中国家还是有较大差异的，而且客观地讲，CPTPP 的条款代表了最新的贸易和投资规则，不仅仅是对传统贸易规则的深化，还有不少突破性的发展，如面向 21 世纪的新规则和深度一体化规则，且大部分都是强制执行力的硬性条款。在此情况下，中方应该在积极考虑的同时，认真研究 CPTPP 文本，提高对最新规则的认识和理解，并找出中国现阶段情况与 CPTPP 条款的具体差距，分析如何达标的同时，也要进行有效的风险评估，并对可能造成的对我国经济社会的冲击的预案，从而制定出在规则允许范围的保障和应对措施。

3. 苦练内功，深化国内经济体制改革。中国加入 CPTPP 的过程也是深化国内经济体制改革的过程，而这个目标是与我国构建开放型的经济新体制的目标是基本吻合的。在国际环境更趋复杂多变的情况下，中国对外推进制度型开放，对内进行深层次改革，为构建市场化、国际化和法治化的现代化营商环境奠定基础。在全国范围内推进机制体制改革，在国有企业改革、数据跨境流动、劳工和环境问题方面加强研究和采取切实有效的措施推进相关改革。目前，中国已经形成了以 21 个自贸区为基础的对外开放新格局。在这些重点难点问题上可以在自贸区进行压力测试，先行先试。

4. 在坚持积极加入 CPTPP 的同时，有效推进其他区域经贸合作。CPTPP

谈判应该成为中国进行区域自贸协定谈判的主渠道，中国应该处理好中国加入 CPTPP 和中美经贸谈判、中欧投资协定、中日韩自贸协定和 WTO 改革等机制的关系，形成合力，避免相互掣肘。虽然加入 CPTPP 的谈判也有一定的困难，但是与其他谈判相比，反而历史负担比较少，所以应该成为中国政府进行谈判的重点渠道，并成为优先选项进行推进。当然同时也要根据其他机制的最新进展和变化情况进行及时调整与配合。从目前的情况来看，中国在把主要精力放在积极加入 CPTPP 谈判的同时，重点落实好 RCEP 各项措施的实施，继续积极推进中日韩自贸协定谈判工作，加强在“一带一路”框架下与相关国家和地区的合作。

5. 加强在国内的宣传和培训，为中国早日加入 CPTPP 奠定一定氛围和基础。在互联网高度发展的时代，民众的支持将为中国申请加入 CPTPP 创造良好的国内改革氛围。中国加入 CPTPP 从根本上来讲是一场自我改革，所以需要得到国内各层级和普通大众的理解与支持。根据当年中国加入 WTO 的经验，可以在国内各个层级开展相关的专业培训与宣传，让更多的中国民众认识到中国加入 CPTPP 的战略意义和现实利益，在国内对于中国加入 CPTPP 形成广泛的共识，从而形成强大的支持中国加入 CPTPP 的氛围和舆论环境。

（二）申请加入的策略

加入 CPTPP 谈判的过程中，申请加入的策略也十分重要，我们应该采取“积极表态、有序推进、有所侧重、主次分开、抛弃幻想”的策略。具体来讲：

1. 积极表态。中国应该在各个层面对外积极表态。习近平主席在第四届进博会上的讲话中，专门强调了中国正式申请加入 CPTPP，在国际上就起到了很好的效果。

2. 有序推进。中方要充分借鉴其他相关国家的经验与教训。首先，认真研究 CPTPP 现有成员经济体加入时所做的各方面标准承诺与让渡情况，进行案例分析和总结。例如越南的做法就值得中国借鉴。越南在加入 RCEP 和加入 CPTPP 时所做的开放承诺是不一样的，在加入 CPTPP 时所做的承诺更高。其次，密切跟踪英国加入的过程，加以学习。英国目前已经向CPTPP委员会递交了正式书面材料申请加入，并且已经和相关国家进行了初步的接触和谈判。而英国是到目前为止第一个正式申请加入CPTPP的国家，所以中国应该密切跟踪和调研英国申请加入的程序和策略，并结合中国的情况，形成中国方案，从而为中国正式向CPTPP委员会申请加入提供一定的参考和借鉴。

3. 有所侧重。在进行双边国别谈判时，根据不同情况采取不同策略。在国别谈判中首先考虑解决和理顺政治关系，然后再重点谈判达标的问题。考虑到目前11个CPTPP成员中，中国除了与日本、加拿大和墨西哥外，已经与其他的8个国家签署了自贸协定。在现阶段中国可以采取两条腿走路，一方面和相关国家进行加入CPTPP的谈判，另一方面，在条件尚不成熟的情况下，对于没有自贸协定的CPTPP成员国，可以进行双边自贸协定的谈判；对于有双边自贸协定的CPTPP成员国，可以进行双边自贸协定的升级谈判；对于已经结束了升级谈判的国家，可以与CPTPP的条款进行对标，找出差距。

4. 主次分开。应抓住难点问题，进行集中攻关。在谈判中采取先易后难的策略，在相对容易的议题上达成共识的基础上，重点攻关如国有企业改革、劳工标准、数据跨境流动及知识产权保护这些难点议题。通过前期的分析和评估我们可以看到，就CPTPP的主要内容，中国是可以接受和经过改革后可以接受的，只有很少一部分是我们难以接受的。在此情况下，我们在谈判中把主要精力放在改革难度大和难以接受的条款上，集中进行谈判，充分了解有关国家的关切，并找出切实可行的办法加以解决。这些难点问题也是与中国的改革和开放大方向是相一致的，只有这些问题得到逐步有效解决，中国才能在新一轮国际经贸规则制定中占据主导权。

5. 抛弃幻想。正确处理好推动国内改革和争取例外之间的关系问题。在调研过程中，澳大利亚等国家已经明确表示，对于包括中国在内申请加入CPTPP的国家，这些国家的努力重点应该是推动国内改革和相关法律规定的修改，从而达到CPTPP的标准，而不接受申请加入的国家希望通过争取更多的例外和过渡期来达到加入目的。

受美国影响，CPTPP 成员，尤其是日本，认为中国在加入 WTO 时的经济实力与目前中国的经济实力和国际影响力已经今非昔比，所以将用更高的标准来对待中国。中国如果期望在关键核心议题上通过争取例外和过渡期的途径来达到加入目的是不可能的，所以重点是立足于国内的改革达标，而不是通过多申请例外和过渡期来达标。

但是同时我们也应该看到，谈判本身就是一个利益置换和实现利益最大化的过程。所以在中国满足了 CPTPP 核心条款核心内容的基础上，我们还是要在谈判中尽最大努力，通过争取最大可能的例外和过渡期来为中国发展创造更好的条件与环境。在这方面，日本加入的承诺值得中国借鉴，不管是在市场开放领域还是在规则领域，日本都通过谈判争取到了自身的最大利益。

总之，中国申请加入 CPTPP 虽然面临一系列困难和挑战，但这都是中国高质量发展和高水平开放的必经之路，应该通过一系列途径和策略妥善处理，争取早日加入 CPTPP。

执笔人：袁幽薇

附　录

附录一　关于我国积极考虑加入 CPTPP 的策略研究[①]

2020 年 11 月，习近平主席在 APEC 第 27 次领导人非正式会议上表示积极考虑加入 CPTPP。近日，我国已正式提交加入 CPTPP 的申请。这是以习近平同志为核心的党中央站在新的历史起点，统筹百年未有之大变局和中华民族伟大复兴战略全局作出的抉择，是我国对接高水平国际经贸规则推动制度型开放，迈向高水平对外开放的重要标志。CPTPP 开放度高、涉及领域广、边境后议题多，是引领未来国际经贸规则创新变革趋势，具有全球影响力的高水平自由贸易协定。加入 CPTPP 要求我国对接 CPTPP 规则深化改革和扩大开放。因此，加入 CPTPP 的过程就是以开放倒逼改革、推动高质量发展的过程，将对于我国建设更高水平开放型经济新体制和高标准市场经济体系，加快构建国内大循环为主体、国内国际双循环相互促进的新发展格局，重塑国际竞争新优势、提升参与全球治理水平产生深远的历史影响。

一、我国加入 CPTPP 的战略意义

第一，有利于推动高水平开放和深层次改革。CPTPP 作为世界高标准自贸协定之一，不仅在零关税、市场准入、要素自由流动等方面体现了贸易投资高度自由化便利化的特征，而且覆盖知识产权保护、补贴、劳工标准、环境保护、国有企业、竞争中性等边境后规则。通过对标 CPTPP 规则加快推动

① 本报告为中财办委托课题成果，课题指导：张燕生；课题组长：王晓红；课题组成员：夏友仁、谈俊、孙晓涛、刘向东、张秀青、谢兰兰、刘小鸽、徐长春、苏庆义、袁幽薇、徐慧、王婧、李浩东。报告完成时间：2021 年 10 月。

我国制度型开放、倒逼体制改革，建立公平竞争的市场环境，营造世界一流营商环境，从而为建设现代化强国营造有利的国际国内环境。

第二，有利于建设高质量的双循环体系。积极加入 CPTPP 有利于深化供给侧结构性改革，更好地匹配市场需求。通过扩大开放，引进国外优质商品、资本、技术、人才、服务等要素，降低企业进口成本、提高产品质量，提升消费品质。尤其是新冠肺炎疫情之后，数字技术引领的新一轮科技革命和产业变革加速发展，数字经济强势崛起要求我们构建与之相适应的制度环境，对接 CPTPP 规则将促进我国数字经济发展和提高数字贸易规则制定话语权，从而为新经济发展创造有利环境。

第三，有利于维护区域产业链、供应链和创新链安全。疫情之后，全球产业链、供应链和创新链体系正加速区域化重构，CPTPP 作为横跨太平洋的区域贸易协定，能够为我国带来亚太区域的多元化市场和投资者，同时发挥我国比较优势和产业体系优势，扩大“引进来”和“走出去”规模，从而构建立足亚洲、面向全球的产业链、供应链和创新链体系，提升区域产业链、供应链和创新链体系的安全性、稳定性和国际竞争力。

第四，有利于增加贸易投资创造效应。研究表明，我国加入 CPTPP（设定所有商品关税为 0），GDP 将提升 0.48%、进口提升 3.41%、出口提升 2.23%、ODI 存量提升 1.04%、FDI 存量提升 0.81%。美国彼得森国际经济研究所的一项调查显示，如果我国不加入 CPTPP，总收入将因 CPTPP 的贸易转移效应损失 100 亿美元，加入 CPTPP 则能获得 2980 亿美元的收益。

第五，有利于提高参与全球经济治理能力。随着经济全球化深入发展，以 CPTPP 为代表的高水平区域自贸协定已成为国际经贸规则创新变革的重要趋势。未来，在美、欧、日等发达国家推动下，国企、补贴、竞争中性、电子商务等规则，将逐步成为 WTO 等国际贸易协定的重要议题。我国加入 CPTPP 有利于在新一轮国际经贸规则制定中增强主动权和话语权。

二、我国加入 CPTPP 面临的主要机遇和重大挑战

我国加入 CPTPP，既面临历史机遇，又面临重大挑战。

（一）我国加入 CPTPP 面临的主要机遇

1. 世界经济重心东移趋势明显

世界经济格局呈现“东升西降”“南升北降”态势，全球经济已形成欧洲、北美和东亚三足鼎立之势。据世界银行统计，2019 年东亚和太平洋地区的 GDP 达 24.91 万亿美元，占全球的 28.43%，超过欧洲与中亚地区的 28.06% 和北美地区的 23.18%。麦肯锡研究院预测，亚洲 GDP 的全球占比将从 2000 年的 1/3 提高到 2040 年的 50% 以上，消费规模将占世界的 40%。发展中国家经济增长总体快于发达经济体。IMF 测算，1992—2024 年发达经济体 GDP 占全球比重将从 83.6% 降到 56.2%，新兴经济体和发展中国家 GDP 占比则从 16.4% 升至 43.8%。

2. 新冠肺炎疫情导致产业链和供应链区域化趋势

新冠肺炎疫情使各国对产业链、供应链安全的重视程度上升，强调产业自主化发展，提出产业链、供应链回迁国内或在本区域进行重组，促进全球产业分工体系向本土化、区域化调整。后疫情时代将加剧全球产业链和供应链本土化、区域化趋势。CPTPP 成员中有 7 国来自亚太区域且与我国经贸关系密切，我国加入 CPTPP 符合这些国家产业链、供应链区域化调整的方向。

3. 我国经济一枝独秀导致的巨大市场吸引力

我国已经成为全球最有吸引力的大市场，形成了与包括 CPTPP 成员企业在内的密切利益联系，从而为强化与缔约方的经济合作奠定了坚实基础。我国市场对外资吸引力主要来自两方面。一方面，我国率先控制疫情，经济率先恢复增长，生产和消费市场潜力巨大；另一方面，通过长期对外开放和体制改革，投资便利化水平不断提升，营商环境大幅改善。由于 CPTPP 成员对我国市场的依赖较大，增强了我国与 CPTPP 缔约方谈判的砝码。

4. RCEP 签署为加入 CPTPP 营造了良好的经济合作环境和制度基础

RCEP 的签署标志着世界上人口最多、经贸规模最大、最具发展潜力的自由贸易区正式启航，发出了反对单边主义和保护主义的强烈信号，有力支持了多边贸易体制，助推全球经济复苏。尤其重要的是，提振了东亚区域贸易投资和经济增长的信心，为加强区域产业链、供应链合作，促进长期繁荣发展注入新动能，同时也将为推动亚太自贸区进程提供实现路径和动力。我国在 RCEP 中将发挥重要作用，RCEP 签署营造的国际经济合作氛围为我国加入 CPTPP 奠定了有利基础。

5. 当前是加入 CPTPP 门槛较低时期

与 TPP 相比，CPTPP 在规则标准方面更具包容性和民主性，加入门槛更低。CPTPP 条款内容搁置了 TPP 中包括知识产权、投资、电信、政府采购、环境等议题在内的 22 项条款，基本恢复了 WTO 倡导的共同但有差别的原则，实际降低了加入门槛、减少了歧视性倾向。假设美国重返，可能重启冻结条款，制定更利于美国战略安排的新规则。

（二）加入 CPTPP 面临的重大挑战

我国加入 CPTPP 将面临货物贸易零关税、服务业市场准入以及诸多边境后规则的挑战。如在国企和竞争中立原则上，CPTPP 扩大了“国有企业”定义，使之涵盖股权、投票权、任命权，并将国有企业非商业援助与补贴纪律相结合进行严格约束，打破当前 WTO《补贴与反补贴措施协议》（SCM 协议）。又如，CPTPP 在知识产权保护、劳工、环境、电子商务等方面都有很高标准。在电子商务方面，CPTPP 更看重贸易的数字属性，强调数据跨境自由流动，约定缔约方不得将计算设施本地化作为允许缔约方企业进入市场的前提条件，并禁止缔约方要求转让或获取源代码。再如，CPTPP 全面取消服务业准入限制、要求跨境服务贸易高度自由便利，等等。这些都对我们扩大开放和深化改革提出了更高要求。

三、CPTPP 的主要进展及与 USMCA、EPA、RCEP 规则的比较

CPTPP 的前身是由美国主导的 TPP。由于多边贸易谈判停滞不前，美国联合澳大利亚、智利、新加坡、新西兰，希望通过 TPP 开启新的亚太自由化

道路，美国试图将 TPP 发展为“重返亚太”战略的经济合作平台以主导未来经贸规则制定权。但特朗普继任后，认为其不利于本土制造业发展、损害美国工人利益，上任伊始即宣布退出。随后日本接手主导，与加拿大、马来西亚、秘鲁、墨西哥、文莱、越南并联合前面四国更名为 CPTPP，即《全面与进步跨太平洋伙伴关系协定》（*Comprehensive and Progressive Agreement for Trans－Pacific Partnership*，CPTPP）。CPTPP 涵盖日本、加拿大、澳大利亚、智利、新西兰、新加坡、文莱、马来西亚、越南、墨西哥和秘鲁 11 国，于 2018 年 12 月 30 日正式生效。其条款内容保留了 TPP 的核心规则框架体系和 95% 的内容，搁置了 5% 左右的条款。

（一）CPTPP 的进展

1. 缔约方贸易与投资出现不同程度的转移创造效应

根据国际货币基金组织统计，从成员国进出口额看，2019 年，在进口方面，文莱和越南同比分别增长 22.60% 和 6.97%；出口方面，澳大利亚、文莱、墨西哥和越南同比增长分别为 4.60%、10.18%、2.19%、8.44%。从缔约方相互间贸易额看，2019 年进口方面，文莱同比增长 18.25%，其次是墨西哥（同比增长 5.93%）、加拿大（同比增长 2.82%）和越南（同比增长 0.98%）；在出口方面，文莱、秘鲁、越南、澳大利亚同比增长分别为 24.94%、25.26%、7.02%、0.40%。从跨境投资总额看，缔约方资本流动呈现由发达国家向发展中国家转移的倾向。一方面，以智利、马来西亚和越南为代表的发展中国家均出现引资规模显著扩大；另一方面，以加拿大、日本为代表的发达国家对发展中国家投资增长。2020 年，由于新冠肺炎疫情冲击，绝大部分缔约方的进出口额、相互间贸易额、对外投资和吸引外资总额均同比下降。

2. CPTPP 扩容势头方兴未艾

第一，英国、中国大陆、中国台湾已正式申请加入。2020 年 11 月，习近平主席出席 APEC 组织第 27 次领导人非正式会议时表示，中方将积极考虑加入 CPTPP，2021 年 9 月 16 日，商务部部长王文涛向 CPTPP 保存方新西兰贸易与出口增长部长奥康纳提交了中国正式申请加入 CPTPP 的书面信函。9 月 22 日中国台湾地区也紧随其后，正式递交加入 CPTPP 的申请。第二，韩国具有积极意愿。2020 年 12 月，韩国总统文在寅公开表示韩国正考虑加入。第三，不排除美国重返的可能性。一方面，日本、新西兰、越南等缔约方支持美国重返；另一方面，巩固美日同盟、遏制中国崛起是拜登亚太战略的要点，重返 CPTPP 有利于实现这一战略。

（二）CPTPP 与 EPA、USMCA、RCEP 的规则比较

日欧经济合作协定（EPA）的日文版协议包括序言、23 章正文及 23 个附件，除关税减免、服务贸易、金融等常规内容外，还对邮政快递、电子商务、通信、知识产权保护等设专章规定。美墨加自贸协定协议（USMCA）有 34 章议题，基本延续 CPTPP 的框架结构，包括关税减让、农业、投资、金融、数字贸易、国企、政府采购、劳工、知识产权、环境等核心章节；区域全面经济伙伴关系协议（RCEP）由序言、20 章正文及 4 部分附件组成，包括货物贸易、服务贸易、电子商务、投资、政府采购、竞争、中小企业、知识产权、经济技术合作等核心章节。

附表 1－1　主要议题规则比较

议题	CPTPP	日欧 EPA	USMCA	RCEP
国企	国企定义：以投票权、股权、任命权三种形式定义。透明度：要求定期公布国企名单，并每年更新；国企及时披露指定垄断、扩大垄断和非商业援助情况，并说明这些情况如何影响贸易或投资。非歧视和商业考虑原则：要求国企从事商业活动时遵循，并拓至投资领域，且无差别适用所有缔约方。非歧视待遇对象包括缔约方和非缔约方企业。非商业援助：沿用 WTO《SCM 协定》的补贴条款	未独立设章	国企定义：相较 CPTPP 的范围扩大，并增加决策权的约束。透明度：除 CPTPP 中要求披露的情况外，还要披露股权注资情况。非歧视和商业考虑原则：与 CPTPP 要求相同。非商业援助：条款结构与 CPTPP 一致，但在非商业援助主体、援助范围和不利影响等方面放宽了多边补贴的标准	未独立设章

续表

议题	CPTPP	日欧 EPA	USMCA	RCEP
关税减让	99%零关税、零补贴、零壁垒的“三零”标准	欧盟承诺取消约对日商品99%的关税，日本承诺取消约对欧盟商品94%的关税，并在未来几年内使关税取消率达到99%	主要集中于汽车关税领域，规定基本豁免三国相互进出口的皮卡和汽车零部件关税	货物贸易零关税比例高于90%，但在农业领域有所保留，保持一定农产品配额
服务贸易	采用负面清单模式，并规定发展中国家与发达国家受同等约束；同时设立具体章节规范金融服务、商务人员临时入境、电信服务、电子商务等，促进各成员国提高服务业开放程度	采取负面清单模式，给予对方最惠国待遇；但同时保留双方政府提供公共服务的空间；采取措施消除双方自然人流动障碍，对邮政、速递、金融等行业作专门规定	条款结构与 CPTPP 基本一致，但比 CPTPP 更加严格。并将服务贸易承诺与成员方的本地政策相结合，确保条款执行力	包括市场准入承诺表、国民待遇、最惠国待遇、当地存在、国内法规等规则。部分缔约方采用负面清单方式进行市场准入承诺，对现在采用正面清单的缔约方设置过渡期
投资	包括投资基本原则和实体内容以及投资者—国家争端解决机制。非歧视待遇规定采取“市场准入前待遇加负面清单”模式，对于未列入负面清单的措施，一律适用准入前非歧视待遇	未独立设章	与 CPTPP 规定大体相同，但对投资争端解决机制依国别做出特别规定	采用负面清单模式。涵盖投资自由化、投资保护、投资促进和投资便利化四方面，承诺最惠国待遇、禁止业绩要求，规定详细的争端预防和外商投诉协调解决机制等
知识产权保护	扩大商标注册范围，允许声音、气味、地理标识等注册商标，并对物品及组成部分给予工业品外观设计保护；规定版权保护期为70年，生物制剂保护期为10年；处罚严厉，对影院偷拍等行为不论商业价值皆适用刑法处罚	双方承诺对农林水产品和酒类的地理标识进行保护，其他方面未有详尽规定	和 CPTPP 条款基本相同，但更严格。如：保护期更长，规定版权保护期为75年；工业设计保护期为注册日起至少15年。在生物制药保护领域扩大了商标保护和可注册的范围	保护力度整体弱于前三个协定。表现在：保护期较短，处罚较轻等。但关于数字版权的规则中为整个区域制定共同原产地规则，很有创新性

续表

议题	CPTPP	日欧 EPA	USMCA	RCEP
劳工	规定缔约方不得为了促进贸易或投资而减损对劳工权利的保护；突出强调劳工规则在关税区同等适用，且不得在海关特殊监管区，通过降低劳动标准实施水平的方式刺激对外贸易和吸引外来投资；还规定缔约方应保障工人最低工资、工作时长、职业安全健康等	未独立设章	对劳工权利维护超过 CPTPP。除 CPTPP 中对劳工权利条款的规定外，还对移民劳工权利作详细规定，并进一步完善劳工法的执法程序，提高其执行力度	未独立设章

综上所述，USMCA 与 CPTPP 的绝大多数文本相一致，但在国企、原产地标准、劳工、环境、知识产权保护等方面比 CPTPP 要求更高，同时进一步完善了议题的程序性规则，注重规则的落地实施。但该协议处处体现着单边主义倾向和“美国优先”理念，淡化发展议题。美国贸易代表莱特希泽曾称，USMCA 协定是未来美国贸易协定的模板。EPA 涵盖内容较广泛，标准高，适用于西方发达国家，被日欧双方认为是高质量的、公正的自由贸易协定。RCEP 的最突出特点是以发展为核心，注重灵活性和包容性。承诺对发展中经济体给予特殊待遇，给柬埔寨和缅甸等欠发达国家更长过渡期，更好地照顾到所有缔约方的实际情况和发展需求。

四、对接 CPTPP 货物贸易规则的改革开放举措

CPTPP 对货物贸易高水平开放的突出表现为零关税，这一措施将有效降低各国贸易成本，反映了以中间品贸易为主体的全球价值链贸易的趋势和内在要求，也有利于我国降低中间品贸易成本，扩大进口，提高产品供给质量。为此，我国应继续推进关税减让力度，尤其是在区域贸易协定中针对缔约方提升零关税水平。

（一）我国关税与 CPTPP 零关税的差距

1. CPTPP 关税减让情况分析

CPTPP 的 11 个缔约方货物贸易关税减让力度较大。突出表现为：一是最终实施零关税的比重较大，实现了几乎所有产品零关税，11 国最终实施零关税的税目平均超过 98%；二是立即实行零关税的比重较大，第一年就达到零关税的税目占比平均超过 86%。

分国家而言，各国最终实施零关税的比重在 93% ~100%，其中文莱、新西兰、新加坡三国实现 100% 产品零关税，澳大利亚、马来西亚、秘鲁三国实现超过 99% 的产品零关税，加拿大、墨西哥、越南三国实现 98% 的产品零关税。零关税比重较低的智利和日本也达到 93% 以上产品的零关税。

各国立即实施零关税的比重也有差异。澳大利亚、文莱、加拿大、新西兰、新加坡、智利 6 国立即实施零关税的比重接近或超过 90%；日本、马来西亚、新西兰、秘鲁三国立即实施零关税的比重超过 80%；墨西哥和越南立即实施零关税的比重分别为 76.4% 和 65.1%。

不同国家关税减让过渡期也有较大差异。除新加坡在基准期已实现零关税之外，其余国家过渡期在 4 ~21 年，一般零关税比重较小的国家过渡期较长。过渡期最短为 3 年（澳大利亚），最长为 20 年（日本、越南）。从各国非零关税行业分布看，主要集中在农业部门，工业部门几乎均实现零关税。

2. 我国 FTA 关税减让现状

RCEP 中，我国对东盟、澳大利亚、日本、韩国和新西兰有各自的关税减让安排，各减让清单中最终实现零关税的比例在 86% ~90.5%。其中，我国对东盟零关税比例最高，最终可达 90.5%；对澳大利亚和新西兰的零关税比例最终可达 89.98%；对日本和韩国的零关税比例最终可达 86%。

我国已与智利、秘鲁分别签署自贸协定，且降税幅度较大。其中，中国—秘鲁自由贸易协定最终零关税比重为 94.5%，中国—智利自由贸易协定最终零关税比重达 97.17%，均超过 CPTPP 入门水平。我国与澳大利亚、新西兰、东盟四国签署的贸易协定中，最终零关税比重分别达到 96.8%、97.1%和 95.4%，与上述国家在 CPTPP 中的承诺相当，差距主要体现在立即实施零关税的比重。

3. 我国关税与 CPTPP 差距

最惠国关税是缩小与 CPTPP 缔约方差异的基准，我国最惠国关税税率中零关税产品税目占 8.42%，但涉及产品的进口量占比达到 58.96%；关税税率在 0～5% 的税目占 17.15%，这部分产品降低到零关税所带来的变动和冲击相对较小；关税税率 20% 以内的产品占 92.68%，这些产品实施零关税可以基本满足对接 CPTPP 的需求。

决定我国与 CPTPP 缔约方关税差异的不只是最惠国关税税率，如果我国与上述国家签署双边和区域自由贸易协定，则可以自贸协定优惠关税为基准，考虑其与 CPTPP 减税力度的差异。我国自由贸易协定优惠关税税率最终水平和 CPTPP 零关税水平差异较小，只有立即实施零关税的比重与 CPTPP 具有较大差异。

分国别而言，与我国零关税水平差异最大的是墨西哥和加拿大，差异最小的是智利、越南、新西兰；分行业而言，我国工业品降税潜力较大，农产品降税压力较小。

（二）我国难以实施零关税产品的情况

RCEP 是我国最新签署的最大规模自由贸易协定，也是包含 CPTPP 缔约方最多的，CPTPP 的 11 个缔约方中有 7 个是 RCEP 缔约方。RCEP 中可以实现零关税的产品，不但适用于广大发展中国家，还适用于日本、澳大利亚、新西兰等在高端工业品或农产品具有比较优势的发达经济体。因此，我国在 RCEP 中的零关税产品，也同样可以对 CPTPP 国家开放，难以实施零关税的产品则是 RCEP 非零关税列表的子集。

根据我国经济发展现状，农业部门中的小麦、稻谷、玉米、棉花、食糖、羊毛、油菜籽和植物油、烟草、天然橡胶、牛肉、乳制品等产品难以实施零关税，工业部门中的纸制品、部分化工产品、数控机床、汽车、锂电池、显示器、摄像机和电视、船用柴油机等 569 个产品难以实施零关税。

判断 569 个产品中可以继续实施零关税的依据，一是该产品不会影响国家经济安全和国计民生，并非我国所无法自给的紧缺产品，而是我国具有一定国际竞争优势的产品；二是基准关税税率不高；三是 RCEP 中已经实施零关税且过渡期较短。经过筛选，有 224 个税目可以在一定过渡期之后实施零关税，345 个税目需要继续保持关税。

判断 345 个税目中可以继续实施零关税的依据，一是该产品在我国与 CPTPP 11 国的国际贸易中处于顺差；二是该产品的进口额占进口总额的比重较低；三是该产品基准关税较低；四是该产品具有一定比较优势。经过筛选，187 个税目可以在过渡期后实施零关税，剩余 158 个税目需要继续保持关税。

根据上述分析，可以将难以实施零关税的税目由松到紧分为三类：类型 1 产品可以率先实施零关税；类型 2 产品可以在类型 1 产品的基础上继续放松保护，进一步实施零关税；类型 3 产品则保持非零关税。

（三）我国在 CPTPP 谈判中的关税减让出价策略

基于上述分析，我们认为，零关税不会成为我国加入 CPTPP 的谈判障碍。我国在进行关税减让出价时，可以奉行三种零关税策略，分别为：第一策略——申请加入时出价，第二策略——谈判中期出价，第三策略——底牌。

第一策略：非零关税数量 569 个，零关税占比 93.1%，立即实行零关税的比重 80%，相当于日本在 CPTPP 中的零关税水平。

第二策略：非零关税数量 345 个，零关税占比 95.8%，立即实行零关税的比重 85%，相当于智利在 CPTPP 中的零关税水平。

第三策略：非零关税数量 158 个，零关税占比 98.1%，立即实行零关税的比重 85%，相当于越南在 CPTPP 中的零关税水平。

五、对接 CPTPP 服务贸易规则改革开放的举措

与 CPTPP 规则相比，我国服务贸易在市场准入、边境后规则等方面还存在差距，需着力深化相关领域改革，进一步放宽服务业市场准入，大幅削减服务贸易壁垒，压缩负面清单，加强执业资格互认，促进人员往来便利化，推动服务贸易自由化便利化进程，提高知识密集型服务贸易开放水平，加快完善服务贸易发展的制度环境。

（一）CPTPP 服务贸易规则的主要特点

CPTPP 服务贸易规则包括金融服务、交通运输、电信、教育、文化、医疗服务 6 个领域，对服务贸易各相关领域的准入要求、政策透明度、国民待遇等方面做了明确规定，体现出 CPTPP 作为高水平经贸协定的特点。

一是开放度高。CPTPP 服务贸易条款以负面清单方式列示不符措施和保留权利，普遍取消对其他缔约方服务提供者进入本国市场提供服务的数量、配额和形式等限制，并赋予跨境服务提供者市场准入自由。同时取消对外资企业股比、高管和董事会成员国籍等限制，允许其他缔约方企业在满足监管标准的前提下，可自由进入本国市场和自主决定企业经营方式。二是覆盖面广。CPTPP 服务贸易条款边境后条款多于市场准入条款，覆盖贸易投资自由化、便利化和对贸易投资的保护等多方面，且条款没有对适用对象（如金融机构类别）进行明确区分，而是囊括了所涉及行业的所有机构。三是操作性强。CPTPP 服务贸易条款对各缔约方国内批准程序、资格资历互认、争端解决等均提出了具体要求。四是保障开放不可逆。CPTPP 服务贸易条款通过设置棘轮机制保证各缔约方服务贸易领域开放“只进不退”。

（二）我国服务贸易规则与 CPTPP 存在的差距

1. 金融领域

与 CPTPP 规则相比，我国金融领域开放存在以下差距。

第一，外资金融机构市场准入限制虽已取消，但经营领域尚未全部放开。保险业领域，我国对外资保险公司在华从事保险中介和保险附属服务尚未有明确规定；银行业领域，我国现行外资银行管理条例将外资银行在华业务范围限制在存贷款、首付款、支付结算、银行卡、证券和外汇买卖等基础性业务领域。

第二，对外资金融机构向有关部门所提申请的回应时间与 CPTPP 条款存在差异。第 11.13 条“特定措施的透明度和管理”中第 10 款规定，“一缔约方的监管机构应在 120 天内对另一缔约方的一金融机构的投资者、一金融机构或一跨境金融服务提供者提出的与提供金融服务相关的完整申请作出行政决定，并应将该决定迅速通知申请人。如在 120 天内作出决定不可行，则监管机构应立即通知申请人并应努力在此后一合理期限内作出决定”。我国外资银行管理条例第 15 条则规定，“国务院银行业监督管理机构应当自收到设立外资银行营业性机构完整的申请资料之日起 6 个月内作出批准或者不批准筹建的决定，并书面通知申请人”。在同意筹建的基础上，外资银行管理条例第 18 条规定，“国务院银行监督管理机构应当自收到完整的开业申请资料之日起 2 个月内，作出批准或者不批准开业的决定，并书面通知申请人”。即外资银行在我国设立分支机构，从提出申请到完成全部批复，最长需要 8 个月。

第三，外资保险和证券公司的申请审批时间均长于 CPTPP 条款所规定的时间。我国外资保险公司管理条例第 10 条规定，“国务院保险监督管理机构应当对设立外资保险公司的申请进行初步审查，自收到完整的申请文件之日起 6 个月内作出受理或者不受理的决定”。同样，《中华人民共和国证券法》第一百一十九条规定，“国务院证券监督管理机构应当自受理证券公司设立申请之日起 6 个月内，依照法定条件和法定程序并根据审慎监管原则进行审查，作出批准或者不予批准的决定，并通知申请人”。

第四，我国资本账户尚未完全放开，对资金跨境支付和跨境流动存在一定限制。CPTPP 文本第 10.12“转移和支付”条款明确指出，“每一缔约方应允许所有与跨境服务提供相关的转移和支付自由进出其领土且无迟延”，且“每一缔约方应允许与跨境服务提供相关的转移和支付使用自由流动货币按转移时的现行市场汇率进行”。

2. 电信领域

与 CPTPP 规则相比，我国电信业条款差距主要在于市场准入限制较多，具体体现在：其一，仍然要求外商投资企业必须采取中外合资方式经营，且对外资企业设置股比限制。虽然上海自由贸易试验区在增值电信领域突破了外资股比不超过 50% 的限制，但全国层面依然对外资保留着股比限制。其二，增值电信领域对外资企业准入限制仍然较多。例如视频播放领域，目前外资企业无法直接播出自有视频，需要将视频内容出售给国内企业播放。

3. 交通运输领域

与 CPTPP 规则相比，我国交通运输领域市场准入限制主要体现在两个方面，一是部分领域对外资企业仍有股比要求，对合资公司管理人员国籍存在限制。如 2021 年全国版负面清单明确要求国内水上运输公司须由中方控股，公共航空公司须由中方控股，且一家外商及其关联企业投资比例不得超过 25%，通用航空公司的法定代表人须由中国籍公民担任，其中农、林、渔业通用航空公司限于合资，其他通用航空公司限于中方控股；民用机场的建设、经营须由中方相对控股。外方不得参与建设、运营机场塔台等。二是交通运输所涉及部分领域尚未实现对外开放，包括电子订票系统、地勤以及销售和营销服务等领域。

4. 教育服务领域

与 CPTPP 规则相比，我国教育服务领域开放的差距主要体现在市场准入、学历学位互认和对境外消费的外汇管制方面。其一，对外资举办教育机构市场准入限制较多，包括必须采取中外合作形式办学，并对教育企业在分支机构扩张、办学主导权、高管国籍等方面加以限制。如《中华人民共和国中外合作办学条例实施办法》规定，“中外合作办学机构不得设立分支机构，理事会、董事会或者联合管理委员会的中方组成人员不得少于二分之一”。《中外合作职业技能培训办学管理办法（2015 修订）》规定，“外国教育机构、其他组织或个人不得在中国境内单独设立以中国公民为主要招生对象的职业技能培训机构”。《外商投资准入特别管理措施（负面清单）（2020 年版）》规定，“学前、普通高中和高等教育机构限于中外合作办学，须由中方主导”。其二，学历互认范围有待扩大。目前，与我国进行高等教育学历学位互认的国家共54个，以发展中国家为主，与美国没有实现互认，CPTPP缔约方未包括日本、新加坡、智利和文莱。同时，对学历型远程跨境教育不予承认。其三，严格限制境外消费资金转移。2017年7月，中国人民银行将大额现金交易的人民币报告标准由20万元下调至5万元，每年留学学费或生活费汇款限额5万美元。

5. 文化服务领域

与CPTPP规则相比，我国文化服务贸易的差距主要在于：一是禁止准入部门数量多。我国在RCEP中仅对录像分销服务和电影院服务做出部分减让承诺，其他领域均未做承诺。二是重点限制文化内容及提供载体的市场准入。目前，我国自贸试验区禁止投资的文化领域包括：新闻机构，出版物内容编辑、出版和制作业务，各类广播电视媒体，广播电视节目制作经营（含引进业务）公司，电影制作公司、发行公司、院线公司以及电影引进业务，文物拍卖公司、文物商店和国有文物博物馆。三是对已开放领域设置准入门槛。如电影院服务仅限于合资，中方投资比例不低于51%，7个试点城市外方投资比例不超过75%。四是对涉外文化服务业务进口审批严格。目前保留的500项行政审批事项中，与文化服务贸易类相关的有15项，涉及内容审查、业务审查和机构审批等多个方面。

6. 医疗服务领域

与CPTPP规则相比，我国医疗服务贸易的差距主要体现在：一是外资医疗机构准入限制。目前我国允许外资设立合资医院或诊所，但外资医疗机构不能设置分支机构，且要求外资持有股权不高于70%，合资医院和诊所的医生和医务人员为中国国籍。二是外资医疗机构难以享受国民待遇。目前外资医院仍被排除在我国医院评级体系之外，外资医院医师缺少为社会所认可的晋级通道，医师职称、课题招标、各类资格认定等都是面向公立医院，导致外资医院人才不足，制约了外资医院发展。三是学历学位和执业资格互认渠道不畅。我国临床医学教育标准已经通过世界医学教育联合会（WFME）认定，实现了与主要国家和地区的学位互认，但中医、护理、口腔等领域仍为空白。执业资格方面，《外国医师来华行医管理办法（征求意见稿）》规定，外国医师来华短期行医实行执业注册制，长期行医须按照《中华人民共和国执业医师法》进行准入和注册执业，并需参加医师定期考核。但国内医疗执业资格和标准体系与 CPTPP 规则存在较大差距，特别是在直接资格认证方面互认难度大。

（三）推进我国服务贸易领域改革开放的主要举措

1. 金融领域

一是扩大外资金融机构在华业务范围。扩大期货等金融衍生产品开放范围，引入更多风险管理产品工具，更好地满足市场主体风险管理需求；拓展交易所债券市场境外机构投资者直接入市渠道；建立健全境外企业在境内市场发行存托凭证（CDR）等制度。推进资本账户开放，提升资本项下跨境资金流动便利性。支持浦东率先探索资本项目可兑换的实施路径。创新面向国际的人民币金融产品，扩大境外人民币境内投资金融产品范围，促进人民币资金跨境双向流动。二是对标 CPTPP 规则，修改完善金融领域法律法规。优化我国外资金融机构申请事项审批制度，将外资金融机构设立申请的批准时间从 6 个月统一缩短至 120 天，同时将外资银行机构的筹建申请和开业申请合而为一，进一步提高审批效率。三是深化金融业制度性开放。健全金融业制度规则体系，完善会计、税收、法律等配套制度，提升金融业制度性、系统性开放水平，增强金融市场透明度。健全金融风险防控体系，及时防范和化解跨境金融风险。深化境内外市场互联互通，促进国内外市场要素自由有序流动。

2. 电信业领域

一是取消增值电信领域市场准入限制。加快将上海自由贸易试验区电信业扩大开放的经验复制推广至全国自贸试验区。进一步扩大数据中心、云服务等领域开放范围，完善事中事后监管，确保内外资电信企业享受同等待遇。在海南自贸港探索适度放宽基础电信业务的外资市场准入限制。二是对标 CPTPP 条款加快修订电信业法规条例。取消外资电信企业必须由中外合资经营的限制。修改《外商投资电信企业管理规定》对外商投资电信企业注册资本相关规定，取消注册资本最低限额和外方投资者出资比例的要求。三是取消全国版和自贸试验区版负面清单中关于增值电信业务外资股比不超过 50% 的限制条款。

3. 交通运输领域

一是调整负面清单中国内水上运输、公共航空、民用机场建设与经营等条款中对外资企业设置 25% 股比限制及须由中方控股的要求；二是取消负面清单中公共航空公司和通用航空公司法定代表人必须由中国籍公民担任的要求，面向全球招聘优秀经营管理者；三是对标中欧全面投资协定（CAI）中有关航空运输服务条款，加快推进电子订票系统及销售和营销服务等领域开放。

4. 教育领域

一是继续放宽外资设立教育机构的准入限制。除义务教育、宗教教育禁止外资准入外，其他领域均可放开准入，同时允许外商独资经营。可在海南自由港、粤港澳大湾区、自由贸易试验区先行先试，按照民办学校要求，放开学前、普通高中和高等教育，同时确保政策落实到位。二是扩大学历学位互认。加强与美国、欧盟、日本、新加坡等经济体合作，扩大高等教育学历学位互认范围。三是加强跨境远程教育国际合作，推动资格标准、认证条件与国际接轨。借鉴国外先进经验，填补我国跨境远程教育在质量保障、监管、学历认证等方面的法律法规空白。

5. 文化服务领域

文化服务贸易涉及国家文化安全和意识形态等核心问题，应采取分类分级开放、动态管理的原则。一是取消非意识形态内容行业的准入限制。如取消电影院、文化经纪人等行业外资股比限制。二是考虑在自贸试验区、自贸港、服务贸易创新试点等开放平台，取消对电影、电视节目、出版物等内容服务提供商的外资准入限制，外资与内资依法平等进行内容审查，可设置过渡期内由中方主导。三是推进文化服务领域法律法规体系建设，加强事中事后监管，引导外资企业合规经营。四是守住安全底线，保障国家核心利益。

参照 CPTPP 缔约方做法，对不宜放开的领域做出例外安排，实行禁止准入及对市场主体限制股比、经营范围、空间布局等管理措施。

6. 医疗服务领域

一是放开独资准入限制。2020 年完成的中欧 CAI 中，我国已承诺取消对欧盟投资者在北京、上海、天津、广州和深圳等主要城市设立独资医疗机构的限制，为在全国范围内允许外商独资设立医疗机构提供了试验场，可参照民营医疗机构运营和监管，并加快完善国内相关规制。二是提升跨境远程诊疗便利化水平。尽快构建跨境远程医疗支撑与运营体系，完善远程诊疗系统，在风险可控前提下扩展跨境远程医疗范围和类别，探索外国医师远程诊疗的审批模式逐步从注册制向临床交流备案制转变。三是推动医疗学历学位、医师执业资格和医疗检验检测结果与发达国家互认，推动行业标准和资格认证国际化。四是赋予外资医院同等国民待遇，在专科建设、职称评定、等级评定、科研立项等方面与内资医院相同待遇，在外资医院就医同样享受医保待遇。

六、对接 CPTPP 电子商务规则的改革开放举措

CPTPP 明确认可电子商务对促进经济增长的重要性，并承诺致力于消除发展电子商务的障碍，增强消费者对电子商务的信心，与 WTO 有关规则和我国参与的 FTA 相比，规则更全面、标准更高。CPTPP 电子商务条款内容涵盖关税、数字产品的非歧视待遇、国内电子交易框架、电子认证和电子签名、在线消费者保护、个人信息保护、无纸贸易、关于接入和使用互联网开展电子商务的原则、跨境数据流动、数据本地化、非应邀商业电子信息、相关国际合作、源代码和争端解决等问题。

（一）CPTPP 电子商务的主要内容和特征

1. CPTPP 电子商务的主要内容

在 CPTPP 电子商务规则中，数字产品的非歧视待遇、跨境数据流动、数

据本地化、个人信息保护和获取源代码等规则对我国挑战较大。

“数字产品的非歧视待遇”，明确规定“任何缔约方给予在另一缔约方领土内创造、生产、出版、定约、代理或首次商业化提供的数字产品待遇，或给予作者、表演者、生产者、开发者或所有者为另一缔约方人的数字产品待遇，不得低于给予其他同类数字产品的待遇”。

对于数据跨境流动，“应允许”通过电子方式跨境传输信息。同时规定“可设有各自的监管要求”，“不得阻止”缔约方为实现“合法公共政策目标”而采取限制措施，但该措施不得任意、不合理歧视或变相限制贸易。

对于“计算设施的位置”，规定各国不得要求“在该缔约方领土内将使用或设置计算设施作为在其领土内开展业务的条件”；同时明确对计算设施的位置“可设有各自的监管要求”，允许缔约方实现“合法公共政策目标”。

对于“个人信息保护”，要求各缔约方构建个人信息保护的法律框架，特别是全面保护个人隐私和个人信息，并遵循个人信息保护的非歧视原则。缔约方要明确个人如何寻求救济、企业如何符合任何法律要求。同时要求各缔约方促进法律保护的兼容性并建立交流机制。

对于“获取源代码”，规定“任何缔约方不得将要求转移或获得另一方的人所拥有的软件源代码作为在其领土内进口、分销、销售或使用该软件或含有该软件的产品的条件”。同时说明仅限于大众软件，不包括用于关键基础设施的软件。

2. CPTPP电子商务规则的主要特征

第一，CPTPP电子商务规则具体而严格。如各国要允许跨境数据流动，不得要求计算设施本地化，不得要求获取用于大众软件的源代码等。相比于只作原则性规定的条款，这些规定执行起来变通空间很小。

第二，各国有关国内法律框架要趋于一致。要求各国参与构建争端解决等域内国际协调框架，以促使各国在具体做法上的差异逐步缩小。第28章明确规定“缔约方应始终努力对本协定的解释和使用达成一致”。

第三，允许各国有一定的监管空间。协定在跨境数据流动、计算设施的位置、获取源代码等方面尊重各国的监管需要，允许一定的灵活性，但不得超出实现公共政策目标所需的限度。

（二）我国存在的差距

1. 关于数字产品的非歧视待遇

CPTPP 对数字产品的非歧视待遇，包含国民待遇和最惠国待遇两个原则。我国法律并没有对境外数字产品明确规定歧视性内容，但出于意识形态安全考虑，在具体政策上存在歧视性待遇。例如，对于外资文化机构生产的数字内容产品需通过国内企业播放等。

2. 关于跨境数据流动

我国在互联网开放、跨境数据自由流动、数据安全管理方面总体滞后。由于长期缺乏数据确权、数据分级分类管理、敏感数据清单等，导致数据跨境流动障碍较大，数据泄露等安全问题突出，严重影响我国数字贸易发展和参与国际规则制定。2017 年以来，我国共推出 3 部规范跨境数据流动的法律法规，出于国家安全和个人信息保护的需要提出数据本地化要求。例如，《网络安全法》规定，关键信息基础设施的运营者收集和产生的个人信息和重要数据应当在境内存储，但对于涉及国家安全和个人信息保护的具体范围与程度缺乏明确界定。

附表 1－2　我国关于跨境数据流动的法规

出台时间	名称	有关内容
2017. 6. 1 施行	《网络安全法》	因业务需要，（重要数据）确需向境外提供的，应当按照国家网信部门会同国务院有关部门制定的办法进行安全评估
2021. 9. 1 施行	《数据安全法》	促进数据跨境安全、自由流动；国家对与维护国家安全和利益、履行国际义务相关的属于管制物项的数据依法实施出口管制
2021. 11. 1 施行	《个人信息保护法》	个人信息在境内存储；跨境提供个人信息需要网信部门进行安全评估、保护认证、与境外接收方订立标准合同等，并取得个人单独同意

3. 关于个人信息保护

《网络安全法》和《个人信息保护法》颁布，将提升我国个人信息保护水平，但对照CPTPP规则，仍面临着重大挑战。个人信息泄露，权益难以保障和补偿、出境评估不透明等问题突出。此外，我国法律框架也面临与缔约方兼容的复杂性。

附表1－3　我国个人信息保护法规

针对环节	名称	主要内容
信息收集	《网络安全法》	收集、使用个人信息，应当遵循合法、正当、必要的原则，公开收集、使用规则，明示收集、使用信息的目的、方式和范围，并经被收集者同意；不得收集与其提供的服务无关的个人信息，不得违反法律、行政法规的规定和双方的约定收集、使用个人信息
信息处理	《网络安全法》 《个人信息保护法》	应当依照法律、行政法规的规定和与用户的约定，处理其保存的个人信息；网络运营者不得泄露、篡改、毁损其收集的个人信息。取得个人同意；必需合理原则；敏感个人信息处理遵循特定目的和充分必要原则
信息存储	《网络安全法》	网络运营者应当采取技术措施和其他必要措施，确保其收集的个人信息安全，防止信息泄露、毁损、丢失
信息使用	《网络安全法》	未经被收集者同意，不得向他人提供个人信息；不得非法出售或者非法向他人提供个人信息
个人救济	《网络安全法》	发现网络运营者违反法律、行政法规的规定或者双方的约定收集、使用其个人信息的，有权要求网络运营者删除其个人信息；发现网络运营者收集、存储的其个人信息有错误的，有权要求网络运营者予以更正。网络运营者应当采取措施予以删除或者更正

（三）推进我国电子商务领域改革开放的主要举措

第一，建立高层领导机制。在国家层面，设立以国家发展改革委、商务部、工信部、网信办、安全部等相关部委组成的协调机制，明确工作责任，对数字治理中的重大问题进行协调、研究和决策，统筹协调开放、发展与安全问题。

第二，建立数据分类分级管理制度。实行负面清单管理制度，对涉及公共安全的数据进行分类分级管理，依据不同等级实行不同的管理措施。设立国家敏感数据清单目录。其他一般性商业数据均遵循自由流动原则。

第三，完善数字治理法律框架。加快建设全覆盖的数字治理法律法规，完善数据知识产权保护、个人隐私、儿童个人信息保护等法律法规，加大违法惩戒力度，加强执法力度，增强全社会对数字治理的共识。

第四，扩大互联网有序开放。实行访问境外网站的个人和机构“白名单”制度，逐步扩大“白名单”范围。提升互联网资讯开放水平，允许合格机构接入域外网站。

第五，加强网络数据安全国际合作。逐步建立与日本、新加坡、新西兰、韩国等缔约方的跨境数据流动白名单制度。

七、对接 CPTPP 投资规则改革开放的举措

CPTPP 投资规则具有开放度高、覆盖面广、加强投资者保护等特点，我国在对接 CPTPP 负面清单、投资者—国家争端解决机制等规则方面存在一定挑战，需在进一步放开市场准入、加强外商投资者保护、完善事中事后监管体系、积极参与国际投资规则制定等方面加快改革开放。

（一）CPTPP 投资规则的主要特点

CPTPP 投资规则保留了 TPP 的绝大部分条款，仅修改 5 款，保持了高标准的特征。一是覆盖领域广。不仅包括传统自贸协定投资规则的全部领域，还在投资者—国家争端解决机制等新议题上有大幅进展；投资覆盖范围不仅包括传统的企业、股权、建设项目，还包括金融资产、特许权、租赁、抵押、知识产权等。二是投资自由化程度高。CPTPP 全部缔约方都采用了投资与跨境服务贸易一张负面清单形式。CPTPP“禁止业绩要求”条款涉及内容更多，

特别是将传统禁止业绩要求项目推广至服务、技术等新领域，还强调东道国不仅不得对外资施加或强制执行相关要求，也不得强制要求外资作出相关承诺或保证。三是对投资者保护程度高。CPTPP 成功将投资者—国家争端解决程序引入多国协议，推行争端解决程序标准化，确保投资者利益。支持投资者可以先在本国发起诉讼，不满意后再申请国际仲裁，仲裁机构和规则也有更多选择。

（二）我国存在的主要差距

1. 我国负面清单项目偏多、限制措施偏严

近年来，多项自贸协定积极推动各缔约方压缩负面清单长度、放松限制措施程度，加大缔约方行业开放力度，已经成为投资规则高标准的重要体现。我国负面清单与美、日等国存在较大差距，目前还无法达到 CPTPP 成员的标准，这是未来参与 CPTPP 谈判的主要难点。

从清单长度看，2021 年全国版负面清单共 31 项，包括农业 4 项、第二产业 4 项、服务业 23 项。与美、日相比，我国负面清单在农业、法律、医疗、社会调查、互联网信息服务、文化新闻出版等领域差距较大。这些多是外资迫切希望进入我国市场的领域，也是未来谈判中对方要价的重点。

从限制措施程度看，我国限制措施均为禁止准入、合资要求、高管要求，负面清单 31 项措施中，前者 21 项，后两者 10 项，这类限制措施属于硬约束，会严重影响缔约方的接受度。比较而言，美、日等国的表述则比较灵活，包括外资特别筛选程序、行政许可、对等开放、特定企业组织形式等。

2. 投资者—国家争端解决机制存在差别

投资者—国家争端解决机制（ISDS）赋予投资者单项启动、直接对东道国提起仲裁的权力，是保护投资者利益的有力武器。当前，ISDS 改革是国际投资规则的竞争焦点，中国、美国、欧盟各有主张，当前正处于胶着状态，我国在 RCEP 和中欧 CAI 等协定上都暂时搁置相关谈判。

CPTPP、ISDS 机制主基调是向投资者倾斜。一是对仲裁庭一裁终局问题

完全没有涉及。这被认为是目前 ISDS 的主要缺陷，包括我国在内的广大发展中国家希望建立上诉机制。二是投资者实施东道国国内起诉后，仍可以申请国际投资仲裁，这对东道国司法权威构成严重挑战。三是仲裁机构和规则有多种选择。投资者不再完全依赖国际投资争端解决中心（ICSID），还可以根据其他仲裁规则向其他仲裁机构提起仲裁。

3. 我国在土地征收、国有企业、业绩要求等方面与 CPTPP 投资规则存在差距

一是我国土地征收补偿尚未实现市场化定价。CPTPP 第 9.8 条“征收和补偿”第 2 款提出，补偿应等同于被征收投资的公平市场价值。我国土地征收补偿价格由地方政府确定，而非市场化定价。RCEP 协定也强调，任何与土地相关的征收措施应当由实行征收的缔约方现行法律和法规界定。

二是国有企业面临新限制。传统自贸协定投资章节的义务仅针对政府部门，CPTPP 进行了扩充。CPTPP 第 9.2 条第 2 款规定缔约方履行义务的部门，不仅包括“缔约方的中央、地区或地方政府或主管机关”，还增加了“授权行使任何政府权力的任何人，包括国有企业或任何其他机构”。同时，该条款下还包括一个脚注：“根据缔约方法律授予的政府职权包括通过立法授权或通过政府命令、指令或其他方式转移或授权行使的政府职权。”这一条款指向国有企业意图明显，并通过托底表述将政府转授权的形式和范围过度放大，据此国有企业采购、联合投资项目等都可能受投资章节条款约束。

三是我国法律对“投资”的定义偏窄。CPTPP 第 9.1 条“定义”给出的“投资”定义非常宽，不仅包括企业、股权、建设项目，还包括金融资产、特许权、租赁、抵押、知识产权等。我国《外商投资法》对“投资”定义主要是传统的独资、合资、再投资等外商直接投资。

（三）推进我国投资领域改革开放的主要举措

1. 进一步开放市场准入

进一步缩减外资准入负面清单是我国加入 CPTPP 的重要准备工作。首先，

要实现重点领域突破。美日负面清单限制较少而我国限制较多的项目将是未来面临压力较大领域。例如，互联网信息服务、法律、医疗、文化等需要重点突破。其次，行业开放要坚持分类、分步原则。不能因为安全问题而影响开放，也不能为了开放而冒进，要对行业进行细分并列出风险等级，风险等级较高的领域可在自由贸易试验区和自由贸易港先行先试，逐步推广。再次，要提升措施的灵活性。改变目前外资准入负面清单过多采用禁止准入和股比限制等硬约束的方式，探索采取更加灵活的管理措施。

2. 处理好投资者国家争端解决条款

一方面，做好与CPTPP成员的沟通协调。在CPTPP搁置的TPP部分条款中，投资者国家争端解决条款占据较大比例，表明CPTPP成员与美国在此领域存在较大分歧。未来，在与CPTPP成员国接触和谈判过程中要充分利用其与美国在条款上的分歧，引导相关规则向对我国有利方向转变。另一方面，要加强自身能力建设。加强国内外商投资保护工作，完善外商投资企业投诉工作机制，完善我国行政复议和行政诉讼制度，及时回应外资企业关切，努力将矛盾和问题在国内化解。加强我国仲裁机构建设，提升国际影响力。

3. 积极参与国际经贸规则合作

积极参与国际投资领域的高标准经贸规则谈判，升级重点双边投资协定，提升我国双边投资协定覆盖面。妥善处理好当前中欧之间分歧，推动中欧CAI尽早落地。投资者国家争端解决是当前国际投资规则竞争焦点。我国主张的“延续投资仲裁方式，建立上诉机制”可以获得很多国家尤其是广大发展中国家的支持，要积极与缔约方沟通，寻求共识。积极参与联合国国际贸易法委员会（UNCITRAL）ISDS改革，寻求更多共识和话语权，引领ISDS改革朝着对我国有利的方向进行。

4. 完善事中事后监管体系

事中事后监管能力是实施宽松外资准入条件的强大后盾。坚持监管一致性原则，公平、公正、透明是保证强监管下优质营商环境的重要前提。下一步，我国要统筹好开放与安全，建立起与外商投资自由化便利化相适应的法律保障和行政执法体系。要利用好反垄断、反不正当竞争、外资安全审查、信用体系建设等手段，科学设置外商投资审查门槛，增加制度执行力和执法透明度。

八、对接 CPTPP 知识产权规则的改革开放举措

知识产权是我国加入 CPTPP 的主要挑战之一。CPTPP 搁置了 11 条 TPP 知识产权条款，规则标准有所降低，使我国知识产权保护标准具备了与 CPTPP 标准对接的可行性，但依然是最高标准的 FTA，无论在立法还是执法层面，我国都面临巨大的改革压力和挑战。

（一）知识产权领域我国现有法律制度与 CPTPP 的差异

近年来，我国知识产权法律制度不断完善，在保护客体、保护期限、侵权救济途径、权利限制规定等方面已基本符合 TRIPs 规定的保护标准，并逐渐向国际高标准知识产权规则靠近，但仍存在以下主要差距。

1. 权利保护范围领域

一是在加入国际公约方面，我国加入的并非《保护植物新品种国际公约》的 1991 年版本，而是 1978 年版本。1991 年版本赋予了育种者更大保护范围，体现在废除了植物品种双重保护禁止条款、扩大了受保护植物品种范围和权利范围、延长保护期等，如加入该版本将可能导致我国种业面临竞争压力增大、商业种子成本提高、某些植物领域为外国品种控制等风险。二是在保护客体方面，我国尚未将气味商标纳入保护范围。三是在权利保护期方面，我国著作权保护期仍为 50 年而非 70 年。四是在程序方面，我国对地理标志的异议、撤销、无效等程序性规定尚有欠缺，侵权执法信息统计制度有待完善。五是我国专利申请的新颖性宽限期时间较短、涵盖面较窄等。

2. 权利救济途径领域

我国与 CPTPP 的主要差距体现在边境措施、刑事制裁方面。在适用范围

上，我国边境保护仅针对进出口货物展开，未包括过境货物，如增加这一规定可能对我国加工贸易产生一定影响。刑事入罪条件上，CPTPP 要求成员国将任何具有商业目的或者对版权人商业利益产生重大损害的盗版行为规定为犯罪行为，而我国仍将“违法所得数额较大”作为入罪标准之一（《刑法》第二百一十七条）。我国坚持以量定罪与 CPTPP 强调对行为定性的做法差距较大，不足以对侵权行为产生足够威慑。

（二）推进我国知识产权规则改革开放的主要举措

第一，以 CPTPP 为标准完善相关知识产权制度与执法。我国《专利法》《商标法》《著作权法》等经过新一轮修订，符合当前创新发展需求，也进一步与国际规则接轨，但与 CPTPP 规则相比仍需完善，如著作权保护期、专利申请新颖性宽限期、新药的定义等。另外，要加快完善地理标志保护、互联网、数据资源等领域的知识产权保护立法。

第二，逐步探索高标准知识产权保护。知识产权保护水平应与一国经济发展和创新能力相匹配，保护标准过高会挫伤创新积极性，形成市场垄断或不正当竞争。我国作为发展中国家是否立即全盘接受 CPTPP 知识产权条款，应立足基本国情，在分析各条款对我国创新发展影响的基础上，逐步调整现有知识产权保护制度。

第三，大力提升我国知识产权软硬实力。我国对标 CPTPP 实行高标准知识产权保护制度，要采取措施提高专利质量、打击恶意商标注册、创造更丰富文化影视作品等，增强知识产权保护意识；要提高知识产权管理水平和治理能力，实施知识产权强国战略，推动知识产权软硬实力的全面提升。

第四，有效利用多双边机制构建知识产权国际保护新秩序。有效利用各种多边和双边国际平台，积极参与国际知识产权规则制定，保护发展中国家具有比较优势的知识产权资源，积极推动知识产权国际保护的均衡发展。

九、对接 CPTPP 竞争政策规则的改革开放举措

竞争政策已成为国际通行规则，也是高水平国际经贸规则的重要议题。CPTPP 把竞争政策、国有企业和指定垄断分列两章，体现了其强调竞争中立、非歧视待遇理念，严格禁止对从事商业活动的国有企业提供非商业援助，其目的是为企业提供公平竞争的市场环境和法制化、国际化的营商环境。

（一）CPTPP 竞争政策规则核心内容及主要特点

CPTPP 第 16 章为竞争政策，第 17 章为国有企业和指定垄断。前者从竞争立法和设置主管机构、确保竞争执法中的程序公正、私人诉权、国际协调与技术合作、消费者保护政策和执法、透明度等方面做出约束规定。后者则从国有企业、商业考虑等定义、非歧视待遇与商业考虑、民事诉讼管辖权、非商业援助及其不利影响和产业损害、透明度、技术合作、国有企业和指定垄断委员会及例外条款做出明确约定。其核心是强调确保所有市场主体商业行为的公平竞争，要求每一个缔约方围绕公平竞争进行国内立法，并确保竞争执法的程序公正。特别要求保证国有企业遵循竞争中立原则，防止其商业行为扭曲市场。

CPTPP 竞争规则的高标准主要体现在以下三个方面。

一是强调任何缔约方进行竞争立法，并且设立相应主管机关确保竞争执法的程序公正。所有缔约方务必制定竞争法律法规和采取完备的反垄断措施，确保国内竞争法及相关政策措施适用于其领土内的所有商业活动，从制度上保证公平的市场竞争行为；同时还要求严格执行国内竞争法，禁止欺诈性和欺骗性的商业活动。规定保障私人诉权，允许私人发起对竞争主管机关或其他政府机构启动调查的权利。

二是强调竞争政策制定和执行中遵循透明度原则，并开展必要的信息沟通共享。CPTPP 要求及时向公众或缔约方公布竞争法律法规和政策措施，竞争执法行动要基于客观公正的标准，符合 CPTPP 的程序公正准则。在保证商业机密信息受到保护前提下，各方对竞争政策制定和竞争执法开展合作，包

括利用通知、通告、磋商和信息交流方式，对外公布裁定违反竞争法的最后决定，分享彼此竞争法规政策的实践经验。

三是对国有企业和指定垄断进行专章约定。CPTPP 明确国有企业和指定垄断的商业行为限制，包括遵循“非歧视待遇原则”和“禁止提供非商业援助原则”。所有类型企业从事商业活动时使用资源、监管待遇等方面都要保持一致，即通过可执行的公平竞争规则，确保任何市场主体依据产品、服务质量和价格开展竞争。比如，CPTPP 要求缔约方的国有企业必须根据商业考量进行采购和销售，必须保证不歧视他国企业、产品和服务。竞争主管机关及其他行政机关必须公平对待国有企业和私营企业，不滥用监管权力向其国有企业提供各种类型的优惠待遇。

（二）我国竞争政策与 CPTPP 高标准规则的差距

一是《反垄断法》等相关法律体系有待完善。我国《反垄断法》存在规定过于笼统抽象、处罚力度难界定等问题，反垄断和反不正当竞争执法方面存在漏洞，未能真正做到对所有企业一视同仁。此外，对央企重组反垄断审查机制缺失，反垄断合规性审查不充分。

二是竞争执法中尚未做到非歧视待遇和公平竞争审查。当前，我国既存在铁路、电信等部分领域限制市场准入和竞争行为现象，也存在公平竞争审查执法中不能真正落实非歧视待遇等问题。尚未完全实现监管、债务、税收、财政补贴、政府采购等方面的竞争中性，特别是国有企业在行政垄断、融资方面仍拥有潜在的“超额竞争优势”。例如，在国家重大项目招标中，中标者多为国企，鲜有外资和民企。主管机关或执法机构鲜有对电信、电力、石油、铁路等行业垄断国企采取反对滥用市场支配地位的举措，也难有效禁止变相起价格稳定器作用的垄断协议行为。

三是国有企业改革与竞争中立要求仍有较大差距。近年来，我国加快推动国有企业公司制改革、混合所有制改革和国有资本运营体制改革，完善企业法人治理结构，但国有企业享受政府的显性或隐性优惠政策，与 CPTPP 的禁止非商业援助原则仍相抵触，国有企业接受政府各类补贴及支持措施广为国际社会诟病。尤其是美欧等发达国家指责我国对国有企业赋予太多特权，使其享有不对等的竞争优势，让很多外国企业长期处于劣势地位。

四是履行 CPTPP 的透明度或国有企业信息披露承诺要求难度较大。CPTPP 对透明度提出明确要求，不仅要履行竞争政策措施、国有企业名录等常规要求，还规定只要其他缔约方提出请求，就要对所请求的信息披露做出回应。按照 CPTPP 对国有企业的透明度要求，我国每年要披露所有国有企业名录及指定垄断信息，还要披露国有企业或指定垄断公司的股权结构、投标权比例、在董事会中任职政府官员职务、年收入信息，以及所获得非商业援助的详细信息。

（三）推进我国竞争政策改革开放的主要举措

第一，完善竞争政策法律体系，强化竞争政策基础地位。加快修订《反垄断法》，包括出台平台经济领域反垄断指南、网络交易监督管理办法，完善反垄断执法实施细则和调查程序。完善国有企业垄断认定、非商业援助界定、消费者权益保护等规则。以社会公共利益和社会福利为基本出发点，建立与国际接轨的“竞争中立”政策体系。健全海外合规服务支持体系，加强企业海外反垄断合规建设，防控合规风险。

第二，加强公平竞争执法建设，优化公平竞争市场环境。全面实施市场准入负面清单制度、改革生产许可制度、健全破产制度，确保在市场准入、市场竞争和产权保护等方面对所有企业一视同仁，消除基于国籍或所有制性质的歧视行为。推动事前公平竞争审查，制止政府对市场竞争的不良干扰，加强企业并购审查、垄断协议、滥用市场支配地位等执法力度，保障竞争政策的有效实施，加大行政垄断审查力度，强化竞争对消费者权益的保障作用。

第三，深化国有企业分类改革，强化市场竞争主体地位。建议将国有企业划分商业一类、商业二类、公益类的基础上实行分类治理原则。进一步放宽电网、电信、铁路、石油、天然气等垄断行业的市场准入限制，全面放开竞争性业务或分拆垄断行业。对公益类国有企业明确其提供公共服务中的特殊保障义务，遵照 CPTPP 透明度义务处理其接受非商业援助的例外豁免。对具有双重任务属性特定功能性企业，将其承担的公共属性和商业行为进行分离，仅对满足公共需求的非商业活动成本给予补偿，使其符合 CPTPP 商业考虑和非商业援助要求。

第四，强化竞争执法透明度，保障申诉人的合法权益。推动竞争政策制定和执行的透明公开，使产业政策经得起竞争性规则审查，建立更加透明的国有企业信息披露机制。成立专门的公平竞争委员会，完善公平竞争审查、投诉、处罚机制，构建公平竞争投诉机制、集体诉讼制度，做到竞争执法程序公正。

十、对接 CPTPP 补贴规则改革的举措

CPTPP 补贴规则标准高、议题新、重点突出，对于我国产业、贸易促进政策提出重大挑战。要求我们加快改革补贴方式，逐步建立与 CPTPP 补贴规则相衔接的补贴制度，促进市场公平竞争，为贸易投资营造有利的内外部环境。

（一）CPTPP 补贴条款主要内容与特点

CPTPP 涉及补贴的内容主要集中在货物贸易、跨境服务贸易、国有企业和指定垄断以及环境章节中，具体包括：货物贸易中的农业出口补贴及国营贸易企业出口透明度问题；跨境服务贸易中的快递服务营收交叉补贴；国有企业和指定垄断中的非商业援助；环境中的海洋捕捞渔业补贴。主要有以下四大特点。

一是扩充补贴适用范围。CPTPP 将“公共机构”认定由政府扩大至国有企业、国有商业银行，将接受补贴主体由国有企业扩大至国有企业海外分支机构，被认定的“公共机构”向其下游企业提供货物或服务、向其他企业提供贷款或参股的行为都被视为补贴，这无疑扩大了补贴边界。“公共机构”非商业援助规则实现全方位覆盖且简化认定过程，从而在操作上扩大了补贴规则在国有企业的适用范围。二是降低损害认定门槛。《SCM 协定》中，判断

“不利影响”与“损害”时，会涉及同类产品、同一市场、市场份额变化、价格削低等复杂的技术问题，CPTPP 补贴只对技术问题进行原则性规定，自由裁量空间被扩大。三是提高透明度要求。CPTPP 对国有企业信息披露要求高，包括国有企业内部的重要信息和非商业援助的详细信息等，只要其他成员国提出书面请求，就需提供有关信息。此外，豁免透明度要求的难度较高，目前仅越南以条款脚注的形式将部分金融机构提供的融资排除在信息披露范围外。四是突出国有企业问题。CPTPP 延续了 TPP 国有企业的相关规则，其目的是在国有企业、知识产权等领域建立高标准国际规则。

（二）我国存在的主要差距

产业补贴是我国实施产业政策的重要手段，但我国补贴方式与国际通行规则不接轨，导致贸易摩擦增多、国际社会诟病等问题，主要存在四个方面的问题。

一是补贴倾向扶持国有企业。长期以来，我国政府给予国有企业大量财政补贴（包括融资优惠）。据 CSMAR 数据，在所获政府补助前 50 名公司中，国有企业 39 家，获得 86.8% 的政府补助；民营企业 10 家，获得 12.3% 的政府补助；集体企业 1 家，获得 0.9% 的政府补助。政府补贴国有企业的方式除政府直接提供补贴、无偿拨款外，还包括低成本提供资金、土地等生产要素。

二是禁止性补贴大量存在。禁止性补贴包括出口补贴和进口替代补贴，前者指“在法律或事实上视出口实绩为唯一条件或多种其他条件之一而给予的补贴”，后者指“视使用国产货物而非进口货物的情况为唯一条件或多种其他条件之一而给予的补贴”。据 CSMAR 数据，在 2019 年出口促进政策中，涉及出口奖励、补贴及相关补助 572 项，涉及进口替代奖励 1 项，这些政府补助都属于禁止性补贴范围。2019 年沪深 A 股企业所获政府出口促进补助 4.4 亿元，较 2013 年的 5.9 亿元下降 25.4%。

三是专向性补贴广泛存在。从 WTO 补贴规则看，我国产业补贴政策专向性问题广泛存在。专向性补贴实质是指仅提供给“有限范围的企业/或产业”的补贴。近年来，我国专向性补贴虽逐步降低，但仍规模较大。据 CSMAR 数据，2016 年我国 353 家上市公司获得 4.5 亿元战略新兴产业补贴，2019 年降至 195 家上市公司获得 2.3 亿元补贴。此外，还存在一些没有明文规定的补贴，如国有企业在资源、资金等方面获得优惠措施。

四是信息披露和透明度有待提高。根据 WTO 规定，我国应每年向 WTO 递交如下有关补贴情况：在中国领土内给予或维持的、按专向产品编排的、属于《SCM 协议》第 1 条含义上的任何补贴，包括《SCM 协议》第 3 条界定的补贴。CPTPP 中信息披露条款更明确，涉及国有企业内部重要信息。迄今为止，我国虽已按 WTO 规定，多次提交补贴计划，但在披露内容和及时性上仍未达到要求。2019 年 7 月我国向 WTO 提交了 2017—2018 年中央和地方补贴政策详情。另外，我国产业补贴披露完备性有待加强。例如，2018 年沪市和深市 A 股上市公司共获得各类政府补助近 7 万项，而我国向 WTO 提交的 2017—2018 年中央和地方补贴政策中仅涉及 637 项。

（三）推动补贴改革的主要举措

第一，规范政策制定、加强信息披露。尽快建立补贴“正面清单”，确定补贴领域、条件、内容、期限、方式等，及时公开并定期披露政策执行情况。在补贴发放和使用过程中，对发放主体、发放对象、发放金额及调整、使用金额、使用方向、留存余额、生产效率等信息进行披露并动态监督。应当通过财务会计报告、专项报告等，定期向政府、社会公众汇报财政补贴的使用情况，减少不合理地方财政补贴政策。

第二，严格避免采用新的禁止性补贴。严禁地方政府给予企业出口补贴和进口替代补贴。中央政府应严明纪律，明确各级政府相关负责人的行政责任。

第三，完善第三方评估体系。由财政部门牵头，建立健全财政补贴政策第三方评估体系，加强事前、事中和事后评估，确保评估工作的独立性。

第四，建立财政补贴退出机制。全面梳理国有企业现有各类补贴措施，做到应退尽退，已承诺但尚未兑现的要列出退出时间表。财政补贴退出要遵循相关程序，在政府发放财政补贴之前，应履行告知义务，即何种条件下启动财政补贴退出机制。

第五，加快国有企业改革步伐。按照“坚持政企分开、政资分开、经营权与所有权分开”的原则深化国有企业改革，推进国有资本经营预算体制改革，调整产业政策方式，建立与国际通行规则相衔接的补贴机制与符合国际惯例的补贴体系，通过支持技术研发平台、绿色环保等提升企业竞争力。

十一、对接 CPTPP 劳工规则改革的举措

劳工标准问题是我国加入 CPTPP 谈判的敏感领域之一。CPTPP 延续了 TPP 协定中关于劳工的规定，采用可强制执行的劳工标准规则，适用强制性争端解决机制，给我国现行劳工制度带来挑战。应立足于我国政治制度与基本国情，谨慎安排、分类施策、分步试行，完善国内劳工保护立法，提高劳工保护水平。

（一）CPTPP 劳工标准条款的内容与主要特点

CPTPP 的劳工议题分为实质性承诺与要求及程序性实施机制两大类。一是突破四项核心标准的范围。CPTPP 确定保护的基本劳工权利范围采用“4+1”的形式[①]，超越了国际劳工大会 1998 年《宣言》所确定的四项核心标准的范围，首次将关于最低工资、工作时间及职业安全与健康可接受的工作条件的规定纳入基本劳工权利范畴，也突破了美国所签订自贸协定的一贯做法。CPTPP 根据国际劳工组织的解释和规定将其区分为核心劳工标准和优先标准，并首次提出将其转化为各缔约方国内法的要求。二是限制强迫或强制劳动生产的货物进口。CPTPP 要求缔约方需要采取相关举措限制进口强迫或强制劳动生产的货物。协议并没有限定强迫劳动生产的商

① 国际劳工组织 4 项核心劳工标准是指国际劳工组织 1998 年《宣言》中对工人基本权利的概括：（1）结社自由和有效承认集体谈判权利；（2）消除一切形式的强迫或强制劳动；（3）有效废除童工；（4）消除就业与职业歧视。以“4+1”的形式规定了所保护的劳工基本权利范围，在国际劳工组织 4 项核心劳工标准的基础上，加入了关于最低工资、工作时间以及职业安全与健康的可接受的工作条件。

品来源国范围，这意味着 CPTPP 不但督促缔约方消除国内强迫劳动现象，还将对非缔约方的外贸活动造成直接影响，产生协议外溢效应。三是确立不减损规则在特殊贸易区适用。CPTPP 在协议中规定特殊贸易区域同样适用不减损规则，涉及的保护权利范围更广，要求更严格。对于特殊贸易或海关区域，CPTPP 在区分核心劳工标准和非核心标准的基础上，考虑其更高开放水平和更便利营商环境，不得减损的要求则覆盖了协议规定的全部基本劳工权利。四是劳工争议适用硬性争端解决机制。CPTPP 允许缔约方将相应劳工事项同其他章节事项一致诉诸协议项下争端解决机制，通过强制性手段促进劳工纠纷解决。CPTPP 在争端解决程序章节中规定违反协议义务的，将实施赔偿、中止福利待遇、货币评估等临时性制裁措施来保证协议的强制约束力。

（二）CPTPP 劳工标准对我国现行制度的挑战

1. 我国现有工会制度安排可能成为加入 CPTPP 的障碍

目前，我国尚未批准国际劳工组织关于结社权和集体谈判权的两项核心公约。我国工会制度仍有与国际劳工组织公约规定内容不同的地方：一是组织的单一性，“中华全国总工会”是我国唯一工会组织；二是组织设立的自主性，我国《工会法》规定设置工会组织须由“上一级批准”。我国设立集体协商机制和集体合同制度，更多凸显工会的协商职能。根据国际劳工组织的解释，工会作为工人集体组织代表雇工与资方、政府谈判。集体协商与谈判的目的均在于通过集体行动的方式保护工人权益，符合参与民主的理念，但在表述程度上有所差别。现实中，一些民营企业的工会组织存在“重合同、轻协商”的问题，工会在劳资谈判中的作用被弱化，集体合同的内容多流于形式。

2. 我国法律中仍有劳动教养相关的内容，在废除强迫劳动方面存在立法缺失

目前我国一些立法中虽未明确劳动教养性质的劳工，但具有关联性，如《全国人大常委会关于严禁卖淫嫖娼的决定》（第四点）、《卖淫嫖娼人员收容

教育办法》（第二、六、十三条）以及《禁毒法》（第四十三条）、《禁毒条例》（第四十二条）所规定的“劳动”和“生产劳动”措施。此外，变相强迫、变相强制劳动等形式以及自然人强迫劳动等方面还存在立法缺失。

3. 我国关于禁止歧视的现有立法方式缺乏包容性

我国《劳动法》对就业中的歧视因素以列举方式进行了明确，其中仅列明 4 项且未附加任何兜底性表述。然而，目前社会普遍存在的歧视缘由并非仅此 4 项，并且随着社会环境的不断变化，形成实质歧视的情形也在不断变化，现有立法方式难以有效保护那些受到实质性歧视，但相关因素尚未立法明确的就业人员，也难以涵盖未来可能出现的新的歧视形式。此外，对于违反就业歧视的行为，相关法律规定并没有明确用人单位所应承担的法律责任。

4. 我国在职业安全和卫生方面与国际劳工组织相关公约的要求仍存在差距

目前，我国相关规定多分散在不同的法律法规和规章之间，缺乏统一而分层次的法律体系，相关制度存在概念不清晰、覆盖范围不全面的问题。尽管立法层面加强了惩罚力度，但由于监管机制不健全、执法不完善，在实践中超时加班、无带薪年休假、工作场所未达到安全和卫生条件等违法现象仍未得到有效遏制。此外，在禁止雇用童工方面，我国劳工立法满足相关公约的要求，但在法律执行层面还需要进一步加强。

（三）推进我国劳动保障体系改革的主要举措

1. 积极对接 CPTPP 劳工标准

劳工问题写入高水平自贸协定成为重要趋势，我国有必要将劳工权益的国内保护与国际保护相衔接，加强在自贸协定制定中的话语权和主导权。我国目前签订的谅解备忘录和合作协议，其内容已与国际高水平自贸协定相近，劳工合作的相关制度安排也初步成形，为下一步将劳工条款内容纳入自贸协定打下了基础。

2. 不断提高我国劳工权益保护水平

一是不断完善国内立法。根据我国社会经济发展和劳工环境对法律制度进行动态调整提升，完善符合国际劳工条约要求的法律体系和相应配套制度，减少立法空白。合理界定强迫劳动的范围，在民法范围内为追究自然人强迫劳动的责任提供法律依据。在立法层面补充就业歧视行为的具体民事责任和行政责任，确定赔偿和处罚的标准。二是加大劳工权益保护执法力度。以就业歧视、农民工、农村用工等领域为重点，加强惩戒力度、提高违法成本，破除监管不力的现象。

3. 立法明确可写入自贸协定的基本劳工权利范围

一是立法明确我国签订自贸协定可纳入的核心劳工标准内容。探索在我国参与的自贸协定中明确提出缔约方适用统一的基本权利范围，促进各国在其国内立法和实践中维护国际劳工组织《宣言》的承诺。其中，有关结社自由、集体谈判的内容，在对外谈判中应当持保留态度，争取国际对我国工会单一形式的理解和认可，同时加强工会职能建设，提高工人权利保护水平。二是在具体实施中对各国已批准公约和未批准公约所涉及的劳工权利分别进行考量。前者需要履行核心公约中规定的义务，其劳工标准水平不得低于公约规定的最低水平，后者根据国内发展需求制定符合目前社会经济水平的劳工标准。对于非核心劳工标准，由缔约方国内法律或签订的国际劳工组织公约选择相应的保护水平。

4. 逐步完善劳工问题的对话磋商及争端解决程序

一是在当前备忘录形式的基础上，借鉴 CPTPP 中相关内容，细化劳工合作机制中的相关安排，推动缔约方间劳工领域合作和能力建设，完善对话机制，促进与缔约方通过对话解决分歧。二是加强劳工条款的可诉性，逐步将劳工问题纳入自贸协定争端解决程序，凸显争端解决机制司法性，确保机构设置的独立性和中立性。三是坚持谨慎立场，不通过强制性手段推动劳工标准发展，不采用中止福利待遇等强制性措施。

十二、我国加入CPTPP的谈判路径及策略

自我国提交加入CPTPP申请之后，新加坡、马来西亚、墨西哥明确表示欢迎。总体上看，我国与CPTPP主要国家的经贸关系发展较为成熟，在规则和市场开放方面水平不断提升，有的甚至超过CPTPP规定的标准，这些为我国加入CPTPP奠定了有利基础。但我国仍面临复杂的地缘政治因素和对接规则方面的挑战，要求我们抓住主要矛盾、努力化解消极因素，调动积极因素，分类施策、逐步推进。在谈判策略上，应充分考虑重要国家诉求进行密切磋商，紧盯重点国家动向，突破美国合围，同时加强与中小国家接触侧面推进。应立足推动与成员国经贸关系互利共赢、推动国际经贸规则构建，尽可能减少地缘政治因素的影响。同时对标CPTPP规则，推动高水平开放和深层次改革。

（一）谈判重点和难点

我国加入CPTPP在规则方面的难点，主要集中在国有企业改革、服务业开放、劳工标准、数据跨境流动、知识产权保护、补贴等边境后规则方面，这也是CPTPP成员经济体最关注的，需要加大改革开放力度。

（二）路径与策略

1. 以自贸区（FTA）建设为抓手推动谈判进程

第一，加快推动RCEP落地，为加入CPTPP奠定良好基础。RCEP涵盖CPTPP的主要成员国，其规则议题设置与CPTPP相近，我国在其中有很大主动权。因此，加快推动RCEP规则落地实施，将有利于我国密切与CPTPP成员国的关系，逐步推动规则标准对接，实现平稳过渡，水到渠成。

第二，积极考虑与日本的双边自贸协定谈判。以推进中日韩自贸协定谈判为契机，重点加强与日本的双边合作，深化与日本企业交流合作，通过密切中日经贸关系以经促政，为我国加入CPTPP创造有利条件。应与日本建立

更紧密的双边经贸关系安排，尤其是在产业合作、服务业开放、数字贸易、技术创新、知识产权保护等领域加强机制性合作。

第三，推动与成员经济体已签署的自贸协定升级。我国已与澳大利亚、新西兰、东盟、秘鲁、智利签订自贸协定，其中涉及 8 个 CPTPP 成员国，其中新西兰、智利两国已升级自贸协定。总体而言，应以促进双边规则向 CPTPP 对标提升进行新一轮升级谈判。例如，推动与东盟、澳大利亚、秘鲁的自贸协定升级，以 CPTPP 的规则标准推动与新西兰、智利的自贸协定再次提升。

第四，与没有签署自贸协定的成员国积极接触沟通。要打破政治制度障碍，寻求最大公约数。可先通过在华使领馆和我国驻在国使领馆展开非正式接触，进而加强高层对话，凝结共识。

2. 推动高水平开放与深层次改革

第一，率先在自贸试验区和海南自由贸易港先行先试 CPTPP 规则。自贸试验区和海南自由港是高水平对外开放新高地和试验田，应率先对标 CPTPP 规则推动制度型开放，建设更高水平开放型经济新体制。重点在于进一步放开电信、云服务、医疗、教育、文化等服务业市场准入限制，推动资金、技术、人员等要素跨境流动自由便利，统筹网络安全与开放、数据安全与自由流动，塑造公平竞争环境和知识产权保护、劳工标准等边境后规则方面先行先试，并将成功经验做法向全国推广，为我国加入 CPTPP 积累规则对接的经验。

第二，进行法律政策调整，废止或修改不适应的法律法规。要乘势而上，全面深化体制改革，敢于“啃硬骨头”。尤其是在服务业扩大开放、国有企业改革、补贴、劳工标准、知识产权保护、竞争政策、数据跨境流动等难点议题上加快步伐，逐步清理不适应的法律法规，建立与 CPTPP 规则相适应的法律法规和政策体系。

执笔人：王晓红、夏友仁、谈 俊、孙晓涛、刘向东、张秀青、谢兰兰、刘小鸽、徐长春、苏庆义、袁幽薇、徐 慧、王 婧、李浩东

附录二　加入 WTO 20 年：中国发展了自己，也造福了世界

2001 年 12 月 11 日，我国正式成为世界贸易组织（WTO）第 143 个成员，这不仅标志着 WTO 由此成为发达国家和发展中国家广泛参与、真正意义的世界多边贸易组织，也是我国改革开放与经济发展史上的重要里程碑。加入 WTO 使我国开始对标国际经贸规则进行全面体制改革和制度型开放，促进由传统计划经济向社会主义市场经济转型，通过与国际规则接轨使我国融入全球市场体系和产业分工体系，成功将我国的资源要素禀赋与国际产业转移的重要机遇紧密结合，提升组合全球资源要素的能力和水平，全面深度融入全球价值链，促进开放型经济快速发展和开放型经济新体制形成。同时，我国严格履行承诺，推动贸易投资自由化便利化，建设市场化、法治化、国际化的营商环境，为世界各国提供超大规模市场、分享发展机遇，成为经济全球化的重要贡献者和有力推动者。正如习近平主席所说，“这 20 年是中国深化改革、全面开放的 20 年，是中国把握机遇、迎接挑战的 20 年，是中国主动担责、造福世界的 20 年”。

一、对接 WTO 规则开启构建开放型经济新体制进程

加入 WTO 以来，我国按照 WTO 的要求在贸易投资管理体制及知识产权、国有企业等方面进行一系列改革，大规模修订和废止了与世贸组织规则不相适应的相关法律法规，制定出台了新的法律法规，其中，中央层面清理法律法规和部门规章 2300 多件，地方政府清理政策法规 19 万多件，从而为加快传统计划经济向市场经济转型，构建开放型经济新体制的基本框架体系奠定

了重要基础。

第一，推动外贸自由化便利化改革。一是《对外贸易法》确立了我国贸易自由化便利化的基本原则。2004 年 4 月，我国对标世贸规则有关条款修订了《对外贸易法》，增加了缔结或参加关税同盟协定、自由贸易区协定等区域经贸协定，参加区域经济组织，以及知识产权保护、对外贸易调查、对外贸易救济、对外贸易促进等相关内容。二是放开外贸经营权实现了我国外贸体制由计划向市场的转变。2004 年 7 月，进出口经营权由审批制改为备案登记制，打破了传统计划、国企垄断的外贸经营体制，为民营企业、中小企业参与国际贸易敞开大门，极大地增强了外贸主体活力和国际竞争力。2004—2020 年，国企、民企、外企占外贸总额比重分别由 29%、14%、57% 调整为 14%、45%、39%，民营企业成为外贸经营的主力军。2002—2012 年，货物出口额由 3256 亿美元增至 20487 亿美元，2020 年达 25900 亿美元，源源不断地为世界提供物美价廉的中国制造产品。随着贸易顺差积累，2002—2020 年我国外汇储备额由 2864 亿美元增加至 32165 亿美元。三是逐步下调进口关税。2001—2010 年，我国货物关税总水平由 15.3% 降至 9.8%，已全部履行降税承诺。此后我国仍自主降低关税，目前关税总水平为 7.4%，贸易加权税率为 4.4%，已接近发达国家水平。2021 年关税高于 15% 的商品不足 4.5%，远低于 2017 年的 13.9%。尤其是对 42 个最不发达国家 97% 的税目提供免关税待遇，促进了这些国家的商品出口。此外，除农产品按谈判结果实施关税配额外，进口配额等非关税壁垒也相应取消。

第二，大幅放宽制造业外资准入。我国多次修订《外商投资产业指导目录》，缩减限制和禁止类项目，2017 年完全对外资开放的制造业有 22 个大类、167 个中类和 585 个小类，分别占制造业的 71%、93.3% 和 96.1%，2020 年的外资准入负面清单中制造业仅 4 项。同时，我国还遵循“国民待遇”和“最惠国待遇”原则修改了“三资企业”法，大幅取消对“三资企业”的限制性规定。例如，2001 年修改的《中外合资经营企业法实施条例》，删除了合营企业所需物资应先在国内购买及外汇收支应保持平衡等规定。制造业基本全面开放使我国成为跨国公司投资的一片热土，我国将大规模、低成本的劳动力优势与跨国公司制造业转移充分结合迅速进入国际分工体系，同时大幅降低了全球制造业成本，推动我国成为世界制造中心。1997—2001 年，我国制造业实际利用外资由 281.2 亿美元增至 309.1 亿美元，年均增速为 2.4%；2002—2010 年，由 368 亿美元增至 495.9 亿美元，年均增速达 3.8%。2010 年我国超过美国成为世界第一制造大国，2018 年制造业约占全球比重的 30%，成为唯一拥有联合国产业分类中全部工业门类的国家。

第三，积极扩大服务业开放。按照加入 WTO 的承诺，我国不断推动建筑、旅行、运输、分销、金融、保险、咨询、电信、信息技术、知识产权、文化等服务贸易领域开放，不断放宽市场准入限制，按期取消服务领域的地域和数量限制，扩大外资经营范围。例如，2001 年修订的《外资金融机构管理条例》取消了设立外资金融机构的地区由国务院确定的规定，2002 年颁布的《外资金融机构管理条例实施细则》明确外资金融机构可经营中国企业和自然人全面外币业务。在世贸组织分类的十二大类服务部门的 160 个分部门中，我国承诺开放九大类的 100 个分部门，接近发达成员承诺开放 108 个分部门的水平。截至 2007 年，我国已全部履行服务贸易领域的开放承诺，目前已开放近 120 个分部门，超出了承诺标准。

第四，加强知识产权保护。我国按照加入 WTO 承诺修改了《专利法》《著作权法》《商标法》。例如，2001 年修改的《商标法》将商标专用权主体扩大到自然人，并完善了相应赔偿措施，著作权法对国内外著作权保护一视同仁等。

二、探索高水平国际经贸规则迈出新步伐

我国并没有止步于履行世贸承诺，而是积极探索高水平国际经贸规则推动高水平开放和深层次改革，以制度型开放为引领建设更高水平开放型经济新体制，推动更大范围、更宽领域、更深层次对外开放。

第一，积极加入高水平自由贸易协定。伴随着以产业链、供应链、价值链为核心的经济全球化深入发展，数字技术引领新一轮科技革命和产业变革加速演进，数字经济强势崛起，迫切要求国际经贸规则向更自由化便利化、

更顺应数字经济发展规律的方向创新变革。2020 年 11 月，我国正式签署《区域全面经济伙伴关系协定》（RCEP），其中服务贸易开放部门达 122 个，较入世承诺增加 22 个。2020 年 12 月，《中欧投资协定》谈判已经完成，该协定大幅取消金融、云计算、医疗、物流、商业服务、环境等服务领域的准入限制，促进人员、数据、资金跨境自由流动，将有力推动中欧双边服务贸易和数字贸易发展。2021 年 9 月，我国正式申请加入《全面与进步跨太平洋伙伴关系协定》（CPTPP）开启制度型开放新的里程碑。CPTPP 高标准自贸协定代表高水平国际经贸规则的发展方向，其主要特点是以“三零”（零关税、零壁垒、零补贴）为基本框架，除货物贸易零关税、开放市场准入外，还涉及竞争中立、国有企业、补贴、投资保护、知识产权保护、劳工政策、环境保护、争端解决机制、监管一致性等边境后规则及服务贸易和数字贸易新规则，这些既给我们带来新的挑战，也要求我们以开放促改革、促发展、促创新。2021 年 11 月我国还申请加入《数字经济伙伴关系协定》。

第二，深化贸易投资管理体制改革。自 2013 年上海自由贸易试验区实施准入前国民待遇加负面清单的外商投资管理制度以来，我国不断压缩负面清单，由最初 190 条缩减至 2020 年全国版 33 条、自贸试验区版 30 条、自由贸易港版 27 条，全部取消金融领域准入限制，不断放宽电信、医疗、教育等服务业领域准入限制。2020 年颁布的《外商投资法》《优化营商环境条例》为保护外商投资合法权益，建设市场化、法治化、国际化的营商环境提供了制度保障，为稳定外资发展提供了透明、可预期的环境。我国积极开展服务贸易创新试点工作，2020 年 8 月出台的《全面深化服务贸易创新发展试点总体方案》，提出了八大试点任务和 122 项具体举措，重点在进一步扩大服务业开放、推动服务贸易便利化、优化营商环境、促进新业态和新模式发展等方面加强探索。海南自由贸易港跨境服务贸易负面清单已出台。

第三，自贸试验区成为开放压力测试和探索高水平国际经贸规则的试验田。自 2013 年上海自贸试验区设立以来，我国已经设立 21 个自贸试验区。自贸试验区针对自身特点在推动贸易投资便利化、优化营商环境、推动监管方式创新、发展贸易新业态新模式及服务贸易、数字贸易规则方面先行先试，形成了 278 项制度创新成果在全国复制推广。2021 年 1—7 月，21 个自贸试验区进出口额、实际利用外资占全国比重分别为 16.6% 和 17%，同比增长 42% 和 33.5%。

第四，海南自由贸易港成为高水平开放的新标杆。2018 年 4 月我国设立海南自由贸易港，这是党中央统筹国际国内两个大局作出的改革开放重大举措。海南将建成全球开放水平最高的特殊经济功能区，按照“零关税、低税率、简税制”原则，逐步建立与高水平自由贸易港相适应、具有国际竞争力的税制环境，实现贸易、投资及跨境资金流动、人员流动、运输来往的自由便利和数据安全有序流动，这些措施将促进贸易投资及人员、技术、资金、数据、服务等要素自由跨境流动，尤其是消除涉及商业存在、自然人流动、跨境交付、境外消费方面制约服务贸易发展的障碍。

三、与世界共享开放型经济发展成果

我国通过对接世贸规则释放了改革开放的制度红利，促进了开放型经济快速发展，成为推动全球经济复苏和产业链供应链稳定的主要贡献者。加入 WTO 以来，经济总量由世界第 6 位上升到第 2 位，货物贸易由第 6 位上升到第 1 位，服务贸易由第 11 位上升到第 2 位，利用外资由第 6 位上升到第 2 位，对外直接投资由第 26 位上升到第 1 位。与此同时，世界各国也分享了我国经济发展的红利。

第一，让世界各国分享超大规模市场发展机遇。我国货物进出口额由 2002 年的 6208 亿美元增至 2020 年的 46559 亿美元，年均增长 11.8%，覆盖 200 多个国家，是 120 多个国家和地区的主要贸易伙伴。2009—2020 年，我国连续 12 年成为全球第二大进口国，货物进口额由 2002 年的 2952 亿美元增加至 2020 年的 20660 亿美元，其中吸收了最不发达国家商品出口的 25%，成为这些国家的最大出口市场。我国是全球最大的中间品进口国，2019 年在全球中间品进口占比达 14.4%，高出美国 3.5 个百分点，是对全球供应链体系稳定贡献最大的国家。2018 年，我国开始举办中国国际进口博览会，这是世界第一个以进口为主题的国家级展会，它在单边主义和保护主义横行，经济全球化逆流涌动的背景下向世界各国搭建起分享中国大市场的重要平台，为推动各国经济复苏和贸易增长提供了机遇。2018—2021 年进博会成交额由 578 亿美元增加至 707 亿美元，世界 500 强和行业龙头企业参展回头率超过 80%。进博会为全球提供了贸易投资平台，使越来越多的展品变商品、展商变投资商。

第二，为发达国家提供巨大的服务出口市场。2020 年我国服务进出口总额 6617 亿美元，连续七年稳居世界第二位。2002—2012 年我国服务进口额由 465 亿美元增加至 2813 亿美元，自 2013 年起成为全球第二大服务贸易进口国，2020 年服务进口额达 3810 亿美元。2013—2020 年，年均服务贸易逆差超过 2000 亿美元，美国、欧盟等发达经济体是主要逆差来源国，我国为促进其经济复苏和就业增长作出了重要贡献。

第三，成为世界跨国投资的巨大引力场。2002—2020 年，我国实际利用外资额由 527 亿美元增至 1493 亿美元，年均增长 6%，全球占比 15%。利用外资质量不断提升，由劳动密集型产业向高新技术产业转变，由制造业向服务业转变。2002—2020 年，我国第一、第二、第三产业实际使用外资占比由 1.95%、73.48% 和 24.57% 转变为 0.3%、24.5% 和 75.2%，2020 年高技术产业实际使用外资金额 427.6 亿美元，占比达 28.6%。外资规模增长和结构高级化反映出我国在产业、市场、人才、营商环境等方面的综合优势给跨国公司带来的较高收益和稳定预期。

第四，为发展中国家输出优势产能、技术和服务。2002—2020 年，我国对外直接投资由 27 亿美元增加至 1537.1 亿美元，2020 年分别占全球流量和存量的 20.2% 和 6.6%，由单纯的外资净流入国成为外资流入和流出均衡发展的国家。截至 2020 年，有 2.8 万家境内投资者在境外设立企业 4.5 万家，分布在 189 个国家和地区。我国对外直接投资存量的 89.1% 分布在发展中经济体，这些投资带去了我国的优势产能、技术和服务，有力支持了发展中国家建设现代化基础设施、建立工业化和信息化体系和扩大就业。

第五，为自贸伙伴经济发展提供重要支撑。截至 2020 年 10 月，我国与

26 个国家和地区签署了 19 个自贸协定，我国与自由贸易伙伴之间 90% 以上的贸易实现零关税，服务贸易开放度高于入世承诺标准，通过不断提高开放水平实现了互利共赢。2012—2020 年，自贸伙伴占我国外贸总额比重由 12.3% 增加至 35%，2020 年，在疫情导致全球贸易投资深度衰退的情况下，我国与自贸伙伴的贸易额增长 3.2%，我国对外投资的近 70%、吸收外资的 84% 在自贸伙伴之间进行。其中，我国与东盟贸易额由 2003 年的 780 多亿美元增加至 2020 年的 6851 亿美元，连续 12 年成为东盟最大的贸易伙伴。

四、高质量共建“一带一路”推动构建人类命运共同体

“一带一路”倡议遵循“五通”理念和共商共建共享的全球治理观，是我国构建开放型经济世界、构建人类命运共同体的生动实践。截至 2021 年 8 月，我国与 172 个国家和国际组织签署了 200 多份相关合作文件，与 10 多个国家签订第三方市场合作文件。“丝路基金”与欧洲投资开发银行建立了第三方合作的市场基金。2020 年，我国发起设立的亚投行已有 103 个成员，累计批准投资金额超 220 亿美元，其中贷款前四位用于南亚、东南亚、西亚和中亚地区的基础设施投资。

高质量共建“一带一路”大幅提升了我国与沿线国家的设施联通、贸易畅通、产能合作和装备合作水平，促进了沿线国家经济发展。2013—2020 年我国与沿线国家货物贸易累计 9.2 万亿美元，占货物贸易总额比重由 25% 升至 29.1%；我国对沿线国家累计直接投资 1398.5 亿美元，在沿线 63 个国家设立境外企业超过 1.1 万家，沿线国家在华实际投资累计约 600 亿美元。新冠肺炎疫情之下的 2020 年我国与沿线国家贸易投资逆势上扬，我国对沿线国家直接投资 225.4 亿美元，增长 20.6%，总量占比 14.7%；对沿线国家承包工程完成营业额 911.2 亿美元，总量占比 58.4%。2015—2020 年，我国与“一带一路”沿线国家累计服务贸易 5714.5 亿美元；其中，服务出口 1989.6 亿美元、进口 3724.9 亿美元、贸易逆差 1735.3 亿美元，成为沿线国家重要的服务出口市场。

“一带一路”建设极大促进了我国中西部内陆地区开放水平，形成了海陆并进、东西互济的全面开放格局。尤其是中欧班列开辟了连接我国与欧洲的陆路贸易通道，形成了沿线国家铁路、海关协调监管的国际合作新机制，尤其成为疫情期间保障国际供应链安全的重要通道。同时，中欧班列促进了新疆、广西等沿边地区的通道经济、口岸经济、枢纽经济产业化发展，加快大湾区、长三角等东部加工制造业落地，拓展了内陆城市对外开放新空间。目前中欧班列已通达 23 个国家的 168 个城市，2015—2020 年运送货值占中欧货物贸易比重由 1% 增至 7%，2021 年上半年共开行 7323 列，增长 43%；运送货物 70.1 万标准箱，增长 52%；累计运送防疫物资 1232 万件和 9.6 万吨。西安、乌鲁木齐、重庆、成都、郑州 5 个中欧班列集结中心占全国开行总量的 63%。

中国加入 WTO 20 年创造的经济奇迹是多边主义的胜利。它向世界证明，只有坚持多边主义，才是促进全球经济共同发展的人间正道，单边主义和保护主义只能将世界经济带入泥潭。我国将按照“三个原则、五点主张”积极支持 WTO 改革，坚定维护 WTO 多边贸易体制非歧视和开放的核心价值，坚持公平贸易规则，保障发展中国家的发展利益，遵循协商一致的决策机制，维护多边贸易体制的主渠道地位，为全球多边治理贡献中国方案。

执笔人：王晓红

附录三　以高水平开放推动高质量发展

党的十八大以来，以习近平同志为核心的党中央坚持对外开放基本国策不动摇，十九届四中全会以来多次提出实施更大范围、更宽领域、更深层次的高水平对外开放，建设更高水平开放型经济新体制。“十四五”规划明确提出，持续深化商品和要素流动型开放，稳步拓展规则、规制、管理、标准等制度型开放，基本形成更高水平开放型经济新体制。这是党中央统筹百年未有之大变局和中华民族伟大复兴战略全局作出的战略抉择，是立足新发展阶段、落实新发展理念、构建新发展格局、推动高质量发展的重要举措。我国经济高质量发展的内外部环境发生重大变化、战略机遇期内涵深刻演进，要求通过高水平开放推动深层次改革，更好统筹国内国际两个市场和两种资源，以对外开放的主动赢得经济发展和国际竞争的主动，于危机中育新机、变局中开新局，为建设社会主义现代化国家营造有利环境。正如习近平指出，“过去 40 年中国经济发展是在开放条件下取得的，未来中国经济实现高质量发展也必须在更加开放条件下进行”。

一、高水平开放是实现高质量发展的内在要求

改革开放以来，我国综合国力大幅跃升、开放型经济竞争力显著增强，要素禀赋、产业结构、科技创新水平显著提升，要求构建与高质量发展阶段相适应、要素禀赋相匹配的开放新格局和新体制。尤其是我国经济发展仍面临关键核心技术短缺、矿能资源依赖进口、新旧动能交替、结构性矛盾突出等制约因素，加之疫情引致的需求收缩、供给冲击和预期减弱压力，迫切要求通过高水平开放构建畅通的双循环发展格局。

第一，我国成为世界经济增长的重要变量，要求在全球治理体系中的角色由被动融入向主动引领转变。2021 年我国 GDP17.7 万亿美元，相当于美国的77%，并首次超过欧盟，连续 12 年稳居世界第 2 位，全球占比超过 18%，2006 年以来对全球经济增长贡献平均接近 30%。综合国力提升有利于我国主动塑造外部环境，也将面对国际社会在规则、标准、秩序、公共品提供等方面的更高要求。

第二，我国贸易投资规模居世界前列，要求对接高标准国际经贸规则并提高塑造引领规则能力。2021 年我国货物贸易总额 39.1 万亿元，连续 5 年居世界首位；服务贸易总额 5.3 万亿元，连续 8 年稳居世界第 2 位；实际使用外资总额 11493.6 亿元、对外直接投资总额 9366.9 亿元，长期居世界前列。我国作为世界贸易大国，只有顺应国际贸易规则变革趋势，才能重塑国际贸易竞争新优势。我国已进入利用外资与对外投资均衡发展、高质量“引进来”与高水平“走出去”协同并进阶段，国内开放环境越好越有利于企业境外投资经营，“走出去”的天地越广阔。只有遵循国际规则公平对待外资，才能吸引高质量跨国投资；只有遵循东道国规则，才能深耕海外市场。

第三，我国拥有世界超大规模市场和完备产业体系，要求利用外资结构由规模速度向质量、效益、创新转型。2021 年我国人均 GDP 达 12551 美元，接近高收入国家门槛，中等收入群体超 4 亿。我国是世界第一大工业国，制造业规模连续 12 年居世界首位，是唯一拥有联合国产业分类中全部工业门类的国家，且产业链完整、产业集群发达、配套能力强。这些为吸引先进制造业和服务业跨国投资奠定了基础，同时也要求与之相匹配的引资环境。

第四，我国已经形成服务业主导的经济结构，要求把产业开放重点转向服务业。自 2015 年起我国服务业占 GDP 比重超过 50%，2021 年占比达 53.3%，已经成为拉动经济增长的主引擎，尤其是数字经济快速发展对于知识密集型服务业开放提出了迫切要求。同时，我国人力资源优势逐步由劳动密集型向知识密集型转化，与高端服务业开放形成匹配。2021 年在校研究生和大学生人数分别为 333.2 万人和 3496.1 万人，规模居世界前列；城镇就业人员平均工资由 2002 年的 12422 元增至 2020 年的 97379 元。

第五，我国技术创新地位显著提升，要求在全球创新体系中发挥引领性作用。我国创新能力在世界 132 个经济体中居第 12 位，2021 年 PCT 国际专利申请量 69540 件居世界首位，R&D 经费支出 27864 亿元居世界第 2 位，与 GDP 之比达 2.4%，这些为吸引组合全球技术、人才、资金等创新要素，构建面向全球开放创新的技术体系创造了有利条件。

第六，我国对全球供应链高度依赖，要求构建畅通高效的外循环体系。我国长期是全球最大中间品进口国，2019 年中间品进口和出口占我国外贸比重分别为 60.7% 和 44.4%，其中进口全球占比 14.4%。2021 年我国石油、铁矿石对外依存度达 72% 和 76.2%；原油进口和消费全球占比为 22.7% 和 14.6%，居第 1 位和第 2 位；130 多种关键基础材料 52% 依赖进口；绝大多数高端专用芯片、存储芯片和 70% 以上的智能终端处理器依赖进口。这些说明我国对全球供应链体系贡献度提升的同时仍存在高度依赖性，畅通的国际循环是国内循环持续发展的必要条件。

二、高水平开放是应对国际环境重大挑战的迫切要求

全球新冠肺炎疫情与俄乌战争影响交织叠加，导致我国面临的国际环境不确定性、不稳定性增强，重大风险挑战与日俱增，要求通过高水平开放趋利避害，为高质量发展创造和平稳定的外部环境。

第一，高标准国际经贸规则已经形成，发达国家仍是规则主导者。随着全球产业链、供应链、价值链一体化发展和数字经济蓬勃兴起推动国际经贸规则加速创新变革，以《全面与进步跨太平洋伙伴关系协定》（CPTPP）、美墨加协定（USMCA）、《欧盟—日本经济伙伴关系协议》（EPA）为代表形成了高标准自贸协定，基本特征是，边境规则向边境后规则发展，边境自由开放与边境后公平开放紧密结合。贸易零关税、准入零壁垒的边境规则体现了贸易投资高度自由化，同时覆盖补贴、国有企业、竞争中性、知识产权保护、政府采购、劳工标准、环境保护、技术性贸易壁垒、监管一致性、透明度与反腐败等边境后规则，其目的是塑造高度市场化、法治化、国际化的营商

环境。

第二，全球产业链、供应链相互依赖的总体趋势没有改变，但在数字技术发展、疫情引致的安全观、地缘政治等多重因素影响下，国际产业格局将进入新一轮调整重构，全球产业链供应链体系的本土化、近岸化、区域化、分散化重组趋势正在加速，维护供应链安全成为重中之重。

第三，数字技术引领的新技术革命和新产业革命加速推进，数字经济和数字贸易强势崛起，在带动全球产业、贸易和投资创新发展的同时，也迫切要求构建全球数字治理规则体系。

第四，疫情加之俄乌冲突导致大国博弈竞争更趋激烈，地缘政治格局加速演变，保护主义、单边主义、民粹主义、孤立主义进一步加剧，全球化逆流继续上升，第二次世界大战以来的全球治理体系遭遇重大挑战，推进全球治理体系和规则变革成为必然要求。

三、高水平开放是高质量发展的重要保障

高水平开放以规则、规制、管理、标准等制度型开放为主线，着力通过对接高标准国际经贸规则建设更高水平开放型经济新体制，形成与国际通行规则相衔接的制度体系和监管模式，推动我国经济发展动力变革、效率变革、质量变革，实现以开放促改革、促发展、促创新。

第一，高水平开放为建设高标准市场经济体制提供改革动力。习近平主席指出，“改革开放是决定当代中国命运的关键一招，也是决定实现‘两个一百年’奋斗目标、实现中华民族伟大复兴的关键一招”。“改革和开放相辅相成、相互促进，改革必然要求开放，开放也必然要求改革。”制度型开放推动全面深化体制改革。通过边境后规则改革确立竞争性政策的基础性地位，建设公平竞争、规范有序、创新活跃的市场化、法制化、国际化营商环境，激发各类市场主体活力，不断完善社会主义市场经济体制；通过借鉴国际市场经济治理的成功经验和模式提高政府效能，推动国家治理体系和治理能力现代化；通过对标国际规则深化国有企业市场化改革，推动国有企业做优做强

做大，重塑参与国际竞争力新优势；通过对接国际数字治理规则不断完善我国数字治理体系，提升数字经济国际竞争力。

第二，高水平开放为构建新发展格局提供稳定安全的供应链保障。我国经济已深度融入全球产业链供应链创新链体系，构建国内大循环为主体、国内国际双循环相互促进的新发展格局首先要在开放条件下进行，这与改革开放之前的内循环模式有本质区别。为此，一方面要建设全国统一大市场，形成内循环为主的大国经济发展模式；另一方面要建设与国内市场无缝链接的国外大市场，才能保证产业链供应链体系总体安全。制度型开放将实现贸易投资高度自由化，通过规则对接将提升要素流动型开放水平，有机链接两个市场、匹配两种资源、打通内外循环堵点，尤其是满足国内不具备的商品和要素供给，构建起高质量的外循环体系赋能内循环，从而延伸我国产业链、稳定供应链、强化创新链，提升价值链分工层次。

第三，高水平开放为自主创新提供全球优质要素供给。创新是高质量发展的第一动力。制度型开放将营造尊重人才、尊重知识产权的良好创新生态，能够更充分地利用全球人才、技术、知识、数据、资金等创新要素和技术成果，引进跨国公司的新技术新业态新模式和新的经营管理方式，发挥其外溢效应提升自主创新能力。习近平主席指出，“一个国家对外开放，必须首先推进人的对外开放，特别是人才的对外开放”。人才是创新的核心要素，海外领军人才是促进全球技术转移的关键因素，通过创新引智引才体制将为我国大规模吸引全球人才营造国际化环境。

第四，高水平开放为提升我国参与全球治理体系的引导力赋能。融入规则是引领规则的基础和前提。随着构建人类命运共同体理念深入人心，高质量共建“一带一路”成为全球治理的重要多边平台，共商共建共享的全球治理观已经成为我国改善全球治理体系、促进共同发展的中国方案。习近平主席指出，“一带一路”“不是中国一家的独奏，而是沿线国家的合唱”。“合唱”就必须强调规则协调一致，基础设施“硬联通”好比骨架，规则标准“软联通”是血脉。制度型开放将使我国更全面地融入国际规则体系，从而在规则制定中提升话语权和发挥引领作用。

四、推动高水平开放的着力点

高水平开放以制度型开放为引领，通过更大范围、更宽领域、更深层次对外开放形成全面开放新格局，不断完善互利共赢、多元平衡、安全高效的开放型经济新体系，推动开放型经济从规模速度型向质量效益型转变。

第一，以高质量共建“一带一路”为引领拓展国际市场新空间。要秉持共商共建共享原则推动“一带一路”建设行稳致远，构建更紧密、更广泛的利益共同体，不断扩大朋友圈；加快“一带一路”自贸区建设，推动规则标准软联通。一方面，要坚持面向发展中国家的包容性开放。加强产能合作、装备合作与数字经济合作，帮助发展中国家建立工业化和信息化体系提高自主发展能力，同时为我国贸易、投资、创新开辟更广阔的新兴市场。另一方面，要推动与发达国家的互利共赢开放。充分发挥我国大市场优势深化与发达国家合作，稳固深耕传统市场。改革开放以来，我国与发达国家在技术、贸易、投资和人文交流方面深度交融，发达国家是我国最重要的技术来源、贸易市场和投资伙伴，应通过高标准国际经贸规则深化互利共赢合作，促进规则对接、标准互认、市场相融，产业链、供应链、创新链深度融合，不断扩大第三方市场合作。

第二，以扩大中西部开放为重点促进区域开放平衡协调发展。加强沿海、内陆、沿边地区开放优势互补和相互促进，构建海陆内外联动、东西双向互济的开放布局。发挥长三角、珠三角、京津冀都市圈的开放高地作用，推动制度创新和开放型经济转型升级。深挖中西部和东北地区潜力，推动由开放洼地走向开放高地，加大政策支持力度，积极承接加工贸易转移，培育全球加工制造基地；加强西部陆海新通道和中欧班列建设，构建中西部面向“一带一路”的贸易大通道；尤其要把发展数字贸易作为提升中西部开放水平和促进产业、贸易数字化转型的重要抓手。做足做好沿边开放这篇大文章，推动沿边地区从开放末梢走向开放前沿，加强边境经济合作区、跨境产业园区等开放平台建设，推动边境口岸由通道经济向加工贸易转型，带动产业兴旺和边民富裕。要强化国家重大战略与高水平开放的互促机制和联动效应，促进京津冀协同发展、长江经济带发展、长三角区域一体化发展、粤港澳大湾区建设、黄河流域生态保护和高质量发展、成渝双城经济圈建设、海南自由贸易港建设等战略规划的协同开放效应，形成引领国际经济合作和带动区域发展的开放高地。

第三，以扩大知识密集型服务业开放为牵引推动产业结构升级。提高服务业开放水平是增强产业竞争力和维护供应链安全的关键，要把推动数字技术、研发设计、医疗健康、文化教育等领域开放作为改善供给侧结构、满足消费升级需求、推动制造业转型和发展数字经济的重要支撑。有机统筹金融开放与安全，稳步推进人民币国际化、资本项目可兑换和资本市场开放，提升金融机构服务企业“走出去”的能力。同时，要以促进制造业数字化、智能化、绿色化、服务化转型为目标提升制造业开放质量，扩大先进制造业利用外资水平，吸引跨国公司研发设计中心、供应链管理中心、数据中心、结算中心等服务体系。此外，通过引进农业跨国公司的先进育种技术、经营管理模式，提高我国农业产业化、现代化、绿色化水平，助力粮食安全、农业稳定和农民增收。

第四，以加强开放创新合作推动自主创新。数字技术引领的科技革命日新月异，开放创新成为全球技术创新发展的必然趋势。数字技术将加速全球技术创新要素流动，成为科技全球化的重要动力，以数字技术为依托、数字化平台为载体、开源开放和共创共享成为数字经济创新的基本特征。数字化平台依托数字技术使全球的技术、人才、数据、资金、服务等创新要素有机组合并实现供需两侧精准匹配对接，成为推动全球开放创新的重要载体。要支持头部企业构建全球创新平台，引导我国企业融入全球创新链，大力发展研发、工业设计、跨境电商等各类数字化平台，更大范围、更宽领域组合全球创新资源。要实施“市场换技术”与“技术换技术”并重策略扩大技术贸易，提高技术引进层次和质量，利用全球新技术成果借势借力推动自主创新。我国大市场为各类新技术提供了产业化规模化应用场景，可以孵化培育全球新技术，“市场换技术”仍具优势。同时我国已形成一批全球领先技术，与发达国家形成部分水平分工，为“技术换技术”创造了空间。要以产业链供应链为依托构建开放的创新链，在全球技术高度复杂、产业链高度关联、供应链相互依存的背景下任何国家都难以封闭创新，合作成为最优选项。尤其要注重发挥外资企业在技术引进中的独特优势、在构建全球创新链中的黏合剂作用和组合全球创新要素中的内引外联作用，与发达国家构建以产业链、供应链为纽带的技术合作新模式。建立吸引海外人才创新创业的绿色通道机制，完善在薪酬待遇、长期居住、子女入学、出入境便利等方面的安排。

第五，以对接高标准国际经贸规则推动体制改革和制度创新。重点对标CPTPP规则加快贸易投资自由化便利化改革，推动货物贸易提质增效、服务贸易创新发展、数字贸易超前布局，“引进来”与“走出去”相互促进。在贸易方面，继续降低货物贸易关税水平，完善跨境服务贸易负面清单管理制度，大力削减服务贸易在市场准入、学历和执业资格互认、自然人流动、资金跨境流动、数据跨境流动等限制性壁垒，为发展数字贸易新业态新模式、全面提升贸易数字化水平营造良好政策环境。在投资方面，要完善准入前国民待遇加负面清单管理，继续压缩外商投资准入负面清单，逐步取消合资、股比、国籍等强制要求和歧视性待遇，切实做到准入准营，加强国际化争端解决机制建设。同时，加快补贴、竞争政策、国有企业、知识产权保护、政府采购、劳动保障、环境保护、监管一致性、透明度与反腐败等体制改革，营造公平竞争的市场环境和法制环境。要加快改革造成扭曲市场、不公平竞争的补贴制度，取消各类禁止性补贴，完善产业补贴退出机制，推动国有企业补贴改革，完善补贴信息披露制度；推动高标准知识产权保护制度建设，以适应数字经济的创新要求；推进国有企业分类改革，使之成为公平参与市场竞争的主体，鼓励民企、外资参与国有企业兼并重组；推进政府采购制度改革，确保内外资一视同仁。要切实发挥自由贸易试验区和海南自由港的先行先试作用和制度集成优势，赋予更大改革自主权，对标CPTPP规则进行开放压力测试，打造制度型开放高地。

第六，积极参与全球经济治理体系建设并发挥引导作用。我国高举人类命运共同体旗帜，秉持共商共建共享的全球治理观，致力于推动经济全球化朝着开放、包容、平衡、普惠、共赢的方向发展。要着力构建面向全球的自贸区网络，与世界共享我国开放发展成果。多边贸易体制和区域贸易安排是驱动经济全球化发展的两个轮子，要坚定不移维护 WTO 多边体制的核心价值，反对单边主义和保护主义，维护发展中国家利益，支持 WTO 改革；在 G20、APEC、金砖国家等多边平台中发挥建设性作用，支持 IMF、世界银行发挥协调作用推动国际货币体系改革。习近平主席指出，“加快实施自由贸易区战略，是我国积极参与国际经贸规则制定、争取全球经济治理制度性权力的重要平台，我们不能当旁观者、跟随者，而是要做参与者、引领者，善于通过自由贸易区建设增强我国国际竞争力，在国际规则制定中发出更多中国声音、注入中国元素，维护和拓展我国发展利益”。截至 2022 年 3 月，我国已同 26 个国家签订 19 个自由贸易协定（FTA），应按照高标准规则打造自贸区升级版。RCEP 是我国参与区域合作的重要平台，对于我国拓展面向东亚东南亚的区域产业链体系具有战略作用，同时为我国加入 CPTPP 奠定规制改革基础，应积极推进实施并发挥主导作用。同时积极扩大双边和区域自贸协定，尤其要扩大与发达国家自贸区建设。继续推进中日韩自贸区建设、中欧全面投资协定落地，推动 CPTPP、DEAP 谈判进程。

第七，有机统筹开放发展与安全。当前国际局势风云变幻，传统安全与非传统安全交织叠加、风险传导机制和渠道多元化，要求我们坚持总体安全观，把防范风险摆在重要位置，维护国家发展利益。要充分考虑疫情与地缘政治冲突影响叠加，导致意识形态与制度冲突对抗、大国竞争博弈更趋激烈、战争风险上升、网络数字空间风险高起以及全球公共卫生事件、自然灾害增多等因素，导致可能引发的经济、金融、贸易冲击及网络攻击、数据泄露、粮食能源危机等风险。加快完善顶层设计，健全风险预警监测防控体系，出台有力有效的反制措施，切实维护国家安全、人民安全、政治安全、金融安全、网络数据安全、能源资源安全、粮食安全、公共卫生安全、海外资产安全等。扩大石油、矿产等能源资源进口储备，完善外商投资国家安全审查、反垄断审查、国家技术安全清单管理、不可靠实体清单等制度，尤其要注重防范国际金融危机引发的系统性金融风险，加强抗疫、网络数据安全等国际合作。

执笔人：王晓红

附录四　调研报告

调研报告一：高度重视防范企业“走出去”风险

新冠肺炎疫情之后，我国企业“走出去”的国际环境更趋复杂严峻。保护主义继续泛滥，投资限制性措施增多，美国等西方国家对我国遏制加剧，地缘政治格局加速演变，“一带一路”综合风险上升，数字贸易新规则加速构建等因素，导致“走出去”面临的风险挑战与日俱增，要求我们积极稳妥应对。2021 年 4 月课题组分别在南京、苏州、昆山调研，与相关部门和企业进行座谈。现将有关情况反映如下。

一、企业“走出去”面临的主要风险

（一）美欧国家对并购限制增多导致海外并购风险上升

近年来，美欧国家对我国企业并购限制越来越严，其中既有对我国技术的遏制和国有企业限制因素，也有我国企业管理不善，对东道国的规则、法律和政策缺乏认知等因素。一是对关键核心技术并购严格限制。苏州工业园区管委会反映，某公司 2020 年 12 月签约收购意大利半导体设备公司 LPE，该公司主要生产碳化硅外延炉等设备，属于“卡脖子”技术，企业收购交割已经完成，但在报送意大利总理审批时得到否决。二是对国有企业并购限制趋紧。据苏州工业园区管委会反映，某企业收购荷兰 Anteryon 公司并取得了 73% 的股权，但由于经过穿透审查，出资人有地方国资股东，受荷兰出台的

外国企业收购审查新规的影响，地方国资股东被迫退出。三是由于并购后经营管理不善导致东道国限制。南京邦奇公司反映，国际金融危机后我国企业赴欧洲“抄底”，由于对当地文化、法律不了解，国际化人才储备不够，在文化、法律、人才方面都没有准备好，买了企业不知道如何管理。某些企业并购完成后只关注短期获利而不注重可持续发展，造成经营不善、严重亏损、失业增加。这些都造成了很大负面影响。疫情之后，欧盟更加严格了投资审查制度，旨在防止中资企业“抄底”。

（二）“一带一路”沿线国家营商环境差导致投资风险上升

由于一些“一带一路”沿线国家面临政局动荡、局部战乱、金融风险及政府贪腐等问题，导致企业投资收益和人员安全等风险增大。一是财产人员损失较大。南京苏美达集团反映，由于缅甸政变加之疫情影响，公司在缅工厂人员无法回国，工厂被暴徒烧毁。南京浩鲸云计算科技股份有限公司反映，缅甸政变导致公司数千万美元合同被搁置，印度、孟加拉国等东南亚国家疫情暴发后，外派员工、新增客户拓展都十分困难。二是投资收益难以收回。苏州中材建设有限公司反映，公司在尼日利亚承包工程，由于当地没有资金支付工程款，通常使用芝麻等农产品来抵债。不仅如此，由于当地外汇管制，企业利润也无法汇回，持有的大量外币只能在当地进行再投资。三是政府贪腐和排华行为严重。昆山新宁物流有限公司反映，公司在越南投资，为避免当地政府办理审批手续长期拖延及经营中的刁难，专聘当地人员并给予一定比例的干股，委托其与政府打交道。四是安保成本高。苏州中材建设有限公司反映，在尼日利亚经常面临绑架风险，安保开支通常占公司收入的3%～4%，仅次于研发投入。公司两名工人曾在阿布贾遭遇绑架，赎人花费 8 万美元，在南非也遭遇多起持枪抢劫事件。五是汇率风险较大。由于尼日利亚、南非、印度尼西亚等国家的汇率经常出现断崖式下跌，导致企业项目遭受重大损失。

（三）数字贸易新规则导致合规风险上升

由于数字技术和数字经济成为各国战略竞争制高点，平衡开放与安全成为各国制定数字贸易规则的基本考量，因此，在强调数据跨境自由流动的同时更加注重安全。美欧除大力推进信息技术关键基础设施国产化之外，涉及个人隐私保护、网络数据安全、意识形态安全、源代码和算法保护、数据本地化储存、电子合同认证等内容都成为数字贸易规则的重点，导致数字企业海外投资经营不断受挫。一是合规成本上升、风险增大。南京浩鲸云计算科技股份有限公司反映，自欧盟推出《通用数据保护条例》（*General Data Protection Regulation*，GDPR）之后，数字贸易企业成本整体增加。由于GDPR对数据信息安全的要求和规范门槛提高了，为适应新规则，企业在研发、制度规范、流程手续等方面都要增加支出。例如，为使研发过程符合要求，公司要在每个研发团队配置专门辅导员，在产品开发和服务提供过程中植入相应规制。公司在欧盟投资项目时，还需确保把所有当地数据直接落在本土，如对当地数据进行采集，需要与对方签署协议方可采集。二是电子合同认证资质互认存在障碍。电子合同均需第三方公司认证后才具有法律效力，发包方通常委托自己信任的国际认证机构，如果资质不能互认将影响企业承接项目。富士通南大软件技术有限公司反映，疫情以来日本均在线上签署发包业务合同，但日方提供的两家认证公司为欧美公司，均不在工信部认定范围之内，电子合同也将不被国内认可。随着数字经济发展，电子合同将成为重要合同方式，如果不被认可，将影响企业结售汇及申请专项资金、享受相关税收减免政策等。

二、对策建议

推动企业“走出去”是拓展国际市场新空间，构建双循环新发展格局的战略要求。为应对复杂多变的国际局势，应加强系统性设计，健全风险防控体系，为企业“走出去”营造有利的外部环境和良好的政策环境。

（一）建立“走出去”风险防范的统筹协调机制

鼓励各级政府设立对外投资公共信息服务平台，及时为企业提供东道国的政治、经济、法律、文化、技术等情况。健全风险防范预警监测体系，健全海外投资重大项目从市场调查、可行性论证、风险评估到项目实施的全过程综合评价机制，发展大数据分析等风险预测工具。加强数字贸易规则标准对接，建立与相关国家的跨境数据流动白名单制度，在消费者利益保护、电子合同资格互认、网络数据安全、重复征税等规则方面加强协调。强化咨询机构、智库的作用，加强对东道国的投资规则、法律法规和政策研究。加强外交事务的协同配合。

（二）加强企业境外合规经营建设

引导企业树立合规意识、依法依规经营。遵守东道国的法律法规，融入当地文化，注重绿色可持续发展，在履行社会责任、生态环保、扩大就业、应用先进技术等方面作出表率，努力与当地结成利益共同体、价值观共同体和命运共同体，创造利于自身发展的外部环境。加强对企业国际经贸新规则的培训。通过对接高标准国际规则倒逼企业提高技术管理水平，增强国际竞争力。依托龙头企业、园区搭建平台，为中小企业开展义务培训，避免使规则成为“压垮企业的最后一根稻草”。建立“走出去”的资格审查制度和企业合规经营评价机制，对不具备资格的企业对外投资进行限制，对在东道国造成不良影响的企业严厉处罚。

（三）多措并举防范“一带一路”投资风险

加强“一带一路”沿线国家营商环境监测评估，及时发布风险预警。扩大中国安保公司海外规模，力争覆盖“一带一路”，维护企业海外利益和人员安全。扩大与沿线国家的货币互换，推动贸易投资使用人民币结算，以降低汇率风险。强化“一带一路”投资保障机制，不断扩大与沿线国家的双边和区域自贸协定、投资协定，扩大与发达国家第三方市场合作。鼓励国企与民企结成战略联盟，共同拓展“一带一路”市场。提高中信保的保障支撑能力。

（四）加强企业“走出去”的形象宣传

要充分利用东道国的新闻媒体，讲好“走出去”的中国故事。对于我国在境外经营成功的项目、品牌声誉好的企业及时宣传，扩大国际影响力。有效避免某些国家的“抹黑”和东道国的误判。

执笔人：王晓红

调研报告二：优化外商投资环境促进外资稳定发展

近期，中国国际经济交流中心课题组赴南京、苏州、昆山开展外资形势调研，与政府部门和企业进行了座谈。从调研情况看，由于我国成功控制疫情，近一年来，大量海外订单回流，企业经营普遍向好，但我国外部环境仍复杂多变，企业对前景心存顾虑。调研情况如下。

一、行业准入是外资反映最突出的问题

企业和地方政府对行业进一步开放期待较高。外资企业对医疗、教育、文化、金融等行业进一步扩大开放需求强烈，具体包括独资医院、独资办学、图书经营、开办银行机构等。地方政府特别是自贸试验区对扩大行业准入态度积极。江苏省商务厅认为，江苏作为外资集中地区，服务业形态和数量均较多，地方政府监管经验丰富，风险防控能力较强，可以选择国家所需、未来所向、江苏所长的服务业领域，在江苏自贸区率先开展开放试点。

外资准入后障碍仍然较多。苏州工业园反映，外资准入负面清单是“大准入”，后续落地还需要主管部门审批，具体操作上，外资项目需要参照产业指导目录，核准范围比内资多，核准程序比较复杂。例如，生物医药行业是苏州倾力打造的“一号产业”，目前《生物安全法》对涉及人类基因管理非常严格，缺少必要的法律法规，审批链条长且繁杂，要求不明确，管理部门多，导致企业报备工作量大，业务开展不便。

二、人员、资金、货物跨境流动便利化有待提升

人员跨境流动需求大、限制严。苏州工业园反映，一线技术工人缺乏是企业面临的最突出难题，尤其是生产线上熟练的班长、线长等，企业对引进有技术含量的外籍劳工有较强需求，例如台资企业希望引进菲律宾熟练技术工人，帮助培训本地新员工。但是，我国目前对外籍劳工限制较严，尤其是批量引进时难度更大。我国工作签证对学历、年龄等要求有不尽合理之处，例如，有些外籍劳工虽然超过我国退休年龄，但在其母国仍然处于工作年龄。同时，还存在境外职业资格境内不认可等问题。

资金跨境流动便利化程度不足。虽然我国企业大部分跨境资金需求都有渠道，但调研中企业仍反映，具体操作上限制较多、流程复杂、需要的证明材料多、便利程度不足。我国对个人资金跨境流动管制较严，给跨国企业高管人员带来诸多不便，包括每年 5 万美元限额、不能投资境内股票等。苏州工业园反映，江苏自贸试验区自由贸易账户（FT 账户）、金融机构设立等金融开放政策不足，在吸引海外人才、发展股权投资等方面与周边地区相比处于劣势。

保税维修受当前环保政策影响较大。保税维修是我国目前需求非常大的一项服务贸易，可以为我国外贸产品提供售后服务，压缩在东道国设置维修站点的高昂成本。苏州工业园反映，自从全面禁止进口固体废物以来，保税维修业务受到较大影响，企业希望能够增加企业白名单考核批次，及时调整产品目录适应新业态、新产品业务需求。

三、知识产权、补贴、数据流动等新议题成为关注焦点

加强知识产权保护成共识。在调研过程中，企业普遍希望加强知识产权保护，不仅包括专利等的保护，还提到人才流动导致的技术外泄问题。南京邦奇自动变速箱有限公司反映，目前外资企业有较强愿望在中国设立研发中心和投放专利，但中国员工与欧洲员工相比流动性大、法律意识淡薄，企业

在员工合规方面面临较大挑战。

补贴应该公平、规范、透明。外资企业对我国补贴政策尤为关注，反映存在国有企业、民营企业、外资企业厚此薄彼的情况，认为补贴应该主要用于鼓励创新、科技发明、进口设备、专利等领域，补贴政策不应该区分企业所有制性质，要按规则办事、体现公平、通过发布补贴白皮书提升透明度。

跨境数据流动问题备受关注。调研中接触到的互联网公司、软件公司、贸易公司、服务外包公司、营销策划公司、制造业企业等，普遍涉足互联网业务，对数据跨境流动需求很大，极为关注跨境数据流动议题，希望推进制度化和做好国际协调。企业普遍倾向放宽数据流动，认为除涉及个人隐私和国家安全外，其他数据均可以开放。欧盟《通用数据保护条例》（GDPR）管控过严，限制企业发展，是个反面教材。

四、几点建议

（一）通过行业细分，分步压减外资准入负面清单

我国外资准入负面清单经过大幅压缩，所剩项目敏感性均很高，进一步压减难度较大，完整删除一个项目的可操作性不强。下一步，行业开放要突出精细化，可以对现存负面清单项目进行细分，列出每个细分领域的风险等级，由易至难分步推进行业开放，逐步提升行业开放水平。

（二）压缩准入后限制，创造更好外商投资环境

完善公平市场环境，确保外资企业与内资企业除外资准入负面清单外适用统一市场准入标准，生产经营享受同样政策和待遇，平等享受各项支持政策，更好参与国家和行业标准制定，将内外资一致原则落到实处。推动国内市场准入负面清单进一步瘦身，坚持应放尽放、当改则改、审慎新增的原则。将压缩负面清单长度与国有企业改革结合起来，放宽油气、电力、电信、文化等领域市场准入。建立与市场准入负面清单模式相适应的行政许可制度和

商事制度，确保负面清单以外的事项政府无审批、权利放到位、企业能自主，厘清“证”“照”关系，确保“非禁即入”落实到位。

（三）加强与国际高标准经贸规则对接

我国当前外部环境复杂严峻，美欧等发达经济体步步紧逼。同时也要看到，美欧关注的很多问题与我国现代市场体系建设方向是一致的，调研中地方政府和企业在很多议题上也持积极态度。目前，我国对接国际高标准经贸规则已经具有一定现实基础，下一步可以在知识产权保护、补贴政策、公平竞争、国有企业等问题上坚定决心、稳步推进。

（四）选择条件较好地区先行试点

自贸试验区是我国对外开放的试验场，调研中地方政府反映赋权不足，自贸区版负面清单仅比全国版少 3 条，试验力度不大。下一步可以选择服务业开放、制度型开放、对接全面与进步跨太平洋伙伴关系协定（CPTPP）规则等未来开放重点议题，加大自贸试验区先行先试力度，在自贸试验区开展压力测试，让地方政府的积极性和创新性充分发挥出来，特别对江苏、浙江、广东等具有一定产业基础和开放理念的地区，可以赋权多一点，允许步子大一点。

（五）加强对外沟通和释疑

调研中，在华外企高管人员的切身感受是，误解是中国与美欧国家分歧的重要原因。改革开放 40 多年来，我国经济发展日新月异，现代市场体系建设大步向前，这对于美欧国家而言是难以想象的事情。中国在对外开放、市场体系建设、营商环境改善等方面的快速进步，并没有为美欧国家尤其是普通企业和民众充分了解。因此，我们要在对外宣传上下更大功夫，通过政府白皮书、招商推介、外资企业、媒体宣传、智库交流等多种渠道，建立持续的对外沟通机制，让美欧国家的企业和民众了解中国的发展变化。

执笔人：孙晓涛　李浩东